기독교문서선교회 (Christian Literature Center: 약칭 CLC)는 1941년 영국 콜체스터에서 켄 아담스에 의해 시작되었으며 국제 본부는 미국 필라델피아에 있습니다. 국제 CLC는 약 650여 명의 선교사들이 59개 나라에서 180개의 서점을 운영하며 이동 도서 차량 40대를 이용하여 문서 보급에 힘쓰고 있으며 이메일 주문을 통해 130여 국으로 책을 공급하고 있는 국제적 문서선교 기관입니다.

추천사 1

김창환 박사
Fuller Theological Seminary 코리안센터 학장
로버트 와일리 공공신학 석좌교수

선교와 목회를 담당하는 데 있어 우리가 경험하는 가장 어려운 문제 중 하나는 동역의 문제이다. 모두가 이 문제를 절실히 느끼고 있지만, 특별히 문제 해결에 대한 좋은 지침서가 없는 것이 현실이다. 이러한 가운데 안성진 박사의 저서 출간은 매우 환영할 만한 일이다.

안 박사는 본서에서 그동안의 목회 경험과 학문적 고찰을 바탕으로 '팀워크 리더십 시스템'을 통한 변화에 대해 다룬다.

저자는 먼저 팀워크에 대한 우리의 이해에 내재된 문제점을 날카롭게 지적하며 동역의 중요성을 강조한다. 이어서 효과적인 동역을 위한 실제적이고 구체적인 방안을 제시한다. 또한, 한국 교회의 상황 속에서 아름다운 동역을 통한 건강한 공동체를 어떻게 발전시켜 나갈 수 있을지를 다루며, 선교적 교회의 역할을 담당하기를 설득력 있게 촉구한다.

로잔 운동 제3차 대회에서 발표한 '케이프타운 서약'에서는 동반자적 협력에 대해 다루며 다음과 같이 선언했다.

> 선교에 있어서 동반자적 협력은 단순히 효율성에 관한 것이 아니다. 그것은 우리와 함께하시는 주 예수 그리스도에 대한 순종에 관한 것으로 전략적이고 실제적인 일이다.

이 선언의 맥락처럼, 우리가 동역하고 협력한다는 것은 단지 효율성의 문제가 아니다. 더 본질적으로는 우리의 신앙적 자세에 근거한다. 본서는 바로 이 지점에 대해 깊은 시사점을 제공한다.

우리가 사역을 담당할 때는 하나님의 말씀에 근거한 '비전'을 가지고 진행하게 되는데, 그 비전을 효과적으로 실행하기 위해서는 '시스템'이 구축되어야 한다. 이 두 가지는 항상 균형을 이루며 우리의 사역 가운데 지속적으로 검토되어야 한다. 이런 점에서 본서는 독자들에게 '팀워크 리더십 시스템' 형성에 있어 좋은 가이드가 될 것이다.

목회와 선교를 담당하는 지도자뿐만 아니라 하나님의 선교적 교회의 비전을 가지고 하나님이 함께하시는 시스템을 통해 세상을 변화시키고자 하는 모든 이에게 본서를 적극적으로 추천한다.

추천사 2

신국원 박사
총신대학교 신학과 명예교수
기독교세계관학술동역회 이사장

    동역은 혼자 하는 것보다 더 어려울 수 있다. 성공은 저자의 말처럼 '미라클'에 가까울 지도 모른다. 그러나 동역에는 많은 유익이 있다.
    다양한 은사가 함께 모일 때, 개인의 역량을 훨씬 뛰어넘는 시너지 효과가 나타나기 때문이다. 아쉬운 점은 동역을 성공적으로 이루기 위해 필요한 지혜를 나누는 책이 많지 않다는 것이다.
    저자는 오랫동안 이 문제를 씨름하며 성실히 연구해 왔고, 이제 그 열매를 독자들에게 소개한다. 사례들과 실제 동역의 결과를 통해 설득력 있게 성공으로 이끄는 '7단계 시스템'을 제시한다.
    홀로 교회를 개척하거나 사역을 감당하다 지친 사람들, 함께 사역을 꿈꾸는 이들이 반드시 읽어야 할 책으로 일독을 권한다.

추천사 3

이 상 훈 총장
America Evangelical University 총장
MiCA 대표 및 Fresh Movement 공동대표

　수년간 선교적 교회를 연구하면서 하나님 나라의 핵심 가치를 풀어내는 데 있어 가장 중요한 요소 중 하나가 '건강한 팀 사역'이라는 사실을 깨닫게 되었다.
　선교적 교회는 단지 리더 한 사람의 힘으로 세워지는 것이 아니다. 모든 성도가 자신의 부르심을 발견하고 하나님 나라를 위해 헌신할 때, 풀뿌리 운동(grassroot movement)이 일어나고, 교회는 비로소 사명을 이룰 수 있다. 이것이 위기의 시대를 지나고 있는 한국 교회에 본서가 필요한 이유이다.
　풀러신학교에서 선교목회학(D.Min.) 학위를 마치고, 현재 선교학 박사과정(D.Miss.)에서 선교적 리더십을 연구 중인 안성진 목사의 저서『세븐 미라클』은 이러한 갈급함을 해소할 수 있는 귀중한 자산이다.
　『세븐 미라클』은 동역의 장애물을 극복하고 팀 사역을 성공적으로 이끌어 가는 과정을 제시하며, 팀 사역을 통해 건강한 공동체로서 세상의 대안이 될 수 있는 원리를 담고 있다.
　본서는 단지 교회 지도자만을 위한 것이 아니다. 직장 및 다양한 사회 조직에도 적용될 수 있을 만큼 심오하고 풍부한 통찰을 제공한다.
　『세븐 미라클』을 통해 한국 교회가 건강한 사역 문화를 형성하고, 성도들이 삶의 현장에서 아름다운 리더십과 협력을 이루기를 기대한다. 또

한, 리더십 분야에 깊은 관심과 연구를 이어 가고 있는 안성진 목사의 지속적인 저술과 강연을 통해 한국 교회가 더욱 견고해지기를 소망한다.

안성진 목사가 대표적인 리더십 전문가로 자리매김하여, 한국의 존 맥스웰 같은 인물이 되시기를 기대하며, 본서의 출간을 진심으로 축하한다.

본서가 한국 교회와 사회의 팀 리더십을 견고히 세우는 이정표가 되기를 바란다. 그리하여 교회가 세상에 소망과 기쁨을 전하는 새로운 역사의 장을 열어 갈 수 있기를 기대한다.

세븐 미라클

팀워크 리더십 시스템을 통한
개인과 조직의 행복한 변화

Seven Miracle:
Happy Transformation Of Individuals And Organizations Through Teamwork Leadership System
Written by Sungjin Ahn
All rights reserved.
Korean Edition Copyright ⓒ 2025 by Christian Literature Center, Seoul, Korea

세븐 미라클

팀워크 리더십 시스템을 통한 개인과 조직의 행복한 변화

2025년 11월 24일 초판 발행

지 은 이 | 안성진

편　　집 | 조수연
디 자 인 | 소신애
펴 낸 곳 | (사)기독교문서선교회
등　　록 | 제16-25호(1980. 1. 18.)
주　　소 | 서울특별시 동대문구 천호대로71길 39
전　　화 | 02-586-8761~3(본사) 031-942-8761(영업부)
팩　　스 | 02-523-0131(본사) 031-942-8763(영업부)
이 메 일 | clckor@gmail.com
홈페이지 | www.clcbook.com
송금계좌 | 기업은행 073-000308-04-020 (사)기독교문서선교회
일련번호 | 2025-89

ISBN 978-89-341-2870-0 (03230)

이 책의 출판권은 (사)기독교문서선교회가 소유합니다.
신저작권법에 의하여 한국 내에서 보호받는 저작물이므로 무단 전재와 무단 복제를 금합니다.

팀워크 리더십 시스템을 통한
개인과 조직의 행복한 변화

SEVEN MIRACLE

안성진 지음

세븐 미라클

CLC

목차

추천사1　김창환 박사 ｜ Fuller Theological Seminary 코리안센터 학장	1
추천사2　신국원 박사 ｜ 총신대학교 신학과 명예교수	3
추천사3　이상훈 총장 ｜ America Evangelical University 총장	4
감사의 글	12

제1부
동역에 왜 실패하는가?　　　14

제1장　동역을 망치는 일곱 가지 실수	15
제2장　왜 동역해야 하는가?	32
제3장　왜 시스템을 구축해야 하나?	38

제2부
동역을 성공으로 이끄는 세븐 미라클(7단계 시스템)과정   42

제1장 동역 시스템 1단계 : 이제는 핵심 가치에 진실할 때다   43

제2장 동역 시스템 2단계 : 메타인지를 발전시켜라   70

제3장 동역 시스템 3단계 : 목표 수립과 일의 분배로 효율성을 극대화하라   98

제4장 동역 시스템 4단계 : 소통을 원활하게 하라   126

제5장 동역 시스템 5단계 : 문제 상황에 정확히 대처하라   152

제6장 동역 시스템 6단계 : 이해와 존중의 문화를 만들라   169

제7장 동역 시스템 7단계 : 변화를 위해 준비하라   198

제3부
세상이 기대하는 건강한 공동체   224

제1장 건강한 공동체가 되려면 팀워크가 중요하다   225

제2장 새로운 피드백 문화의 정착을 통한 세븐 미라클의 적용   229

제3장 조직과 기업도 이익 추구보다 중요한 구성원의 성장   232

감사의 글

먼저 나를 구원하시고 사랑으로 붙잡아 주시는 하나님 아버지께 감사드립니다.

연애 시절부터 책을 쓰겠다고 했는데 이제야 그 약속을 지킬 수 있게 되었습니다. 늘 믿음의 동역자가 되어준 소중한 아내 김지숙과 사랑하는 지성, 준성이에게 감사의 말을 전합니다.

늘 존경하고 사랑하는 양가 부모님(안병구 목사님, 김선분 목사님, 김종철 장로님, 이달묵 권사님), 동생 성은 그리고 성주, 춘하 형님 가정 그리고 사랑으로 기도해 주신 안수자 고모님을 비롯한 모든 친척분들께도 감사드립니다.

더드림교회 성도들과 기도와 물질로 저희 가정과 교회를 후원해 주신 모든 분들께 감사드립니다. 분명히 주께서 사랑하는 여러분의 삶에 풍성한 복을 채워 주시리라 믿습니다. 또한, 늘 찬양과 기도로 함께 섬겨 주시는 미라클 워십 동역자 분들께도 감사드립니다.

그동안 부족한 나를 지도하시며 리더십의 모범을 보여 주신 김동엽, 남성수, 박명배, 김성근, 이승섭 목사님께 감사드리며, 총신대학교와 풀러신학교에서의 학문적 통찰을 주신 유상섭 교수님, 김에녹 교수님과 신선묵 교수님께도 감사드립니다.

로버트 클링턴 리더십에 대해 통찰을 주시고 멘토링 해 주신 이영규, 이광길 박사님께 감사드리며, 늘 사랑으로 돌봐주시고 추천사를 써 주신 믿음의 멘토이신 은사, 신국원, 김창환, 이상훈 교수님들께도 감사드립니다.

총신 IVF 선후배 목사님들과 설대억 목사님을 비롯한 총신신학대학원 선후배 목사님들, 김태훈 목사님을 비롯한 총신 97동기 목사님들의 기도와 사랑에 감사드립니다. 또한, 토브선교회 목사님들과 김성광, 강진우, 박홍기 목사님을 비롯한 그동안 함께 동역해 주신 목회자들께도 감사드립니다.

  한정인, 신동렬 목사님을 비롯한 IVF 선후배 분들과 신은경 권사님을 비롯한 어머니 기도회 강사로 동역해 주신 분들께도 감사드립니다. 그리고 오운철 목사님을 비롯해 전 세계에서 저를 위해 중보기도 해 주시는 모든 분들께도 감사의 인사 드립니다.

  귀한 예배의 자리를 함께 쓰도록 섬겨주신 전병규 목사님과 CTC 코리아 동역자분들께 감사드리며, 벽산그룹을 믿음의 기업으로 이끄는 김성식 대표이사님과 벽산그룹 포힘컨설팅을 이끄시는 박태양 목사님과 모든 포힘 식구들 그리고 함께 예배드리는 모든 직원분들께 감사드립니다.

  그리고 본서가 나오도록 영감을 주신 최현락 목사님께 감사드립니다. 마지막으로, 오직 예수님에 대한 사랑과 열정의 모범이 되신 아버지 안병구 목사님께 본서를 바칩니다.

제1부

동역에 왜 실패하는가?

동역을 망치는 일곱 가지 실수

교회를 개척한다고 말했을 때, 누군가 나에게 해 주었던 말들이 기억난다. 그중에서도 가장 기억에 남는 말이 있다.

> 그냥 또 하나의 교회가 아닌 세상과 성도들에게 답을 해 주는 공동체를 만들면 좋겠어.

그분의 말은 팬데믹 이후 우리 사회에서 교회가 외면을 받고, 떠났던 성도들이 돌아오지 않는 이유 중 하나가 교회로부터 답을 듣지 못했기 때문이라는 것이다. 나는 한동안 이 말을 붙잡고 씨름했다. 더불어 고민하고 연구하는 시간을 가졌다. 실제로 팬데믹 이후 많은 성도가 교회로 돌아오지 않았고 나 역시 그 이유가 궁금했다.

혹시 당신도 그 이유가 궁금하지 않은가?
팬데믹 이후 교회를 떠난 성도에겐 교회를 향한 어떤 질문이 있을까?
과연 그들이 바라는 교회의 모습, 그들이 목말라하는 공동체는 어떤 모습일까?

다양한 각도에서 생각하고 연구도 해 보았다. 지인들과의 만남을 통해 답을 찾아보고자 대화도 나눠 보았다. 그렇게 얻은 여러 주제 중 몇 가지를 추려 보았다.

그중 가장 무게감 있는 질문 하나가 바로 이것이다.

한국 교회는 왜 계속해서 다투고 분열하는가?

팬데믹 기간 동안 개신교회는 타 종교와 다르게 세상을 향해 한목소리를 내지 못하고, 개교회 중심으로 각기 소견에 좋은 대로 우왕좌왕하는 모습을 보였다. 다시 생각해 보아도 여전히 부끄러운 일이다. 그뿐만 아니라 더 큰 문제는, 이미 오래전부터 교회는 싸우고 다투는 곳이라는 인식이 사회 구성원에게 깊이 자리 잡고 있다는 것이다.

솔직히 교회가 분열되고 하나 되지 못한 것은 하루이틀의 문제가 아님을 인정할 수밖에 없다. 안타깝게도 이러한 현실은 여전히 진행되고 있다. 이렇게 참혹한 결과를 얻게 된 이유 중 하나는 교회 안에 동역에 관한 디엔에이(DNA)가 사라졌기 때문이다.

성경을 보면 교회의 원형이라 불리는 초대 교회의 모습을 목격하게 된다. 초대 교회 성도들은 자신의 재산을 교회로 가져와 함께 나눌 만큼, 동역 디엔에이(DNA)가 확실히 자리 잡고 있었다. 그러나 오늘날 한국 교회는 성경이 말하는 공동체의 모습을 많이 잃어버렸다. 목회자와 목회자, 목회자와 장로, 성도와 성도 사이의 분열과 다툼이 반복되면서 한국 교회의 쇠퇴를 가져왔다고 해도 과언이 아니다.

이러한 안타까움은 교회에만 국한되지 않는다. 일반적으로 한국 사회 문화에서도 흔히 볼 수 있다. 대표적인 예가 "한국에서는 동업하면 안 된다"라는 말이다. 실제로 주위를 살펴보면 동업에 실패한 사례가 적지 않다. 같은 맥락으로 한국의 일반 기업에서도 직원들 간의 팀워크를 이루는 부분에서 어려움을 겪고 있다. 이에 적지 않은 기업이 직원들의 효과적인 협업에 관하여 고민하는 것도 사실이다.

테어 싱어 스피처는 『협업의 시대』에서 전 세계 기업의 가장 핵심적인 고민을 '협업'이라고 말했다. 실제로 실리콘 밸리의 천재들이 성과를 내는 이유도 협업이 일반적인 문화로 자리 잡았기 때문이라고 한다.

협업을 통해 개개인의 전문성이 결합될 때 위대한 결과가 나온다는 것이다. 즉, 개인의 탁월함뿐만 아니라 협업 능력이 조직의 성과와 긴밀히 연결되어 있다는 뜻이다. 하지만, 개개인의 능력은 세계 어디에 내놔도 경쟁력이 있음에도, 협업이 되지 않아 성과를 내지 못하는 우리 사회 조직의 모습은 안타까움을 자아낸다.

그래서 던지는 또 다른 질문은 이것이다.

한국 사회는 왜 계속해서 다투고 분열하는가?

이렇듯 한국 사회 전반에는 협업에 대한 문제점이 드러나고 있다. 그러니 교회 밖 사람들이 교회의 모습을 보고 더 크게 실망하는 것도 무리가 아니다. 교회와 교인들은 늘 자신들이 세상과 다른 존재인 양 말하고 행동하지만, 실제 모습은 그들과 다르지 않기 때문이다. 기대가 크면 실망도 큰 법이다. 오히려 세상이 교회를 걱정하고 있다.

가만히 생각해 보면 이것은 당연한 결과일 수 있다. 안타깝게도 우리는 동역이나 팀워크 리더십에 대해 체계적으로 배운 적이 없다. 신학교뿐만 아니라 어느 일반 대학에서도 이런 방법을 필수 교양으로 가르치지 않았다. 어찌 보면 우리 사회는 팀워크에 관해서 아직 '어린이' 수준에 머물러 있는지도 모른다.

실제로 팀워크 리더십, 아니 일반 리더십에 관해서도 한국인 저자가 생각보다 많지 않다. 리더십이나 팀워크 자체에는 무관심하다. 그나마 주목받는 분야가 개인의 개발과 동기 부여에 관한 것이다. 그만큼 개인적 성장에는 목말라 있지만, 상대적으로 팀워크에는 관심 없는 것이 우리 사회의 현주소다.

팀워크가 잘되지 않으면 사회와 교회, 조직도 건강하게 성장할 수 없다. '경제협력개발기구'(Organization for Economic Cooperation and Development, OECD) 국가를 여러 가지 항목으로 평가해 보면 우리나라의 리더십 점수는 여전히 중하위권을 맴돌고 있다. 짧은 시간에 경제력, 군사력은 강해졌지만, 사람을 세우고 팀을 하나로 만드는 것에는 여전히 미숙한 것 같다. 이것이 본서를 저술한 이유다.

한국 교회와 사회 가운데 이루어지는 아름다운 팀워크를 통해 행복한 변화를 만들어 내는 데 조금이나마 도움이 되고 싶다. 먼저, 우리가 팀워크를 잘 이루지 못하는 부분부터 살펴보는 것으로 본서를 시작해 보고자 한다. 흔히 한국 사회와 교회에서 저질러지는, 동역을 망가뜨리는 일곱 가지 공통된 실수를 고찰하려 한다.

1. 핵심 가치에 진실하지 못함

교회의 리더십이 사역할 때 범하는 가장 큰 실수는 핵심 가치와 상관없이 목회하는 것이다. 한국 교회는 새로운 사역을 끊임없이 만들어 왔다. 그런데 최근 들어 성도들의 프로그램 참여율은 오히려 낮아지고 있다. 사역을 부지런히 만들어 내지만, 왜 그 사역을 해야 하는지에 관한 공감대가 형성되지 못했기 때문이다. 한마디로 조직의 가치가 충분히 공유되지 못했다는 뜻이다.

일반 회사도 마찬가지다. 임무와 비전, 그리고 조직이 실제로 수행하는 일이 동떨어지면 그 조직은 한 방향으로 나아갈 수 없다. 팀워크가 잘 이루어지지 않는 가장 큰 이유도 조직 구성원들이 무엇을 우선순위로 삼아야 하는지에 대한 기준이 각각 다르기 때문이다.

GE(General Electric)의 전 CEO 잭 웰치는 GE를 세계적인 기업으로 성장시키고 비즈니스 전략과 리더십 원칙으로 많은 경영자와 기업에 영감을 준 인물이다. 그는 직원들에게 비전을 제시하고 공유하는 데 힘썼다. 그는 항상 당당하게 이렇게 말했다.

> 나는 내가 어디로 가고 있는지 알고 있고, GE의 전 구성원도 내가 어디로 가는지 알고 있습니다.

그는 핵심 가치를 강조하여 조직 구성원이 하나의 목표를 향해 일하게 하고, 비전을 내재화하도록 한 대표적인 인물 중 하나다. 그러나 오늘날 교회를 이끌어 가는 리더 중에는 자신이 속한 조직의 핵심 가치를 잊고 있는 이들이 적지 않다. 그 결과, 구성원들도 우왕좌왕할 수밖에 없다. 어디로 가야 하는지에 대한 명확한 지침이 없기 때문이다. 이는 마치 모두가 배에 타고 있지만, 그 누구도 배가 어디로 가는지 모르는 상황과 같다.

과거의 사회 분위기는 리더들이 앞에서 조직을 이끌면 열심히 따르는 것이 미덕이었다. 교회에서도 믿음으로 권위에 순종하라는 말에 모두 열심을 냈다. 그러나 이제는 일반 사회나 교회 할 것 없이 사람들이 리더의 권위에 맹목적으로 따르는 시대는 지났다.

흥미로운 것은 대부분 교회나 회사의 홈페이지를 보더라도 핵심 가치가 명시되어 있다는 사실이다. 그러나 그 핵심 가치, 즉 비전이나 사명선언문이 유명무실한 조직과 기관이 생각보다 많다. 이런 상황에서 동역이 일어나기란, 기적이 아니고서는 불가능하다.

핵심 가치와 삶이 분리되면 또 다른 문제가 발생한다. 이 조직을 보는 사람들의 시선이 곱지 않다는 것이다. 일례로 이제는 신자와 비신자 모두 크리스천의 핵심 가치가 '사랑'이라는 것을 알고 있다. 그러니 사랑을 실천하지 못하는 교회와 성도들을 보면 사람들은 실망하게 된다. 거기서 그치는 것이 아니라 '그리스도인들은 위선자'라는 낙인이 찍히게 된다.

사실 이것은 일반 기업에도 똑같이 적용된다. 예를 들어, 한 기업의 핵심 가치가 '고객 만족'이라고 해 보자. 만일 이 핵심 가치대로 고객에게 서비스가 제공되지 않는다면 사람들은 그 기업에 대해 실망할 뿐만 아니라, 심한 경우 그 회사의 제품을 불매하는 일까지 불사하게 된다. '핵심 가치의 부재'라고 표현했지만, 그 의미를 깊이 살펴보면, 핵심 가치에 대해 '진실하지 못함'이란 표현이 더 맞을 것이다.

스티븐 코비는 『성공하는 사람들의 7가지 습관』에서, 실제로 사명 선언문대로 실행하지 않는 회사가 너무 많다고 지적했다.

그래서 그는 동역하는 회사들에 반드시 다음과 같은 질문을 던졌다.

- 이 회사에서는 얼마나 많은 사람이 사명 선언문이 있다는 사실을 알고있습니까?
- 거기에 어떤 내용이 적혀 있는지를 아는 사람은 얼마나 됩니까?
- 그것을 작성할 때 얼마나 많은 사람이 참여했습니까?
- 얼마나 많은 사람이 그것을 자기 것으로 생각하고, 또 의사 결정을 할 때 참고 기준으로 활용하고 있습니까?

이와 같은 맥락에서 코비는 중요한 메시지를 전했다.

참여하지 않으면 결코 헌신하지 않는다.

즉, 핵심 가치에 대한 공유와 참여가 부재한 조직은 그 어떤 성과도 이루어 낼 수 없다. 그러므로 우리는 이 질문에 답해야 한다.
당신이 다니는 교회나 회사의 핵심 가치를 알고 있는가?
구호만 아는 것이 아니라 그 철학과 정신을 정말 이해하고 있는가?

2. 메타인지 능력이 떨어짐

그리스의 위대한 철학자 소크라테스는 이렇게 말했다.

네 자신을 알라.

이 말을 오늘날의 언어로 바꾼다면 '메타인지'에 관한 이야기다. 메타인지는 '자기 인지' 또는 '인지적 자기 능력'으로, 자기 생각, 감정, 능력, 한계 등을 인식하고 관리하는 능력을 의미한다. 협업은 다른 사람들과 함께 과제를 수행하는 과정이므로, 메타인지가 있는 개인은 더 효율적이고 효과적으로 협업할 수 있다.

메타인지를 다른 말로 하면 '자기 객관화'인데, 사실 이 부분이 안 되어 동역이 무너지는 경우가 많다. 예수님께서는 이렇게 말씀하셨다.

> 너는 네 눈 속에 있는 들보를 보지 못하면서 어찌하여 형제에게 말하기를 형제여 나로 네 눈 속에 있는 티를 빼게 하라 할 수 있느냐 외식하는 자여 먼저 네 눈 속에서 들보를 빼라 그 후에야 네가 밝히 보고 형제의 눈 속에 있는 티를 빼리라 (눅 6:42).

하지만, 교회나 회사 조직의 사람들은 자기 자신을 돌아보는 능력이 부족하다. 더 큰 문제는 교회나 회사 리더들이 더더욱 자신을 돌아보는 능력이 부족하다는 것이다. 한국 교회 리더십의 가장 큰 문제는 설교나 교리를 자신의 삶에 먼저 적용하지 않는 데 있다. 유익한 설교나 가르침으로 교회를 이끄는 리더는 많지만, 정작 그런 가르침과 리더 자신의 삶 사이에 괴리가 있는 경우를 종종 보게 된다.

이렇게 언행일치가 되지 않는 모습으로 인해 상처를 입은 사람이 많다. 그래서 멀리서 리더들을 바라보는 초신자나 새신자들에게 인기 있는 목회자보다, 오랫동안 그 목회자의 삶을 함께 보았던 중직자들에게 존경받는 목회자가 진정한 리더라는 말도 있다.

사회의 모습도 다르지 않다. 사회 지도층의 말과 행동이 달라 얼마나 많은 사람이 실망하고 있는지 모른다. 회사 역시 마찬가지다. 탁월한 리더는 측근들과 좋은 관계를 맺으며 신뢰를 쌓는 사람이다. 그러나 우리 사회에서 그려지는 리더십의 모델은 조금 다른 것 같다. 내 모습을 돌아보지 못한 채 아랫사람에게 지시하고 군림하려고만 하는 리더들의 모습은 여전히 우리의 눈살을 찌푸리게 한다.

시카고에서 전 세계적인 리더들을 모아 '리더십 서밋'(Leadership Summit)을 이끌던 미국의 리더십 분야 전문가 빌 하이벨스는 『빌 하이벨스의 리더십』에서 자아 리더십의 중요성을 강조하며, 리더는 자신에게 반드시 이런 질문은 던져야 한다고 조언했다.

- 나의 소명이 확실한가?
- 나의 비전은 명확한가?
- 나의 열정은 뜨거운가?
- 나는 내 은사를 개발하고 있는가?
- 나의 성품은 그리스도께 순종하는가?
- 나의 교만을 억눌렀는가?
- 나는 두려움을 극복했는가?
- 내면의 문제가 나의 리더십을 훼손하는가?
- 나의 속도는 적당한가?
- 하나님과 사람에 대한 내 사랑이 커 가는가?

오늘날 많은 조직의 리더는 너무 분주하고 바쁜 나머지 자신을 돌아볼 여유조차 갖지 못하고 있다. 하지만, 이 부분은 결코 간과해서는 안 된다. 팀워크가 일어나야 할 자리에 분쟁과 갈등이 생기는 이유 중 하나는 서로가 자기 자신을 제대로 보지 못하기 때문이다. 특히, 타인이나 조직에는 비판적이면서도 정작 자기 자신에게는 너그러운 경우를 자주 보게 된다. 이것이야말로 팀워크에 가장 큰 걸림돌이다.

3. 목표 수립과 일의 분배가 잘되지 않음

목표와 업무의 명확한 수립과 적절한 분배는 왜 중요한가?
그것은 협업 과정에서 발생할 수 있는 다양한 문제를 방지하고, 효율성을 높이는 데 핵심적인 역할을 하기 때문이다. 더불어 목표와 업무가 명확하지 않으면 팀원들 간에 우선순위나 기한 설정이 엇갈려 충돌과 작업의 지연이 생기고, 결국 혼란과 불필요한 토론으로 이어져 업무 효율성이 떨어진다.

여전히 한국 교회는 일의 효율보다는 자리, 과거의 시스템에 매여 있는 경우가 많다. 예를 들어, 중등부와 고등부가 있는 전통적인 교회에서는 일을 하나 처리하려 해도 지나치게 복잡한 절차를 거쳐야 한다. 중등부 안에도 부장과 부감, 사역자가 함께 동의해야 하고, 그 위에 청소년위원회, 그 위에 교육위원회, 또 그 위에 당회까지 이어지는 구조다. 이처럼 단순한 일을 하나 처리하는 데도 절차와 조직이 지나치게 많아, 어떤 일을 성사시키기 위해서는 수많은 이해 당사자 간의 조율이 필요하다.

이런 조직은 구조 자체로 각 부서 간에 알력과 갈등이 생기기 마련이다. 그러므로 교회 안의 일을 효율적으로 배분할 수 있도록 소통의 문화를 만드는 것이 필요하다. 더불어 단기 목표 설정과 일 분배에 관한 교육도 개선되어야 할 부분이다.

그러나 더 큰 문제점이 있다. 그것은 리더가 조직 안에 서로를 향한 불필요한 분열과 갈등이 생길 수밖에 없는 구조가 이미 만들어져 있다는 사실을 인식하지 못한다는 점이다. 그런 시스템을 만들어 놓고 "서로 사랑하라"라고 가르치는 현실은 오늘날 많은 교회에서 반복되고 있다. 더 심각한 문제는, 그러한 시스템을 새로운 목회자나 리더들이 선출되어 바꾸려 할 때 생긴다. 이 시스템을 바꾸면 큰일이 나는 것처럼 변화 자체를 싫어하는 사람이 교회 안에 많기 때문이다.

이천 년 전에도 동일한 일이 있었다. 하나님의 아들이자 메시아이신 예수님을 거부하고 자신들의 율법과 전통을 하나님보다 중요시한 사람들이 있었다. 예수님을 죽인 당시 종교 지도자들이 바로 그들이었다. 안타깝게도 비슷한 모습이 오늘날에도 반복되고 있다. 조직의 형태를 절대로 바꿀 수 없다고 주장하는 열정적인 리더들로 인해, 변화는 꿈도 꿀 수 없는 조직이 많다. 일반 회사도 마찬가지다.

불필요한 중복과 애매한 업무 분담을 만들어 놓고, 직원들에게 사이좋게 일하라고 말하는 무지한 리더들이 우리 주위에 얼마나 많은가?

이러한 조직에서는 서로 눈치만 보다가 결국 업무 공백이 발생하게 되어 있다. 일에 대한 경계가 정확하지 않으면 누구도 책임지려 하지 않기 때문이다. 무조건 일만 던져 준다고 능사는 아니다. 어떤 성과를 달성하기 위해 치밀한 사전 조사를 통한 목표 수립과 그 일을 잘 처리할 팀원들에게 일을 적절히 잘 분배하는 것이 팀워크에서 매우 중요한 부분 중 하나다.

당신이 속한 조직은 단기 목표를 명확하게 가지고 있는가?

일을 효율적으로 잘 분배하고 있는가?

4. 소통의 문제

에이미 에드먼슨은 『두려움 없는 조직』에서 팀 내에서 소통의 부재가 얼마나 끔찍한 비극을 초래하는지를 실제 사고 사례를 통해 설명한다. 1977년 3월 27일에 일어난 테네리페 공항 참사 사건 이야기가 그것이다.

초대형 제트 여객기 보잉 747 두 대가 스페인 카나리아 제도 테네리페섬의 한 공항에서 충돌했다. 이 사고로 승무원을 포함해 총 583명의 탑승객이 사망하고 61명이 다쳤다. 당시 KLM 네덜란드 항공을 조종했던 기장은 제이콥 벨드후이전 반 잔텐이었는데, 그는 747 기종 조종사들의 선임 교관이자 안전 부문의 수석 책임자였다. 그는 조종사 면허 발급부터, 최근 6개월간 비행 이력을 점검해 면허 갱신 여부를 결정하는 일을 주관할 정도로 회사에서 강한 영향력을 가진 인물이었다.

사고 당일 조종석에는 뮤어스 부기장과 항공 기관사 윌리엄 슈뢰더가 함께 있었다. 문제는 그들의 비행기와 팬암 항공의 비행기가 이륙 준비를 하던 시점에서 벌어졌다. 활주로에서 이륙 준비를 마친 반 잔텐은 곧바로 속도를 높여 전진하기 시작했고, 그때 뮤어스는 기장에게 속도가 너무 빠르다는 신호를 보냈다. 왜냐하면, 아직 관제탑에서는 이륙 허가가 떨어지지 않았기 때문이었다.

반 잔텐은 짜증 섞인 목소리로 말했다.

"나도 알아. 어서 관제탑에 허가 요청이나 해."

뮤어스는 관제탑에 연락했다.

"KLM은 이륙 준비가 끝났으며 허가가 떨어지기만을 기다리고 있다."

그러자 관제탑에서는 이륙 이후의 경로를 구체적으로 알려 주기 시작했다. 그런데 분명 '이륙'이라는 단어를 쓰긴 했지만, 그렇다고 해서 '이륙 허가'를 내린 것은 아니었다. 뮤어스가 관제탑에 다시 연락해 교신 내용을 확인하려는 순간, 반 잔텐이 교신 상황을 가로채며 관제탑에 일방적으로 통보했다.

"이륙합니다."

기장의 단호한 어조에 뮤어스는 어떤 문제 제기도 하지 못했다.

"이륙 허가가 떨어질 때까지 기다려야 합니다."

이 말을 하고 싶었는데 기장의 분위기에 압도되어 차마 하지 못했다. 한편, KLM 비행기가 이륙을 시작한 시점에서 관제사는 팬암 측과 교신하고 있었다.

"활주로에서 벗어나면 교신하라."

팬암 기장은 이렇게 응답했다.

"네, 활주로에서 벗어나면 보고하겠습니다."

KLM 여객기에서 이 내용을 듣고 있던 슈뢰더는 반 잔텐에게 말했다.

"팬암 여객기가 아직 활주로를 벗어나지 않은 것 같은데요?"

그러나 이때 역시 반 잔텐은 단호하게 대답했다.

"아니, 벗어났어."

그는 아랑곳하지 않고 이륙 절차를 계속 밟아 나갔다. 그 순간 슈뢰더 역시 말문이 막히고 말았다. 팬암 여객기가 아직 활주로를 벗어나지 않았다면 KLM 여객기는 진로 방해를 받을 것이다. 그런데도 쏘아붙이는 기장의 말투에 감히 반박할 용기를 내지 못했다. 물론 슈뢰더가 관제탑과 교신해 이렇게 물으며 상황을 확인할 수도 있었다.

"팬암 여객기가 아직 활주로에 있습니까?"

그렇지만 슈뢰더는 그렇게 하지 않고 입을 닫아 버렸다.

슈뢰더가 침묵한 이유는 그들 간에 심리적 안정감이 결여되어 있었기 때문이다. 만약 심리적 안정감이 보장된 조직이었다면 상사의 잘못된 지시에 대해 적절히 대응하거나 불확실한 상황에서 각종 내용을 관제탑에 확인하는 것이 '습관'처럼 몸에 배어 있었을 것이다.

반 잔텐과 뮤어스, 슈뢰더가 팬암 여객기를 발견했을 땐 속도를 늦출 수 없는 지경이었다. 결국, KLM 여객기의 왼쪽 엔진과 기체 하부, 주요 착륙 장치가 팬암 여객기의 오른쪽 상단부와 충돌해 산산조각이 났고 큰 참사로 이어졌다.

이런 비극은, 결국 소통을 통한 팀워크가 원활히 이루어지지 않았기 때문에 발생한 것이다.

우리의 교회와 조직에서도 여전히 불통으로 인한 상처와 문제는 반복되고 있다. 교회나 조직이 건강해지기 위해서는 팀 내 자연스럽고 안전한 소통이 반드시 필요하다.

> 당신의 교회 또는 조직은 어떤가?
> 소통을 통해 함께 문제를 해결해 나갈 수 있는 공동체인가?
> 아니면 커다란 사고 앞에서도 말을 꺼내지 못할 정도로 억압된 숨 막히는 곳인가?

5. 문제 상황의 대처 능력이 떨어짐

2017년 9월, 미국의 신용평가 기관인 에퀴팩스(Equifax)에서 대규모 데이터 유출 사건이 발생했다. 무려 1억 4천 8백만 명의 미국 성인 개인 정보가 유출되었고, 이는 사이버 보안 역사상 최악의 사건 중 하나로 기록되었다. 유출된 데이터에는 신용 카드 정보, 주소, 소득, 사회 보장 번호 등 민감한 정보가 포함되어 있었으며, 이 사건으로 개인 정보 보호와 사이버 보안에 대한 우려가 증폭되었다.

미국 상원은 보고서를 통해 이 사건의 핵심 원인이 수년간 쌓여 온 허술한 보안 실태 때문이라고 발표했다. 수사 결과, 아파치 스트러츠(Apache Struts, 버팀목)라는 유명한 취약점을 통해 유출이 발생한 것으로 밝혀졌다. 이 취약점에 대해 여러 차례 경고가 있었음에도 에퀴팩스는 패치를 제대로 적용하지 않았고, 결국 대규모 피해로 이어졌다.

게다가 공격은 5월에 발생했는데, 탐지는 7월이 되어서야 이루어졌다. 이는 에퀴팩스의 보안이 얼마나 허술했는지를 보여 준다. 두 달 동안 공격자들이 에퀴팩스의 데이터베이스에 수많은 요청을 보냈음에도 탐지가 늦어진 사실은, 문제가 얼마나 심각했는지를 드러낸다.

이 점은 미국의 상원 보고서를 통해 더욱 명확하게 드러났다.

> 에퀴팩스가 시스템 내 취약점이 있다는 걸 2년 동안 인지하고 있었지만 제대로 패치하지 않았다.

상원 보고서에 따르면, 에퀴팩스는 해당 취약점을 2년 전부터 인지하고 있었지만, 제대로 된 조치를 취하지 않았다. 사건의 핵심이 된 아파치 스트러츠 취약점도 세상에 공개된 지 수개월이 지난 후에야 겨우 일부만 패치되었을 뿐이었다.

에퀴팩스는 소비자의 개인 정보를 수집하고 저장하는 회사이기 때문에 이 회사가 보관하고 있는 데이터는 신용 점수를 산출하고 금융 기관에 제공하는 데 사용되었다. 보안 전문가들의 조사 결과에 따르면, 이번 데이터 유출은 보안 조치의 미흡함에서 비롯된 것으로 보인다. 즉, 에퀴팩스가 중요한 보안 업데이트를 시행하지 않았거나 취약한 소프트웨어를 사용한 데서 비롯된 실수였다.

이 사건에 대한 가장 큰 비판 중 하나는, 사건이 발생한 이후의 조치 또한 최악이었다는 점이다. 에퀴팩스는 유출 사실을 발견한 후에도 즉시 고객에게 알리지 않았다. 정보 노출 사실이 확인된 지 거의 한 달이 지나서야 회사가 이를 공식 발표했다. 또한, 침해 사고와 관련된 기록과 데

이터를 제대로 보존하지도 못했다. 7월 29일부터 9월 15일 사이의 링크(Lync) 통신 기록은 하나도 남아 있지 않았고, 피해를 본 소비자들에 대한 보상도 미흡했다.

회사는 무료 크레딧 모니터링 서비스를 제공했지만, 유출로 인한 피해에 대한 적절한 보상은 이루어지지 않았다. 이러한 문제로 에퀴팩스는 수많은 소비자로부터 집단 소송을 당했고, 국가와의 법적 분쟁에 휘말리며 기업 이미지는 크게 훼손되었다. 이 사건은 기업들에게 개인 정보 보호가 얼마나 중요한지를 강조하며, 데이터 보안에 대한 심각성을 다시 한번 일깨워 주었다.

에퀴팩스는 문제 상황을 미리 준비하지 못한 팀의 전형을 보여 준다. 시스템 취약점이 발견되었지만, 조직에서 누구도 나서서 문제를 해결하려 하지 않았고, 결국 무너진 팀워크로 인해 조직 전체가 큰 위기에 빠지게 되었다.

많은 교회와 기관도 에퀴팩스와 같이 문제 상황에 대한 준비가 부족하다. 그러다 막상 문제가 생기면 우왕좌왕하거나 때로는 은폐하기에 급급해 더 큰 문제를 만드는 경우가 비일비재하다. 특히, 팀워크가 잘 발달된 조직은 위기 상황에 유연하게 대처할 수 있지만, 그렇지 못한 공동체는 문제가 드러났을 때 동역이 제대로 이루어지지 않아 쉽게 해결할 수 있는 문제조차 더 크게 키우는 경우가 많다.

당신의 조직과 팀은 문제를 잘 해결할 수 있는 준비가 되어 있는가?

문제 상황에 잘 준비되지 않은 조직은 모든 일이 순조롭게 진행되더라도 암초를 만난 타이타닉처럼 한 번에 침몰할 수 있다.

6. 이해와 존중의 부족함

이해와 존중이 얼마나 중요한지는 『섀클턴의 서바이벌 리더십』에 잘 드러나 있다. 그러나 이해와 존중이 부족한 리더의 사례도 있다.

1846년 '도너 파티'(Donner Party)라는 이름의 87명의 개척자가 캘리포니아를 향해 미주리주 세인트루이스에서 출발했다. 개척자 중 한 명인 밀트 엘리엇은 소떼를 몰고 앞서 가던 다른 팀, 존 스나이더를 앞지르기 위해 전력 질주했고, 결국 그들은 좁은 길에서 맞부딪쳤다. 격분한 스나이더는 자신의 채찍으로 엘리엇의 소를 후려치기 시작했다.

그 팀의 리더였던 존 리드는 급히 말을 달려 그를 말리려 했지만, 리드의 행동에 더욱 화가 난 스나이더는 채찍으로 리드와 그의 아내를 때렸다. 마침내 리드는 이성을 잃고 사냥용 칼로 스나이더를 찔러 죽이고 말았다. 순식간에 벌어진 이 사건은 공동체에 남아 있던 최소한의 단체 의식마저 무너뜨렸다. 개척자들은 더 이상 공동체가 아니었다. 그들은 모래알처럼 흩어진 개인들의 집합에 불과했다.

그들은 자신들에게 분명한 이익이 있을 때만 상대방과 협력했고, 증오와 멸시가 마차를 감싸기 시작했다. 그뿐만 아니라, 사건을 수습하느라 귀중한 시간이 낭비되었다. 행진을 멈추고 심리위원회가 구성되어 조서가 작성되었으며, 복수를 요청하는 목소리가 높아졌다. 군중의 요청에 따라 총살형이 내려질 수도 있는 분위기였다. 결국, 심리위원회는 리드의 무장을 해제하고 집단을 떠나도록 결정했다. 그러나 무리의 분노는 여전히 남아 있었고, 사건의 후유증으로 전진 속도는 더욱 느려졌다.

도너 파티는 마침내 시에라네바다산 정상에 도달했지만, 눈을 뜰 수 없는 극심한 눈보라에 휩싸였다. 그 결과, 또다시 공포와 약탈, 극심한 고통의 시간을 겪게 되었고 갈등을 극복할 수 없는 그들의 무능력함이 다시 한번 드러났다.

먼저, 밀트 엘리엇과 존 스나이더 간의 충돌은 이해와 존중이 부족한 리더십의 모습이 여실히 드러난다. 스나이더의 격분과 폭력은 그룹 내의 조화를 파괴했고 결과적으로 존 리드 역시 리더로서의 역할을 다하지 못했다. 이러한 상황에서 리더는 팀원들 간 이해와 존중을 촉진하고, 갈등을 효과적으로 관리해야 하는 데도 말이다. 결국, 팀 내 이해와 존중의 부재로 사건 수습은 지연되었고 분노와 복수의 감정이 증폭되었다.

반대로 이해와 존중이 있는 리더십은 갈등 상황에서도 신속하게 대처하고, 팀원들 간의 갈등을 조절하는 데 도움을 준다. 효과적인 리더십은 팀의 목표를 달성하는 데 있어서 중요한 역할을 한다.

그러나 도너 파티라는 조직은 고립되고 분열된 집단으로 변했고, 팀의 목표였던 시에라네바다산 정상 도착마저 어려워졌다. 이렇듯 팀 내의 이해와 존중이 부족할 때, 팀은 분열되며 원래 팀이 가지고 있었던 고유한 핵심 가치에 도달하기 어렵게 된다.

7. 변화에 대한 준비의 부족

'코닥'이라는 회사는 필름을 통한 사진 촬영을 선도한 기업으로, 한때 필름의 상징이었다. 그러나 그렇게 번영하던 코닥은 어느 날 갑자기 몰락하게 되었다.

그 이유는 무엇일까?

코닥의 창업자 조지 이스트만은 코닥을 창업할 때부터 '값싸고 편리한 카메라'를 모토로 삼아 필름을 통한 사진 촬영을 대중화시켰다. 그 결과, 코닥은 필름 시장에서 독보적인 입지를 확보했다. 그러나 디지털 시대를 진지하게 받아들이지 않은 순간부터 불행은 시작되었다.

1975년, 코닥은 세계 최초로 디지털카메라를 개발했지만, 놀랍게도 회사는 디지털 기술을 상용화하지 않았다. 디지털 기술이 필름 시장을 위협할 것이라는 내부 보고서가 있었음에도, 당시 리더십은 디지털에 대한 명확한 비전으로 조직을 이끌지 못했다. 이러한 변화에 대한 준비 부족은 결국 회사의 미래에 치명적인 영향을 미쳤다.

1980년대 후반, 경쟁 업체들이 디지털카메라를 상용화하며 시장에서 큰 파급을 일으켰다. 그러나 코닥은 이러한 변화에 적응하지 못했고, 급격한 기술적인 진보와 소비자 요구 변화에 발맞추지 못하면서 점차 지속적인 성장에서 멀어져 갔다. 회사 내부의 의사소통 부족과 리더십의 결여는 변화에 대한 적응을 방해했고, 결국 디지털 시대에 발맞추지 못한 결과를 초래한 것이다.

2000년대에 들어서면서 코닥은 뒤늦게 디지털카메라와 다양한 디지털 기기를 개발하며 새로운 기회를 모색했지만, 이미 늦은 시점이었고 업계에서의 입지를 크게 잃은 상태였다. 코닥은 디지털 시대에 발 빠르게 대응하지 못한 대가로 경쟁에서 소외되었고, 필름 사업에서의 우위도 점차 잃어 갔다. 변화에 대한 소극적인 태도와 과거의 영광에 대한 집착은 코닥을 쇠퇴로 이끌었고, 결국 필름 사진의 선구자인 코닥을 몰락하게 만들었다.

코닥의 사례는 변화하는 시장에 대한 대비 부재가 기업의 생존과 발전에 어떤 심각한 영향을 미칠 수 있는지를 명확히 보여 준다. 기업과 조직은 미래 지향적인 이상을 가져야 하며, 이를 효과적으로 실행하기 위해서는 조직 내부에서의 원활한 의사소통과 유연한 리더십이 필수적이다. 변화에 대한 준비 없이 과거의 영광에만 집중하면, 결국 업계에서의 소외와 함께 조직이나 공동체의 몰락으로 이어질 수 있다.

탁월한 팀은 언제나 변화 가능성에 열려 있으며, 이를 대비하는 자세를 갖춘다. 미래의 기업은 더욱 빠르게 변화하는 기술과 시장 트렌드에 발맞추기 위해 적극적으로 변화에 대응하고, 새로운 기술을 통해 비전을 제시하는 리더십이 필요로 한다. 또한, 구성원 간 원활한 의사소통과 협업은 변화에 대한 적응력을 높이는 중요한 요소다.

코닥의 몰락은 기업 경영과 변화에 대한 중요한 교훈을 남긴다. 과거의 영광에 안주하지 않고, 끊임없이 혁신하고 발전해 나가는 조직이야말로 미래를 선도할 수 있는 교회 또는 기업일 것이다.

변화를 두려워하지 않고, 도전하는 기업 문화를 정착시키는 것, 그것이 교회와 조직이 계속해서 존속하고 성장하도록 하는 핵심이다.

당신의 교회 또는 조직은 변화 지향적인 팀워크를 이루고 있는가?

제2장
왜 동역해야 하는가?

2023년 롤드컵(리그 오브 레전드 월드 챔피언십) 우승 팀 T1의 중심에는 '페이커'(이상혁)라는 선수가 있다. 이 선수는 SKT T1에서 프로 데뷔를 했고, 지금 세계 어느 누구와 비교하더라도 이 정도의 경력을 가진 리그 오브 레전드 프로게이머는 없다. 그는 LoL E-스포츠 최고 대회인 월드 챔피언십에서 4회 우승했고, 아시안게임 금메달도 수상했다.

하지만, 페이커 선수에게도 상처의 시간이 있었다. 당시 T1은 각종 대회에서 좋은 성적을 내지 못했다. 그러나 그는 이 시기를 낭비하지 않고, 팀을 객관적으로 바라보며 점검의 기회로 삼았다.

평소에 팀 안에 있을 때는 보지 못했던 부분을 다시 확인하고, 팀원들과 어떻게 새롭게 협업할 수 있을지 연구했다. 그런 귀한 시간을 가진 후 팀에 복귀한 그는 달라진 모습으로 팀을 이끌었고, 그의 팀은 전 세계 E-스포츠 팬들이 지켜보는 가운데 2023년 롤드컵 트로피를 거머쥐게 되었다. T1의 네 번째 우승이자 7년 만의 우승이었다. 분명 이것은 팀워크의 승리였다.

2023-24년 시즌이 시작될 무렵, 프리미어 리그에서 수년간 득점왕을 차지했던 해리 케인이 팀을 떠나면서 손흥민이 속한 토트넘 홋스퍼에 대한 우려가 컸다. 그러나 주장 완장을 차고 팀을 이끌게 된 손흥민은 2년 뒤 마침내 2024-2025 유로파 리그 우승이라는 값진 결실을 맺었다. 이는 손흥민이 단순한 에이스를 넘어, 경기장 안팎에서 팀원들을 격려하고 희생하며, 팀워크 중심의 리더십을 실천한 결과였다.

팀을 하나로 묶어 낸 그의 리더십은 토트넘이 17년 만에 메이저 대회에서 트로피를 들어 올리는 기적을 가능케 한 결정적 원동력이었다. 특히, 손흥민과 토트넘의 2024-25 UEFA 유로파 리그 우승은 단순한 트로피 이상의 의미를 지닌다. 그것은 17년 만의 주요 대회 우승일 뿐만 아니라, 다음 시즌 챔피언스 리그 진출권 확보, 침체되어 있던 클럽의 분위기 반등, 그리고 손흥민 개인의 토트넘 레전드로서의 입지를 확고히 하는 계기로 이어졌다.

그의 리더십은 단지 골을 넣는 실력에서 그치는 것이 아니라, 위기의 순간에도 팀 전체를 하나로 묶어내고 승리를 향해 나아가게 하는 진정한 팀워크의 본보기가 되었다. 이렇듯 팀워크 또는 동역은 조직에 생동력과 생산력의 핵심 요소다.

앤드류 카네기는 이런 말을 남겼다.

> 팀워크란 공통의 비전을 향해 함께 일하는 능력이자, 평범한 사람들이 비범한 성과를 달성하도록 만드는 연료다.

한 조직이 성장하고 발전하는 데 동역은 반드시 필요하다. 세상에 혼자만의 힘으로 이룰 수 있는 것은 없다. 그러나 우리는 개인의 성장과 성숙에는 관심을 가지면서도, 팀워크에는 상대적으로 무관심할 때가 많다. 카네기의 말처럼 팀워크가 준비되지 않으면 개개인은 평범한 사람으로 남게 될 것이다. 반대로 팀워크가 잘 이루어지면 그 시너지로 인해 몇 배의 효과와 성과가 나타난다.

방선기의 『크리스천 직장백서』는 미국 공군사관학교에서 장교들에게 가르치는 열 가지 리더십 신조를 소개한다.

(1) 상관은 공포심을 심어 주나, 리더는 신념을 심어 준다.
(2) 상관은 "내가"라고 말하나, 리더는 "우리가"라고 말한다.
(3) 상관은 방법을 자기만 알고 있으나, 리더는 방법을 가르쳐 준다.

(4) 상관은 원망을 낳으나, 리더는 신바람을 일으킨다.

(5) 상관은 잘못을 꾸짖기만 하나, 리더는 잘못을 고쳐 준다.

(6) 상관은 권위에 의존하나, 리더는 팀워크를 유발한다.

(7) 상관은 부하를 부리려고만 하나, 리더는 솔선수범한다.

(8) 상관은 일을 고통스럽게 만들지만, 리더는 일을 즐겁게 만든다.

(9) 상관은 상사에 대한 무조건적인 복종을 요구하지만, 리더는 존경심을 불러일으킨다.

(10) 상관은 부하의 실수나 결점을 지적하는 데 치중하지만, 리더는 부하의 장점을 칭찬하고 살리는 데 힘쓴다.

이 신조에는 '좋은 리더는 사람들에게 존경을 일으키며 신념을 심어 주는 사람'이라는 분명한 정의가 담겨 있다. 그중 특히 두 번째와 여섯 번째 신조가 눈에 띄는데, 좋은 리더는 팀을 솔선수범하여 잘 이끄는 사람이라는 인식을 엿볼 수 있다. 즉, 좋은 리더가 있는 훌륭한 조직은 솔선수범하여 팀을 잘 이끄는 리더가 있는 조직인 것이다. 이렇듯 좋은 팀워크를 만들어 가는 것은 좋은 리더십의 기본 요소다.

『리치우먼』의 저자 킴 기요사키는 기존의 공교육을 비판하며, 이렇게 말했다.

시험 제도를 통해서는 결코 협업하는 사람을 길러낼 수 없다.

왜냐하면, 시험에서는 오직 하나의 답만이 정답이라고 가르치고, 그 답을 찾아내는 과정도 혼자 하도록 하기 때문이다. 그러나 기요사키는 우리가 사는 세상은 결코 그렇지 않다고 주장한다. 모든 문제에 대한 답은 다양할 수 있으며 그 답을 찾아가는 과정에서 혼자 그 문제를 풀기는 쉽지 않지만, 협업하면 그 문제는 생각보다 쉽게 풀 수 있다는 것이다. 그녀의 말대로 기존의 교육권에서 교육을 받은 사람들은 경쟁 시스템에는 익숙하지만, 서로 협업하여 문제를 푸는 일에는 서툰 것이 현실이다. 그러나 실제 삶에서는 팀워크 없이는 해결할 수 없는 일이 많다. 우리의 교회, 직장, 단체 등에서 팀워크를 이룰 때 훨씬 더 큰 성과를 내게 되어 있다.

롭 무어는 『레버리지』에서 파트너십이 왜 중요한지를 자세히 설명한다. 그가 가장 먼저 예로 든 인물은 빌 게이츠다. 빌 게이츠는 세계 최고의 부자인데, 하버드대학교를 중퇴한 그는 자신의 성장 멘토로 워런 버핏을 언급했다.

빌 게이츠는 워런 버핏이 자신에게 힘든 상황을 극복하는 방법과 장기적인 관점으로 생각하는 법을 가르쳐 주었다고 말했다. 더불어 복잡한 것을 간단한 형태로 만들어 가르치고, 자신이 경험한 것을 활용할 수 있게 하려는 버핏의 열정을 존경한다고 했다. 즉, 사람은 외부의 도움 없이 성장하고 배울 수 없는 존재인 것이다.

또한, 롭 무어는 리더십과 경영은 서로 뗄 수 없는 관계라고 이야기한다. 그러면서 그는 리더십을 레버리지 방식으로 이렇게 정의한다.

> 가치 있는 목표를 성취하기 위해 다른 사람들의 노력을 집결하고 최대화하는 사회적 영향력이다.

리더는 방향을 설정하고 비전을 세우며 신뢰할 만한 가치를 창조함으로써 다른 사람들이 따르고 싶게 만든다. 그래서 리더는 그들 중 적임자를 선별하여 최고의 팀을 결성해야 한다. 여기에 성과와 시간 확보의 성패가 달린 것이다.

최고의 축구 감독은 다른 구단으로 이적할 때 매니저, 물리 치료사, 통계 전문가들과 구성된 코치진을 함께 데려간다. 스티브 잡스도 중요한 단계에서 주요 인사를 영입하거나 퇴출했다. '펩시' 사장 자리를 버리고 신생 기업으로 이직하기를 망설이던 존 스컬리는 스티브 잡스의 질문에 망설임 없이 애플로 이직했다고 한다.

그 질문은 바로 이것이었다.

인생이 끝날 때까지 설탕물을 팔겠는가, 나와 세상을 바꾸겠는가?

롭의 말에 의하면 혼자만의 힘으로 성공을 거두거나, 사회에 공헌하거나, 큰 변화를 일으킬 수 있는 사람은 없다. 롭 무어뿐만 아니라 모든 탁월한 리더들은 팀워크가 조직에 얼마나 중요한지를 잘 알고 있다.

언젠가 롭 무어가 동네 카페에서 여유롭게 커피를 마시고 있었다. 그때 한 여성이 그를 알아보고 직원이 몇 명이냐고 물었다. 그녀는 그가 친구와 둘이서 창업했던 때를 기억하고 있었다. 그가 사십 명 정도라고 말하자 그녀는 놀라서 마시고 있던 커피를 뿜으며 물었다.

"와!

직원이 사십 명이나 되는데 밤에 잠이 와요?"

그는 어리둥절해 대답했다.

"직원이 사십 명이나 되니까 편하게 잘 수 있죠."

그녀에게 직원은 문젯거리, 비용, 귀찮은 책임이었던 것이다. 아마 이 여성과 같은 관점을 가지고 있다면 팀워크의 탁월함을 잘 모르는 것이다.

물론, 팀워크에는 분명히 어려움과 고난이 있다. 그러나 롭 무어는 기업가로서 성장하려면 레버리지 스킬이 필요하다고 말한다. 처음 시작하는 기업가는 비용을 절감하고 하루빨리 기반을 잡아야 한다는 생각에 모든 일을 혼자 해내려고 한다. 그러나 그 근면성이 가장 큰 걸림돌이 될 수 있다. 대부분 기업가가 실패하는 이유가 바로 이 때문이라는 것이다. 이름만 기업주일 뿐 실제로는 자신의 지시를 받는 노동자, 노예인 것이다.

롭 무어는 기업을 성장시키는 가장 중요한 요소로 '팀과 비전, 시스템'을 꼽는다. 그리고 비전을 위해 업무를 수행하고 시스템을 운영하는 것은 결국 팀 구성원이라고 강조한다. 그러므로 팀 구축이 기업 성장의 핵심이라는 것이다.

사람들은 종종 롭에게 이런 질문을 던진다.

> 롭, 만일 다시 시작할 수 있다면, 어떤 방식으로 일하기를 원합니까?

롭은 좋아하는 일을 하면서 수십억 원 이상의 소득을 얻었다. 그래서 그는 자신의 방식을 좋아하지만, 더 일찍 시작했으면 좋았을 것이라고 생각한 것이 바로 '인적 레버리지'였다.

만약 다시 시작할 수 있다면 그는 실제적인 목표 없이 무작정 열심히 일하기보다는 인재 고용에 더 많은 시간을 투자했을 것이라고 한다. 혼자 감당할 수 있는 일이 있더라도 비서, 재무 담당 이사 등 성장에 필요한 인력을 더 빨리 고용했을 것이다. 훌륭한 사람들을 찾아냄으로써 자신이 가장 잘하는 일에 집중할 시간을 확보하고, 잘하지 못하는 일은 레버리지하여 더 큰 원동력을 만들어 낼 수 있었을 것이라고 말한다.

또한, 인력이 필요해질 때까지 기다리다가 더 큰 비용을 발생시키는 오류를 저지르지 않고, 미리 사람을 준비시키며 그들에게 동기를 부여했을 것이라고 한다. 결국, 어떤 조직이든 혼자서만 일하는 사람으로는 성장과 변화가 불가능하다. 동역, 곧 팀워크는 누가 뭐라고 말해도 조직 성장에 반드시 필요하다.

왜 시스템을 구축해야 하나?

본장에서는 동역, 곧 팀워크가 잘 이루어질 수 있는 해법으로 일곱 가지 시스템 구축에 관해서 이야기할 것이다.

그렇다면, 왜 시스템을 구축해야 할까?

지난 30년 동안 가장 유명하고 널리 읽힌 연재 만화 중 하나인 『딜버트』(*Dilbert*)의 작가 스콧 애덤스가 쓴 『더 시스템』은 시스템을 구축해야 할 이유를 다음과 같이 설명하고 있다.

> 목표 지향적인 사람은 아무리 잘해도 목표를 달성하기 이전에는 실패 상태에 머물러 있거나, 최악의 경우에는 영원한 실패의 늪에 빠져 살아야 한다. 반면에 시스템 지향적인 사람은 자신의 의도하는 바를 실행한다는 점에서 시스템을 적용할 때마다 성공한다.
>
> 목표 지향적인 사람은 시도할 때마다 좌절감과 싸워야 하지만, 시스템 지향적인 사람은 자신의 시스템을 적용할 때마다 기분이 좋아진다. 개인의 에너지를 긍정적인 방향으로 유지한다는 점에서 시스템과 목표는 큰 차이가 있다. 예를 들어, 사업에서 '100만 달러 벌기'가 목표라면 '지속해서 혁신적인 가치를 만들어 내는 기업가 활동'은 시스템이다. 성공한 사람들을 연구해 보면 그들 대부분이 목표가 아닌 시스템을 따랐다.

그 예로 마크 저커버그(Mark zuckerberg)의 사례를 들 수 있다.

저커버그의 성공 시스템은 여러 측면에서 조합되어 있는데, 그중 세

가지가 두드러진다.

첫째, 그는 어릴 때부터 컴퓨터 과학에 대한 열정을 가지고, 이를 바탕으로 페이스매시(페이스북의 초기 형태)와 이후 페이스북을 개발했다. 하버드대학교에서의 학문적 경험과 동료들과의 교류는 저커버그에게 중요한 네트워크를 제공했고, 이는 페이스북 초기에 사용자를 확보하고 확장하는 데 큰 도움이 되었다.

둘째, 그는 빠른 실행과 실패에서의 학습을 강조하며 초기 제품을 신속하게 출시하고 사용자 피드백을 통한 지속적인 개선을 통해 페이스북을 성장시켰다. 비즈니스 감각과 전략적 결정, 그리고 기술 혁신 등 다양한 측면에서 효과적인 리더십을 발휘하였다. 그뿐만 아니라, 변화에 대한 민첩성을 보이며 기술과 시장의 동향에 신속하게 대응하고 페이스북을 지속적으로 업그레이드했다. 이는 회사의 성장과 세계적 영향력 유지에 크게 기여했다.

셋째, 그는 사회적 책임감을 느끼고 페이스북을 운영하며, 글로벌 커뮤니케이션을 통한 사회적 상호 작용을 높이는 데 기여하고자 노력했다.

이러한 다양한 측면이 저커버그의 성공 시스템을 이루고 있으며, 이를 통해 그는 페이스북을 세계적인 기업으로 발전시키고 지속적인 혁신을 이끌어 냈다.

한편, 워런 버핏(Warren Buffett)은 투자 영역에서 이런 시스템을 적용한다. 저평가된 주식을 매입하고 그 주식을 평생 또는 중요한 변화가 발생하기 전까지 보유하는 것이 그의 시스템이다. 이 시스템은 수십 년에 걸쳐 대단한 효력을 발휘하고 있다. 그러면서 개인 투자자들과 비교한다.

이듬해 20퍼센트 상승을 꿈꾸며 주식을 사들이는 개인 투자자와 비교해 보면, 개인 투자자의 행위에 목표는 있지만 시스템은 없다. 그래서 개인 투자자의 수익률이 일반적으로 시장 평균에 미치지 못한다는 것은 별로 놀랄 만한 일이 아니라고 한다.

이것은 개인의 삶에만 국한되는 이야기가 아니다. 교회나 회사 등과 같은 조직도 마찬가지다. 팀워크를 성공적으로 이끌기 위해서는 시스템이 갖춰져야 한다.

제임스 클리어는 『아주 작은 습관의 힘』에서 이렇게 말한다.

> 변화를 위해서는 무엇보다 시스템의 변화가 우선되어야 한다.

습관을 변화시키기 어려운 것은 우리의 문제가 아니라 시스템의 문제다. 실제로 변화가 잘 안 되는 이유는 변화하고 싶지 않아서가 아니라, 변화할 수 없는 나쁜 시스템을 가지고 있기 때문이다. 그래서 제임스 클리어는 이를 해결하려는 방법으로 목표를 높이지 말고 시스템의 수준을 어렵지 않게 낮추라고 조언한다. 결국, 하나의 목표가 아니라 전체적인 시스템에 초점을 맞추는 것이 중요하다는 것이다.

그래서 '아주 작은 습관의 힘'을 강조한다. 전체 시스템의 부분인 작은 습관이 변화의 시작인 것이다. 원자가 모여서 분자 구조를 만들어 내듯, 아주 작은 습관도 모여 놀라운 결과를 이뤄 낸다. 자잘한 일상의 행위들은 대수롭지 않아 보이지만, 하나하나 쌓아 나가면 초기에 투자한 비용을 훨씬 웃도는 수준으로 커져서 거대한 승리의 연료가 된다. 결국, 작은 시스템의 변화에 성공하면 그 원동력으로 조직도 바뀌게 되는 것이다.

그러므로 교회나 기업 등의 조직은 좋은 팀워크 시스템을 구축해 두는 것을 우선순위에 두어야 한다. 교회나 회사에 좋은 팀워크 문화가 정착되지 않은 이유도 바로 좋은 팀워크 시스템이 형성되지 않아서 그렇다.

벤저민 하디의 『퓨처 셀프』는 아리 마이젤의 말을 인용해 자동화 시스템의 중요성을 언급한다.

> 어떤 일에 도전하든 가장 먼저 해야 할 일을 최적화다. 목표를 가장 기본적인 단위로 세분화하고 단순화해야 한다. 그다음 꼭 필요하지 않은 것은 모두 제거하라.

하디는 이어서 이렇게 설명한다. 그렇게 최적화 상태로 만들어 놓았다면, 다음 단계는 최대한 자동화 상태로 만드는 것이다. 특정한 소프트웨어나 프로세스를 활용하면 직접 관여하지 않아도 업무를 완수할 수 있다. 자동화를 설정해 놓고 잊으라는 것이다. 마지막으로 남은 업무는 다른 사람이나 전문가에게 아웃소싱(outsourcing)해야 한다.

그러나 최적화와 자동화를 갖춰 놓은 다음에 아웃소싱해야 도움이 된다는 사실을 기억해야 한다. 비효율적인 업무를 아웃소싱하면 전혀 도움이 되지 않기 때문이다. 따라서 남은 업무를 아웃소싱하려면 일단 최적화와 자동화를 통해 최대한 업무를 끝내 놓아야 한다.

또한, 벤저민 하디와 댄 설리번은 『누구와 함께 일할 것인가』라는 책을 공동 저술했다. 이 저서에는 더 원대한 목표를 달성하려면 다양한 업무를 처리해 주는 적절한 '사람'이 필요하다는 전제가 깔려 있다. 모든 일을 혼자 다 하려고 하면 몰입과 집중이 어렵다. 해야 할 일이 수백 가지나 되기 때문이다. 그래서 협업의 시스템화가 조직의 성공에 매우 중요한 것이다.

한국 사회나 교회에 부족한 것은 시스템 구축이다. 늘 사람에 의해 바뀌는 리더십으로는 공동체의 문화를 세워 나갈 수 없다. 오직 시스템을 정착시켜야 일관성 있게 공동체 안에 팀워크가 활성화될 수 있는 것이다. 그래서 우리는 앞으로 탁월한 팀워크를 통해 교회와 기업 등의 조직을 건강하게 만들 세븐 미라클(7단계 시스템)을 살펴볼 것이다.

제2부

동역을 성공으로 이끄는 세븐 미라클
(7단계 시스템)
과정

동역 시스템 1단계:
이제는 핵심 가치에 진실할 때다

동역 시스템의 기반이 되는 핵심 가치를 다시 점검해야 한다. 이는 조직 또는 팀의 비전과 목표를 반영하며 모든 구성원이 함께 공유하고 지켜야 할 가치들을 설정하는 단계다. 서론에서 언급했듯, 대부분 조직은 핵심 가치를 가지고 있다. 그러나 더욱 중요한 것은 그 핵심 가치를 기억하고 그 앞에서 조직이 진실해야 한다는 점이다. 우리 조직의 목적과 핵심 가치를 우리는 얼마나 소중히 여기고 있는지를 점검하는 일은 조직의 성공 여부와 깊은 관계가 있다.

1. 목적의식

이런 우스갯소리가 있다.

> 한 아주머니가 자신의 두 자녀를 보더니 사람들이 달려가는 곳을 가리키며 이렇게 소리쳤다.
> "일단 저쪽으로 뛰어가!"
> 영문도 모른 채 엄마 손에 이끌려 달려가던 두 아이는 엄마에게 물었다.
> "엄마 지금 어디로 가는 거야?"
> 엄마는 한심하다는 듯이 말했다.
> "몰라. 그런데 사람들이 다 뛰어가는 걸 보니, 분명히 이유가 있을 거야.

우리도 뒤처지기 전에 따라가 봐야 해!"

이 이야기는 경쟁적으로 앞만 보거나 다른 사람들의 눈치를 보며 살아가는 현대인을 풍자한다. 이 이야기를 통해 우리는 다음과 같은 의문을 가질 수 있다.

만약 사람들이 앞다투어 달려가는 곳이 좋은 것을 얻는 자리가 아니라, 깊은 웅덩이나 낭떠러지라면 과연 어떻게 될까?

우리가 속한 교회나 조직도 앞만 보거나 주위 눈치를 보며 무조건 달려가고 있는 것은 아닐까?

그러므로 지금 어디로 가고 있는지, 그 목적지가 어딘지 아는 것은 매우 중요하다. 여기까지 생각이 미쳤다면 또 다른 질문이 떠오를 것이다.

"그렇다면, 우리 교회와 조직의 목적지를 어떻게 알 수 있을까?"

세계적인 베스트셀러『목적이 이끄는 삶』에서 릭 워렌이 말한 것처럼, 이 땅에 있는 모든 사람에게는 목적이 있다. 그런데 내가 어떤 목적으로 만들어졌는지를 아는 것은 종교개혁자 칼빈이 말했듯, 본인이 신에 대해 어떤 견해를 가지고 있느냐에 따라 달라진다. 신이 없고 본인이 우연히 진화 때문에 만들어졌다고 생각하는 사람과 자신이 신의 형상으로 만들어졌다고 생각하는 사람은 자신의 인생을 바라보는 시각이 완전히 다르기 때문이다.

벤저민 하디는『퓨처 셀프』에서 "미래의 나에 대한 진실 일곱 가지"를 설명하며, 그 일곱 번째 장의 제목을 이렇게 붙였다.

신에 대한 견해가 미래에 나에게 영향을 미친다.

그에 의하면 신에 대해 어떤 견해를 가지고 있든, 그 생각은 자신의 본성, 잠재력, 삶의 궤도를 바라보는 관점에 영향을 미친다. 더 나아가 단기적인 미래, 장기적인 미래 그리고 지금의 삶이나 사후의 삶에 모두 영향을 준다. 즉, 하나님이 개개인에게 인생의 목적을 주셨으며, 우리가 속한 공동체에도 그 목적이 있다는 것을 아는 일은 매우 중요하다.
우리가 몸담은 교회나 기업도 분명히 그것이 세워진 목적이 있다. 그것을 찾아가다 보면 분명히 건강하고 생산성 있는 조직을 만들게 되어 있다. 우리가 속한 조직이나 공동체의 목적, 그리고 그 안에서 우리가 감당해야 할 사명을 분명히 인식할 때 모두가 행복한 조직이 될 수 있다.
내가 우연히 이곳에서 일하게 되었다고 생각하는 사람과 목적이 있어서 이곳에 소속되어 있다고 생각하는 사람 사이에는 큰 차이가 있다. 리더들은 자신과 자신이 속한 교회, 회사 또는 공동체의 목적을 정확히 알고 방향을 제시해야 한다. 그런 일을 잘 감당한다면 그 조직은 꾸준히 성장하고 그 공동체에 속해 있는 사람들도 매일 보람을 누리게 될 것이다.
게리 컬러와 제이 파파산이 공저한 『원싱』에서도 동일하게 목적의식을 강조한다. 목적의식은 개인적 강인함, 즉 자신의 신념을 굳게 믿고 그것을 계속 지켜 나갈 힘의 궁극적 원천이다. 탁월한 성과를 내려면 자신에게 무엇이 중요한지 알고, 매일 그것과 발맞추어 행동해야 한다. 명확한 목적의식을 가지면 인생이 더욱 또렷해지고, 방향에 대한 확신이 생기며, 이것은 더 빠른 의사 결정으로 이어진다.
의사 결정 속도가 빨라지면 누구보다 빠른 선택이 가능해져 최고의 선택지를 갖게 된다. 최고의 선택지를 갖게 되면 최고의 경험을 누릴 기회가 생긴다. 이것이 바로 어디로 가야 할지, 그 방향성을 바로 알 때 인생이 제공하는 최고의 결과물과 경험을 누릴 수 있는 이유다.
이러한 점은 조직이나 단체에도 적용된다. 우리 조직과 단체의 목적의식은 분명해야 한다. 목적의식은 조직이나 개인이 자신의 목적이나 존재 이유를 명확히 이해하고, 의식적으로 그 목적을 실천하려는 능력을 나타내는 데 원동력이 되며, 조직이나 개인이 더 높은 목표를 향해 노력하고 희망을 품을 수 있도록 도와주기 때문이다. 따라서 한 조직의 목적의식이 분명해지면 그 조직과 구성원들의 정체성도 함께 확립된다.

2. 정체성

정체성은 개인이나 조직이 자기 자신을 인식하고 이해하는 것을 의미한다. 정체성은 목적의식을 실현하기 위한 핵심 가치와 믿음을 포함한다. 정체성이 강화되면, 목적의식이 좀 더 일관되게 나타날 수 있다.

제임스 클리어는 『아주 작은 습관의 힘』에서 정체성(Identity)에 대해 이렇게 말했다.

> 정체성은 사람을 움직이는 가장 큰 비밀이다.

우리가 하는 행동은 대부분 각자의 정체성을 반영한다. 우리는 의식했든 의식하지 않았든 자신이 어떤 사람인지 스스로가 믿는 대로 행동한다. 그러면 정체성은 어떻게 생기는가?

정체성은 습관을 통해 만들어진다. 매일 자신의 내면을 돌아보며 자신이 리더임을 자각하는 습관은 자신의 가치를 발견하는 데 매우 유익하다. 공동체를 이끌어 가는 리더는 자신을 늘 돌아보아야 하며 본인의 조직이 어디로 가고 있는지를 점검해야 한다.

팀워크의 관점에서 개인과 조직의 정체성은 매우 중요하다. 각 개인이 자신만의 독특한 특징과 역량을 가지고 있다는 사실을 이해하면, 팀은 더욱 다양한 시각과 아이디어를 활용하여 문제에 대응할 수 있다. 팀 구성원 간에 상호 존중과 이해가 깊어짐에 따라 갈등이 줄어들고, 창의적이며 효과적인 협업이 가능해진다.

또한, 각 개인의 정체성을 인정함으로써 긍정적인 인간관계가 형성된다. 서로를 이해하고 존중하는 분위기에서는 팀원들이 열린 마음으로 소통하며 협력할 수 있다. 이러한 긍정적인 인간관계가 형성되면 팀은 더 좋은 결과물을 창출하게 된다.

조직의 관점에서도 정체성은 매우 중요하다. 조직은 독자적인 가치와 비전을 가지고 있으며, 이러한 정체성을 구성원들이 공유하고 수용함으로써 팀은 하나로 결속되어 단일한 목표를 향해 나아갈 수 있다. 조직 내 구성원들이 단합하여 힘을 모으면 조직 문화가 형성되고, 이는 조직의 협업을 더욱 강화하는 데 도움이 된다.

더 나아가 정체성의 인식은 조직 내 의사소통과 투명성을 높인다. 서로의 기대와 가치를 이해하고 수용한다면, 의사소통은 원활해지고 정보의 흐름도 향상된다. 이는 조직의 효율성을 높이며 문제 발생 시 신속하고 효과적인 대응을 가능하게 만든다. 그러므로 자신의 교회나 회사, 조직의 정체성을 아는 것은 팀워크에 있어 매우 중요하다.

3. 지도자의 철학

J. 로버트 클린턴의 『영적 지도자 만들기』에는 워렌 위어스비 목사의 사역 철학이 소개되어 있다. 로버트 클린턴이 워렌 위어스비를 처음 만난 것은 어느 침례교회 부목사로 시무하던 시절, 오하이오주의 시더빌에서 열린 한 세미나에서였다. 그 세미나의 주제는 이러했다.

"책을 읽는 목회자들을 보내 주소서!"

그 세미나를 통해 클린턴 교수는 지도자가 항상 배우는 자세를 견지하는 것이 얼마나 중요한지를 깨달았다. 그것은 또한 지도자들의 전기를 연구하겠다는 클린턴 교수의 열망에 확신을 더해 주었다. 그는 자신의 독서 과정을 예로 들며, 직접적인 사례를 공개했다. 그 세미나는 그의 독서 습관, 그가 읽었던 고전들, 목사 서재에 비치해 두어야 할 책들, 그리고 배워야 할 여러 귀한 아이디어에 대해 설명해 주었다.

위어스비 목사는 목회자들을 돕고 자신이 일생 사용했던 책들과 아이디어를 나누는 데 매우 탁월했다. 그는 우리에게 배우는 자의 모델을 보여 주었다. 나는 그의 사역이 왜 그렇게 깊이 있는가를 분명히 알 수 있었다. 그가 배운 것은 계속하여 그의 사역을 뒷받침해 주었다.

클린턴은 그가 아주 견실하게 사역하고 있는 현명한 사람임을 즉각 알아보았다. 17년 후, 위어스비가 「리더십」 잡지에서 사역 철학을 통찰력 있게 다룬 글을 발표했을 때, 클린턴 교수는 놀라지 않았다. 그 기사에서 위어스비는 자신의 모든 사역에서 지침이 되었던 광범위한 사역 철학을 적고 있었다. 그는 사역에서 지침이 된 원리들이 자신의 사역 철학을 형성하게 했다고 설명했다. 그의 원리들은 리더십에도 적용할 수 있다.

위어스비는 신학교 신학 수업 시간에 배운 한 편의 시가 원리에 대한 사고에 자극을 주었다고 말했다.

> 방법은 다양하지만, 원리는 적고, 방법은 항상 변하지만, 원리는 절대 변하지 않는다.

그는 이 시를 깊이 묵상하며 원리들(혹은 '절대적인 것')을 찾게 되었다.

> 사역은 절대적인 원리에 근거해 개발해야 한다.

다른 사람들이 사역의 성공 여부를 외적인 발전으로 판단하는 것과 마찬가지로, 그는 근본적이고 절대적인 원리에 근거하여 평가했다. 그렇기에 그는 유행을 따르지 않을 수 있었다. 수단과 방법이 좋을 수 있으나, 위어스비는 그 이상을 추구했다.

> 나는 그 방법 이면에 있는 원리를 이해하기 전에는, 결코 방법만 적용해서는 안 된다는 것을 배웠다.

이 같은 기본적인 자세로 사역을 시작하고 자기 정체성을 확인해 가면서 그는 사역을 위한 절대적인 원리들을 파악했다. 그는 이 원리를 배운 과정과 경험들을 되돌아보며 설명했고, 열 가지 항목으로 정리하여 기사를 썼다. 클린턴은 그가 관찰한 것의 요점을 붙잡았다. 그리고 그 열 가지 서술문을 철저히 연구한 뒤, 그것들을 일반적으로 적용하기 위해 클린턴 자신의 말로 표현했다.

위어스비의 사역 철학을 표현한 각 원리 목록과 가치, 그리고 원리에 대한 서술문은 다음과 같다.

(1) **인격(성품)**: 하나님께서 리더의 삶에서 다루시는 핵심적인 일은 성품을 개발하는 것이라는 점을 인식해야 한다. 왜냐하면, 효과적인 사역은 사람 됨 됨이에서 나오기 때문이다.

(2) **사역**: 지도자는 반드시 섬겨야 한다. 왜냐하면, 사역의 본질은 섬김이기 때문이다. 먼저는 주님께, 그다음은 우리가 인도하는 사람들이다.

(3) **동기 부여**: 사역은 근본적으로 섬김의 대상인 사람들을 사랑하는 것이 동기가 되어야 하며, 어떤 이익이나 의무나 은사 때문에 하는 것이 아니다.

(4) **희생**: 지도자라면 효과적인 사역에는 반드시 희생이 요구된다는 것을 알아야 한다.

(5) **권위와 순종**: 지도자는 먼저 권위에 순종하는 법을 배워야 한다. 그것은 권위를 바르게 행사하는 데 필수적이다.

(6) **궁극적 목적**: 지도자는 그의 생애와 사역에서 오직 하나님께 영광 돌려 드려야 한다는 것을 알아야 한다.

(7) **역동적 균형**: 지도자는 지속적으로 성장해야 하며, 기본적인 도구로써 말씀과 기도를 효과적으로 사용하는 것을 배워야 한다.

(8) **성실성과 역량**: 성실성은 사역을 위한 역량을 증대시킨다.

(9) **성령의 능력**: 사역은 성령에 의해 능력을 덧입어야 한다.

(10) **모델링의 원리**: 지도자는 예수님만이 사역에서 최고의 모델이심을 알아야 한다.

이는 지도자에게 철학이 얼마나 중요한지를 보여 주는 대목이다.

가치관에 대한 개념은 저자마다 다르지만, 클린턴 교수가 사용하는 가치관에 대한 정의는 다음과 같다.

첫째, 리더십 가치관은 리더가 어떻게 리더십을 인식하고, 그것을 실행하는 데 영향을 끼치는 내재된 가정을 말한다. 리더십 확신은 가치 언어를 사용하여 확인하고 기록할 때, 명확한 리더십 가치관 상태로 발전한다.

둘째, 명확한 리더십 가치관은 리더가 자신의 리더십과 사역에 관한 통찰력을 일인칭 형식으로 서술한 것이며, 그 헌신을 지지하고 강조하는 순서대로 세 가지 조동사, 즉 '한다'(should), '해야 한다'(ought), '반드시 한다'(must)를 사용한다.

이렇듯 철학은 조직이나 개인의 근본적인 원리와 신념을 나타낸다. 목적의식과 연결된 철학은 목적의식을 이루기 위한 기본적인 가치 체계를 제시한다. 철학이 강하게 정립되면, 목적의식을 지속해서 추구하는 방향성을 제공하게 된다.

교회의 목회자들은 목회 철학을, 기업가는 경영 철학이 있어야 한다. 이것이 잘 확립되지 않았다면 그 조직과 공동체는 하나로 모일 수도 없고, 팀워크를 이루기도 어렵다. 왜냐하면, 각자가 서로 다른 그림을 가지고 있기 때문이다. 그러므로 리더는 분명한 조직에 대한 철학을 확립하고, 그 철학을 공유해야 한다. 리더의 철학은 비전 제시를 통해 팀원들에게 공유된다.

4. 비전

리더십 전문가인 존 맥스웰은 다음과 같이 말했다.

> 비전은 리더를 이끈다. 비전은 목표물에 색을 입힌다. 내면의 불을 점화하고 연료를 공급한다. 비전이 없는 리더를 내게 보여 달라. 그렇다면, 나는 아무 데도 가지 못하는 사람을 보여 주겠노라.

오늘날 비전(Vision)이 이토록 중요하지만, 교회와 정부, 회사 할 것 없이 비전을 품은 리더가 모자란 것이 현실이다. 그렇기에 비전 있는 리더의 중요성은 『거인들의 발자국』에서 한홍이 소개한 1960년대 초 미국의 존 F. 케네디 대통령의 사례에서 잘 드러난다.
케네디는 이렇게 선언했다.

> 60년대가 가기 전에 미국은 달에 로켓으로 사람을 보내고 그 사람이 무사히 지구로 돌아오게 하겠다.

그것은 당시 우주공학 전문가 중 3분의 2가 불가능할 것이라 웃어넘긴 꿈이었다. 그 꿈을 말한 케네디는 1963년에 암살당했지만, 그가 제시한 달 탐험에 대한 놀라운 비전은 당시 미국의 모든 인적, 물적 자원이 동원되어 준비되었다. 결국, 1969년 달 표면에 아폴로 11호가 안착했고, 닐 암스트롱과 버즈 올드린은 인류 역사상 최초로 달에 발자국을 찍게 되었다.
이 '달 프로젝트'(moon project)가 진행되는 과정에서 미국의 과학, 경제, 교육 시스템 전체가 눈에 띄게 발전했고, 아폴로 11호는 월남전으로 침체된 미국인들의 사기를 단숨에 끌어올리기에 충분했다. 이것은 도전적이고 명확한 비전이 한 나라를 하나로 묶는 강력한 팀워크의 원동력이 된다는 증거다.

롭 무어는 『레버리지』에서 안타깝게도 진정한 비전을 가진 사람이 많지 않다고 말한다. 그는 한 사람과 조직의 구성원들이 목표 의식과 성취감을 느끼지 못한다면 이는 비전이 명확하지 않기 때문이라고 지적한다. 그의 말처럼 자신이 무엇을 원하는지, 목적지가 어디인지 모른다면 결코 어딘가에 도달할 수 없다. 비전은 삶의 목적이기 때문이다.

롭 무어의 말처럼 비전은 사람에게 방향을 제시하고, 다른 사람들을 이끌 수 있는 리더십을 부여하며, 부정적인 감정을 극복할 수 있는 에너지를 만들어 준다. 그러므로 만약 당신의 교회나 회사와 조직에 역동적인 에너지가 빠져 있다면, 비전이 명확하지 않기 때문일 것이다.

그는 『레버리지』에서 핵심 결과 영역(Key Result Area : KRA)에 대해 이야기한다. 이것은 비전을 성취하기 위해 초점을 맞춰야 할 최고 가치 영역이다. 핵심 결과 영역은 관계를 개발하고 유지하며 심리를 설정하고, 시스템을 개발하고 재정을 조달하며, 비즈니스 전략을 수립하고, 지속적인 자기 계발을 실천하는 레버리지 전략이다. 그러나 많은 사람과 조직은 이 핵심 결과 영역에 집중하지 못한다.

롭 무어는 핵심 결과 영역은 삶에 명확성을 제공하고, 비전을 향한 최단 거리를 제시한다고 말한다. 부정적인 감정을 몰아내고, 옳은 길을 가고 있는지 확인할 수 있게 해 준다. 더불어 자긍심과 만족감을 느끼게 하고, 더 많은 것을 성취할 수 있도록 돕는다. 만약 직원이 있다면, 꼭 핵심 가치 영역을 설정해야 한다고 강조한다.

롭 무어가 『레버리지』에서 강조하는, 직원들이 업무를 싫어하거나 직장을 떠나는 주요 이유는 다음과 같다.

- 인정받지 못한다고 느낀다.
- 명확한 목표를 갖고 있지 않다.
- 변화를 만들지 못한다고 생각한다.
- 상사는 나에 대해 무관심하다.
- 업무에 대한 기대치가 비현실적이다.

- 한 번에 너무 많은 프로젝트를 수행해야 한다.

직원 혹은 조직 구성원은 목표와 직접 연결된 역할을 맡고 싶어 한다. 자신이 해야 할 일이 가치 있고, 그 가치가 무엇인지 명확히 알고 싶어 한다. 그들에게 높은 가치를 가진 업무, 변화를 만들어 내는 일, 우선순위를 두어야 하는 일이 무엇인지 알려줘야 한다. 개인의 경력과 기업을 위해 가치 있는 임무를 수행하게끔 유도하면, 자기가 변화를 만들어 낸다고 느끼고, 가치 있는 존재라고 여기며 만족도가 높아진다.

더불어 저자는 핵심 결과 영역이 직무 분석표에 명시되어야 한다고 이야기한다.

역할을 명확히 기재하고, 그 역할을 실행하기 위한 목록을 만들라.

이것이 역할을 탁월하게 수행하기 위한 필수 사항이다. 이는 개인과 기업의 최대 이익과 만족을 줄 수 있는 지침이 된다. 즉, 비전이 명확하지 않은 교회나 기업 그리고 조직은 그 구성원들이 더 큰 집중력과 에너지를 만들어 내는 데 한계가 있다. 사람들은 흔히 개인이 조직을 떠나는 이유가 연봉과 관련 있다고 생각한다. 그러나 가장 중요한 요소는 바로 그 조직이 정확하고 분명한 비전을 제시하지 못하기 때문이다.

존 코터는 『기업이 원하는 변화의 리더』에서 비전을 정의하며, 비전이 왜 필요한지를 설명한다. 비전이란 한마디로 '미래에 대한 그림'이며, 비전은 '미래'를 만들기 위한 노력을 왜 해야 하는지를 직·간접적으로 설명해 준다.

존 코터가 설명한 비전의 목적 세 가지는 다음과 같다.

첫째, 경영 혁신의 기본 방향을 명확히 해 준다. 비전은 혁신 과정에서 발생하는 많은 의사 결정 문제를 간소화시킨다. 우선 좋은 비전을 세워 경영 혁신 방향을 명확히 해 놓는 것은 대단히 중요하다. 왜냐하면, 지금 추진하는 경영 혁신의 방향을 달가워하지 않거나, 방향이 어디로 향하는지 혼동하고, 심지어 대대적인 경영 혁신이 정말로 필요한지조차 모르는 사람들이 종종 있기 때문이다.

 효과적인 비전과 그것을 받쳐 주는 전략을 마련하는 것은 이러한 문제를 해결하는 데 많은 도움을 준다. 즉, 비전은 공동체가 나아가야 할 기본 방향을 명확히 제시함으로써, 앞으로 나아갈 길을 선명하게 보여 준다.

 둘째, 각 개인에게 단기적이고 개인적인 이익을 추구하기보다, 전체적인 안목에서 옳은 행동을 추구하도록 만든다. 잘 짜인 비전을 실현하기 위해서는 큰 변화가 필요하며, 그 과정에는 고통이 따르기 마련이다. 그러나 더 나은 미래를 얻기 위해 감수해야 하는 희생이 의외로 크지 않은 경우도 있다. 즉, 팀 안에서 비전이 원활히 공유되면 사람들은 넓은 시야를 가지게 되어 자신의 이익보다 공동체적 관점에서 사고하고 행동하게 된다.

 셋째, 서로 다른 사람들의 개성을 빠르고 효과적으로 조화를 이루도록 하는 데 효과가 있다. 회사의 방향성에 대한 공감대가 형성되지 않으면 직원들은 각자 독불장군처럼 행동하게 되고, 매사에 의견 충돌이 잦아져 끝없는 회의로 이어지게 된다. 하지만, 비전으로 인해 모든 사람의 생각이 같아지면, 직원들은 어느 정도의 독립성을 유지하며 일을 처리해 나가면서도, 서로 방해가 되지 않도록 행동하게 된다.

 즉, 교회나 회사 등 조직에는 다양한 사람이 모여 있기 때문에 하나의 의견으로 모으는 일을 쉽지 않다. 그런데 비전을 통해 한 방향을 바라보게 되면 공동체는 비로소 같은 마인드를 공유하게 된다.

 존 코터가 설명한 효과적인 비전 만들기에 대한 가이드는 다음과 같다.

　(1) **첫 번째 초안**: 처음에는 한 사람이 비전의 초안을 만든다. 이때 보통 시장 환경이 필요로 하는 것과 그의 꿈이 반영된다.

(2) **변화 선도팀의 역할**: 첫 번째 초안은 항상 변화 선도팀이나 더 많은 사람이 오랜 시간에 걸쳐 다듬는다.
(3) **팀워크의 중요성**: 최소한의 효과적인 팀워크가 없이는 집단 의견 수렴 과정이 성공할 수 없다.
(4) **두뇌와 가슴의 역할**: 논리적인 사고와 이상에 대한 동경은 전 과정에 걸쳐 필수 불가결한 요소다.
(5) **과정의 혼란성**: 비전 만들기는 대개 두 걸음 전진, 한 걸음 후퇴, 한 걸음 왼쪽, 한 걸음 오른쪽 하는 혼란스러운 과정을 밟는다.
(6) **소요 시간**: 비전은 절대 단 한 번의 회의에서 만들어지지 않는다. 몇 달, 어떤 때는 몇 년이 걸리기도 한다.
(7) **최종 결과물**: 모두가 희망하고 실행 가능하며, 구체적이고 유연한, 그리고 5분 이내에 상대방에게 설명할 수 있는 '회사가 나아갈 방향'이다.

우리는 비전의 목적과 효과적인 비전 만들기에 대해 살펴보았다. 처음에는 창립자 같은 한 명의 비전이었다면, 그 비전이 점차 팀원들에게 공유되고 여러 과정을 거쳐 구체화·체계화되어 간다.

여러분이 속한 교회나 회사 등의 조직에서도 하나의 비전이 비로소 자리 잡기 위해서는 이러한 구체적인 노력이 필요하다. 이 작업이 완성되었으면 그다음에는 비전을 실행에 옮겨야 한다.

5. 비전을 세우는 리더의 행동 전략

대니얼 코일은 『최고의 팀은 무엇이 다른가?』에서 비전을 세우는 리더의 행동 전략 일곱 가지를 소개하고 있다.

첫째, 우선순위를 특정하라. 목표를 향해 움직이려면, 먼저 목표를 명확히 하고 우선순위를 설정해야 한다. 리더는 정체성에 대해 집중해야 하며, 성공적인 집단들은 대체로 다섯 개 이하의 우선순위를 세운다. 특히, 집단 내부의 관계를 최우선 순위에 두는 경우가 많다. 집단 자체를 잘 세우고 지탱하며 관계를 단단히 할 때 성공적인 집단이 되는 경우가 많다.

둘째, 목표는 구체적으로 공유할 수 있어야 한다. 월간 경제지 'Inc'에서 600개 회사를 대상으로 설문한 결과, 임원들은 회사의 최우선 순위 세 가지를 말할 수 있는 직원이 64퍼센트 정도 될 것이라 응답했으나 실제 직원 중에 2퍼센트만이 제대로 답했다. 어느 회사나 다 이렇다. 직원들은 우선순위에 관심이 없다. 그렇기에 과하다 싶을 정도로 우선순위에 대해 소통해야 한다.

저자가 만난 탁월한 리더들은 모두 회사의 우선순위를 적극적으로 직원들과 공유했다. 벽면에 우선순위를 적어 놓고, 이메일에 첨부하고, 연설에 삽입하고, 대화에 녹이면서 공기의 일부가 될 때까지 반복했다.

가장 좋은 방법은 주기적으로 회사의 우선순위를 테스트하는 것이다.
"우리가 하는 일은 무엇인가?"
"우리의 목표는 무엇인가?"
이 같은 더 큰 문제와 씨름하도록 직원들을 유도하고, 성공에 안주하기보다 더 나은 방식을 고민하고 변화를 두려워하지 않았다.

셋째, 소속된 집단의 주력 분야를 파악하라. 모든 집단의 기술은 두 가지로 나뉜다. 숙련도(proficiency)와 창조성(creativity)이다. 숙련도는 주어진 일을 매번 같은 방식으로 진행할 수 있는 능력을 말하는데, 모든 걸 빈틈

없이 해결하는 기계처럼 신뢰와 안정감을 주며, 서비스처럼 행동의 목표가 확실하게 정의된 분야에 적용될 수 있다.

이를 위한 몇 가지 방법은 다음과 같다.

- 집단의 앞길을 명확하고 접근이 쉬운 탁월한 모델로 채운다.
- 매주 반복하고 잦은 피드백을 보장하는 훈련을 제공한다.
- 생생하고 기억하기 쉬운 경험 법칙을 수립한다.
- 기술의 기본을 강조하고 존중한다.

반면, 창조성은 조직이 과거에 없던 무엇인가를 새롭게 만들도록 동기를 부여하는 일이다. 이 분야의 목표를 수립하는 것은 마치 탐험을 후원하는 것과 같다.

몇 가지 방법은 다음과 같다.

- 팀의 구성과 동력에 촉각을 곤두세운다.
- 팀의 창조적 자율성을 규정하고 강화하며 보호한다.
- 실패를 덤덤히 받아들이고 피드백을 한다.
- 진취적인 시도를 할 때는 크게 호응한다.

넷째, 구호를 내세워라. 성공적인 집단에서 사용하는 언어에는 명확하고 팀워크를 강조하며 상투적인 구호가 포함되어 있다. 다소 괴상하거나 적나라하고 경박해 보인다고 할지라도 그것은 단지 특징일 뿐이다. 효과적인 구호는 단순하고 행동 지향적이며 직설적인 표현을 담아야 한다.

예를 들면, 다음과 같다.

- 자포스: "재미와 약간의 지루함을 만드세요."
- 아이디오: "말을 적게, 행동은 많이."
- 마이어 식당 가맹점: "고객을 위해 열정을 창출하라."

이러한 구호는 아름답다고 말하기는 어렵지만, 행동에 바탕을 둔 명료함이 깃들어 있다. 부드럽게 다가가기보다는 기억을 확실히 되살려야 하며, 집단을 목적지로 이끄는 길잡이가 되어야 한다.

다섯째, 실적보다 가치를 측정하라. 때로는 세상의 잡음과 방해물, 끊임없는 대안들이 목적을 확실히 수립하는 데 걸림돌이 된다. 이에 대한 해결책은 중요한 사항에 초점을 둔 단순하고도 보편적인 측정 기준을 마련하는 것이다.

초창기 '자포스'의 사례가 대표적이다. 자포스의 콜센터 직원들은 시간당 통화 횟수로 실적을 평가받았지만, 토니 셰이는 이러한 방법이 그룹의 목적과 맞지 않고, 불합리한 행동을 유발한다는 것을 깨달았다. 그래서 그는 이 기준을 버리고, 개인 감정 교류라는 새로운 기준을 도입했다. 이는 제품에 관한 대화와 별도로 고객과 유대 관계 형성을 중요시하는 방식이었다.

여섯째, 기념물을 활용하라. 집단의 목적과 정체성을 구현하기 위해 기념물의 역할은 매우 중요하다. 네이비실 본부에 보관된 전사자 전투복, '픽사'에 보관된 콘셉트 단계의 손 스케치와 아카데미상 트로피, 샌안토니오 스퍼스 연습장의 진열장에 있는 바위와 대형 해머 등이 그것이다.

일곱째, 행동의 기준을 세워라. 목표를 수립하는 데 있어 가장 중요하면서도 어려운 것은 추상적인 가치나 목적을 구체적인 언어로 바꾸는 작업이다. 성공하는 집단의 특징은 하나의 과업에 주목하고, 이를 활용해 그들의 정체성을 정의하고 기준을 수립한다. 작고 건실한 행동을 바탕으로 목표를 수립하는 리더와 조직은 늘 바른 정체성을 유지하게 된다.

예를 들어, 픽사는 본편을 배포하기 전에 상영하는 단편 애니메이션을 위해 수백 시간을 투자한다. 기술적인 부분과 스토리텔링의 질을 향상하기 위해 이렇게 많은 시간을 투자하지만, 단편에만 자원을 쏟아부으면 손해가 날 수 있다.

그러나 그들은 다른 곳에서 투자금을 회수할 수 있음을 안다. 스튜디오의 젊은 인재에게 투자하고, 실험을 시도하기 때문이다. 무엇보다 이 과정을 통해 모든 작업에 투영된 그들의 관심, 노력, 탁월함을 확인하게 된다. 이렇게 제작한 단편은 회사를 구성하는 모든 공동체의 이야기를 담고 있다.

리더의 역할은 비전을 비전 자체로 놔두는 것이 아니라 비전대로 그 조직이 나아가도록 돕는 것이다. 우선순위를 정하고 목표를 구체적으로 공유하는 것부터 시작된다.

집단에 주력 분야를 나눠 접근하고 비전으로 언어를 통일하며 가치 중심적인 피드백을 만들어라. 그리고 마지막으로 기념물을 활용해서 비전에 집중하도록 하고, 행동의 기준을 세워 비전을 향해 팀원들이 나아가게 하라. 그렇게 할 때, 당신의 조직은 단순히 비전을 가지고 있는 모임이 아니라 비전을 성취하는 탁월한 공동체가 될 것이다.

비전은 조직이나 개인이 향하고자 하는 미래의 이상적인 상태를 나타낸다. 목적의식과 연결된 비전은 목적을 달성하기 위한 길을 제시하고, 이를 통해 조직이나 개인이 미래에 어떤 모습을 갖고자 하는지를 나타낸다. 그리고 그러한 비전의 중심에는 핵심 가치가 있다.

6. 핵심 가치

아마존 베스트셀러 『원씽』에서 저자 게리 켈러와 제이 파파산은 삶에서 '단 하나'를 실행에 옮기고 탁월한 성과를 올리는 데 필요한 간단한 공식을 제시한다. 바로 목적의식(purpose), 우선순위(priority), 생산성(productivity)이다. 이 세 요소의 연결을 통해 우리는 '단 하나'의 원칙을 두 가지 분야에 적용할 수 있다. 그중 하나는 크고 하나는 작다. 개인과 공동체가 가져야 할 '큰 단 하나'(big one thing)는 목적의식이고, 그 목적의식을 실현하기 위해 필요한 '작은 단 하나'(small one thing)는 우선순위다.

생산성이 높은 사람들의 특징은 목적의식으로 일을 시작하고, 그것을 나침반처럼 활용한다는 것이다. 그리고 목적의식의 안내를 따라 자신의 행동을 좌우할 우선순위를 정한다. 이것이야말로 남다른 성과로 가는 가장 빠른 길이다. 목적의식, 우선순위, 생산성을 빙산의 각 부분이라고 생각해 보면, 일반적으로 물 밖으로 보이는 부분은 빙산의 9분의 1, 그야말로 빙산의 일각에 지나지 않는다.

생산성, 우선순위, 목적의식의 관계도 이와 같다. 우리 눈에 보이는 것은 보이지 않는 큰 기반에 의해 결정된다. 생산성이 높은 사람의 조직(productive people, productive organization)은 목적의식과 우선순위에 관한 생각이 분명하고, 또다시 역으로 목적의식과 우선순위는 사람들을 높은 생산성으로 이끌어 준다.

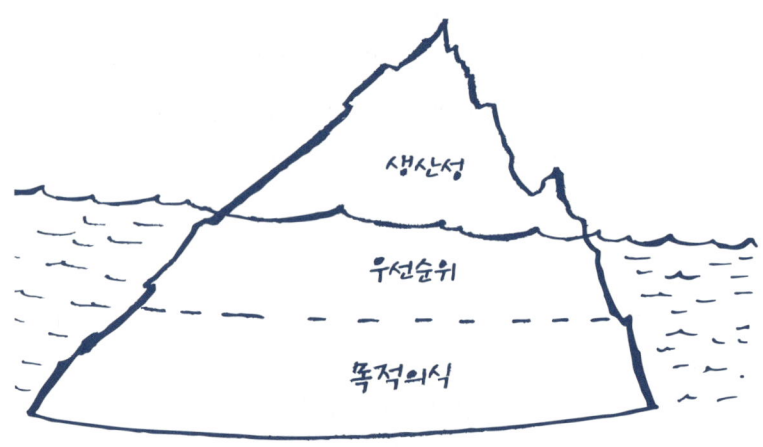

[그림1] 이미지: 『원씽』 169페이지

이것이 저자가 말하는 핵심 가치를 중요시하는 기업과 사람들의 선순환이다.

『원씽』의 저자는 이렇게 말한다.

모두가 행복해지고 싶어 하지만, 행복을 추구한다고 행복이 나타나는 것은 아니다. 오래 지속하는 행복을 얻는 가장 확실한 길은 큰 목적의식을 갖고, 매일 하는 행동에 의미를 부여하는 것이다. 어떠한 상황에도 자신을 끊임없이 움직이게 하는 목적의식, 즉 큰 이유(big why)를 발견하라.

이 목적의식, 곧 핵심 가치를 발견하고 그것을 중심으로 팀이 구성되면 드림팀이 된다. 그래서 핵심 가치가 중요하다. 가장 명확한 것 하나를 깊고 크게 준비해야 조직이 살아나고, 생산성이 높아진다.

오늘날 교회와 회사는 자신들의 비전, 임무를 보며 그것이 어떻게 만들어졌는지를 먼저 점검해야 한다. 그것의 구색을 갖추기 위해 만들어낸 것인지, 아니면 조직 구성원들과 함께 마음을 모아 만든 것이지 말이다. 솔직한 비전, 임무를 만들어야 한다. 무조건 크고 멋있는 것이 좋은 것은 아니다.

스티븐 코비는 이러한 핵심 가치를 만들기 위해 충분한 시간과 신중함, 올바른 원칙이 필요하다고 말한다. 또한, 공유된 비전과 가치관에 맞춰 시스템의 조직 구조, 경영 스타일 등을 일치시키려는 용기와 성실성도 있어야 한다고 말한다.

실제로 한 교회가 모든 것을 다 잘할 수는 없다. 자신의 교회에 맞는 핵심 가치를 만들면 된다. 기업도 마찬가지다. 막국수 맛집에는 막국수만 맛있으면 된다. 자신들이 무엇을 잘할 수 있는지, 어디에 우선순위를 두어야 하는지에 집중하여 핵심 가치를 만들어야 한다.

시카고에서 해열 진통제 타이레놀을 복용한 뒤 일곱 명이 숨진 사건이 있었다. 누군가가 일부러 타이레놀 병에 청산가리를 넣은 것이다. 기업 '존슨 앤 존슨'은 이 사건을 경험하며, 과감하고 비범한 결정을 한다. 세계 최초의 대량 리콜을 위해 약 3,000억 원의 비용을 기꺼이 지급한 것이다. 회사는 즉각 타이레놀 캡슐 생산을 중단했다. 이는 "사회 구성원 모두에게 책임을 다한다"라는 핵심 가치에 충실한 결과였다. 존슨 앤 존슨은 주주보다 고객과 사회에 대한 책임을 무엇보다 우선시한 것이다.

결국, 돈보다 핵심 가치를 위해 기꺼이 대가를 치른 존슨 앤 존슨은 소비자로부터 더 큰 신뢰를 얻고 더 존경받는 회사가 되었다. "사회 구성원 모두에게 책임을 다한다"라는 반세기 전에 만들어진 이 신조는 존슨 앤 존슨을 세계에서 가장 존경받는 회사 중 하나로 만든 살아 있는 지침이자 영혼을 담은 핵심 가치다.

당신의 교회나 조직이 돈보다 중요하게 여기는 가치는 무엇인가?

스타벅스 CEO 하워드 슐츠의 혁신과 도전을 담은 『온워드』의 첫 장은 이런 문구로 시작된다.

> 2008년 2월 어느 화요일 오후, 스타벅스는 미국 내 모든 매장의 문을 닫았다. 굳게 잠긴 7100개의 매장문 앞에는 한 장의 메모가 붙어 있었다.
> "우리는 고객 여러분께 최상의 에스프레소를 선사하기 위해 잠시 시간을 갖고자 합니다. 완벽한 맛과 크레마를 가진 에스프레소는 숙련된 기술을 필요로 합니다. 그래서 우리는 지금 그 기술을 갈고 닦는 데 전념하려고 합니다. 부디 양해해 주십시오."

하워드 슐츠는 회사 내부의 문제를 바로잡기 위해 방법을 논의 중이었다. 13만 5천 명의 바리스타 모두가 완벽한 에스프레소를 만들어 낼 수 있도록, 그들을 단시간 내에 재교육할 방법을 생각 중이었다. 만일 바리스타가 커피 한 잔을 적당히 시늉만 내며 만들거나, 충분한 애정이 없어서 너무 싱겁거나, 혹은 너무 쓴 질 낮은 에스프레소를 만드는 일은 스타벅스에서 있을 수도 없고 있어서도 안 될 일이었다.

왜냐하면, 그것은 스타벅스가 40년 전부터 전념해 온 핵심 가치, '사람의 영혼을 감동을 주는 스타벅스 정신'이라는 본질을 잃는 일이기 때문이다. 스타벅스는 훌륭한 커피 없이는 존재 의미가 없었기에, 3개월까지 모든 파트너를 재교육할 수 있는 유일한 방법으로, 전국 매장을 일제히 닫기로 결정했다.

그가 2008년 스타벅스의 CEO로 복귀했을 때, 슐츠는 회사가 핵심 가치를 회복함으로 사람들이 다시금 스타벅스와 사랑에 빠지길 바랐다. 그래서 엄청난 리스크를 감수하면서도 미국 전역의 매장을 일제히 닫기로 했다. 예상했던 대로 스타벅스는 600만 달러에 달하는 손실을 보았다. 그 틈을 타 한 경쟁 업체는 99센트짜리 에스프레소 음료를 통해 스타벅스의 고객을 빼앗으려 했다. 일부 비평가들은 스타벅스가 스스로 실패를 자인함으로써, 브랜드의 명성을 영원히 훼손했다고 혹평했다.

그러나 결과적으로 하워드 슐츠의 결정은 옳았다. 매장을 닫았던 그날 이후 몇 주 지나지 않아 스타벅스 커피 맛에 대한 평가가 수직으로 상승했다. 이 사건은 스타벅스 파트너들에게도 일종의 충격 요법이 되었다. 여러 해 동안 급성장에만 집중하느라 핵심 가치를 잊고 있던 그들에게, 다시 한번 커피에 대한 애정과 신뢰를 머릿속에 각인시킨 계기가 된 것이다. 또한, 그날 이후 스타벅스는 하나같이 꿀처럼 잔에 떨어지는 에스프레소를 고객에게 선사할 수 있었다.

핵심 가치는 조직이나 개인이 중요하게 여기는 원칙이나 신념을 나타낸다. 목적의식과 연결된 핵심 가치는 그 목적을 실현하기 위한 도덕적이고 윤리적인 기준을 표현한다. 위의 사례를 통해 알 수 있는 것은 핵심 가치를 지키기 위해 노력하는 조직은 그 과정이 험난하더라도 결국 성장과 성과를 이뤄 낸다는 것이다. 핵심 가치는 리스크를 감수할 만큼 소중한 것이며, 그 핵심 가치를 최우선 순위에 둘 때 조직은 바른 길로 나아가게 된다.

7. 핵심 가치를 통한 삶의 충만

『코엑티브 코칭』은 삶의 충만에 대해 이렇게 설명한다.

> 충만한 삶이란 생생하게 살아있는 것에 관한 것이고, 우리 자신의 존재감을 완전하게 표현하고 우리가 옳다고 믿는 것을 완벽하게 실행하는 상태이다.

저자는 이를 '온전함, 만족감' 또는 '올바르고 조화로운 느낌'이라고 묘사하며, 이런 느낌을 표현하는 단어로 '울림'(Resonance)을 사용한다. 우리의 삶은 우리가 가치 있다고 여기는 모든 것이 서로 정렬되어 있을 때의 주파수에서 진동한다. 충만한 삶, 울림 있는 삶은 곧 '가치대로 살아가는 삶'이다. 삶의 우선순위 간의 균형을 유지하면서 역동적으로 살아가는 삶이고 매 순간 온전히 살아가는 것을 의미한다.

가치대로 사는 것이 쉽지 않더라도 가치를 존중하며 사는 삶은 본래 충만함을 경험하게 한다. 가치는 내면으로부터 진실하고 충만하게 살아온 삶의 특성들이다. 가치는 만질 수 있는 것이 아니다. 그것은 우리가 행하는 것이나 소유할 수 있는 것도 아니다.

가치는 올바른 선택을 내리게 하며 잘못된 선택을 분별하게 만든다. 핵심 가치를 기반으로 한 삶의 목적 선언문(Life Purpose Statement)은 진정으로 충만한 삶(의도한 대로 사는 삶, 자신과 다른 사람의 가치를 높여 주는 선택을 하는 삶)을 이해하는 데 큰 도움을 준다. 이것은 사명 선언문(Mission Statement) 또는 비전 선언문(Vision Statement)이라고도 불린다.

가치에 근거한 삶을 살지 못하는 이유는 충만한 삶을 살겠다는 욕구보다 두려움이 더 크기 때문이다. 충만한 삶으로 가는 길은 어렵고, 낯설며, 두려운 길일 수 있다. 왜냐하면, 사회는 우리에게 '가치대로 살아가는 법'을 가르쳐 주지 않았기 때문이다. 그래서 우리는 대부분 우리가 가진 것에 안주해 버린다.

이처럼 핵심 가치는 팀의 발전에도 매우 큰 영향을 미친다. 핵심 가치가 없으면 그 조직은 현실에 안주하며 두려움에 굴복하게 되고 더 이상 성장과 발전을 누리지 못하기 때문이다. 그러므로 리더는 본인 먼저 조직의 핵심 가치에 충만해야 하며, 현실에 안주하려는 팀원들에게 핵심 가치를 공유하고, 그들이 한마음으로 충만한 삶을 추구하도록 이끌어야 한다. 이를 위해서는 팀의 핵심 가치를 공유하고 팀원들과 핵심 가치를 함께 세워 가는 과정이 필요하다.

팀원들이 자신이 참여해 만든 핵심 가치에 자신의 삶을 투영할 때, 그 가치를 이루어 내며 삶의 충만함을 경험하게 된다. 따라서 팀 안에서 도우미 과정을 통해 함께 핵심 가치를 만들어 가는 일은 매우 중요하다. 핵심 가치를 함께 만들고 그 핵심 가치대로 교회와 회사, 조직을 만들어 갈 때, 구성원들의 삶에는 충만함이 생기고 그 충만으로 인해 행복과 생명력이 일어나게 된다.

생명을 낳는 교회, 소비자에게 생동력 있는 제품과 서비스를 제공하는 기업 속에는 반드시 핵심 가치의 공유와 그 가치를 이루기 위한 몸부림, 즉 진정한 팀워크의 몸부림이 있어야 한다.

8. 핵심 가치 점검 시스템

핵심 가치가 기업이나 교회 조직의 문화로 자리 잡으려면 점검할 수 있는 시스템이 필요하다. 고든 맥도날드는 『내면세계의 질서와 영적 성장』에서 내면세계를 잠수함의 조종실로 묘사했다. 그는 인간의 삶에서 사고가 일어나는 곳이 바로 이 조종실이며, 그것은 '탈진, 신경 쇠약, 폭발' 같은 형태로 나타난다고 설명했다.

그는 「월스트리트 저널」의 "경영자의 위기"라는 기사에 실린, 한때 유망했지만 한순간에 무너진 사업가의 사례를 들며 경고한다. 내면세계를 잘 관리하지 않으면 주변 세계가 엄청난 압력으로 몰려올 때 한 번에 붕괴할 수 있다는 것이다.

그는 마음 지킴의 중요성을 강조하며 모든 것이 질서 정연한 고요한 장소가 반드시 있어야 한다고 말한다. 그 이유는 거기서부터 외부의 격동을 이겨 내고 위축되지 않을 힘이 나오기 때문이다. 그는 내면세계가 질서 정연한 상태를 "사명에 맞게 사는 삶"이라 불렀고, 반대로 엉망인 내면으로 사는 삶을 "쫓겨 다니는 삶"이라고 정의했다.

그가 정의한 쫓겨 다니는 사람의 특징은 다음과 같다.

(1) 오직 무엇인가를 성취했을 때만 만족감을 느낀다.
(2) 성취를 표시하는 상징에 집착한다.
(3) 보통 고삐 풀린 팽창욕에 사로잡혀 있다.
(4) 온전한 인격에는 관심이 없는 경향이 있다.
(5) 대인 관계 기술에 신경 쓰지 않는다.
(6) 경쟁심이 강하다.
(7) 화산 같은 격렬한 분노를 품고 있다.
(8) 대개 비정상적으로 바쁘며, 노는 것을 싫어하고, 영적 예배를 피한다.

대부분 교회와 기업은 시작할 때 핵심 가치를 품고 출발했을 것이다. 그러나 시간이 지나면서 왜 그 핵심 가치대로 이끌어 가지 못하는가? 그것은 주기적으로 핵심 가치를 점검하는 시스템이 없기 때문이다. 교회는 연말 당회에서 그해 예산을 정리하고 내년 예산을 계획한다.

그런데 그런 중요한 시점에 핵심 가치를 점검하고 그에 맞춰 예산을 세우는 교회는 얼마나 될까?

기업은 분기마다 회사의 이익과 성장을 점검하지만, 그때마다 핵심 가치를 점검하는 기업은 얼마나 있는가?

핵심 가치에 집중하는 교회나 기업을 알고 있다면 자세히 들여다보라. 그 공동체나 조직은 계속해서 성장하고 그 구성원들은 행복할 것이다.

제임스 클리어는 『아주 작은 습관의 힘』에서 진정한 개선이 일어나기 위해서는 습관을 체득하는 것만으로는 부족하다고 설명한다. 지속적인 숙고와 복귀가 필요하다는 것이다. 만약 이러한 작업이 잘 이루어지면 올바른 일에 시간을 집중할 수 있고, 그 과정에서 필요할 때마다 방향을 수정할 수 있다. 그래서 저자는 크게 두 가지 숙고와 복기 모두를 사용한다고 말한다.

매년 12월에는 전년도를 생각하며 '연간 검토'를 진행한다. 몇 개의 기고문을 발행했는지, 운동은 몇 번 했는지, 새로운 장소는 몇 군데나 방문했는지 등을 점검하며, 다음의 세 가지 질문을 던진다.

> (1) 올해 무엇이 잘되었는가?
> (2) 올해 무엇이 잘되지 않았는가?
> (3) 무엇을 배웠는가?

그리고 6개월 후, 여름이 다가오면 '건전성 보고서'를 작성한다. 이 보고서를 통해 저자는 어디서 잘못을 저질렀는지, 무엇이 저자를 다시 습관으로 돌아오게 했는지 깨닫게 된다.

특히, 제임스 클리어는 이 보고서를 가지고 핵심 가치를 다시 논의하며 그에 따라 생활하고 있는지를 숙고하는 시간을 갖는다. 이것은 자신의 정체성과 자신이 바라는 사람이 되기 위해 어떻게 행동할 수 있을지를 고민하는 시간이 된다.

연간 건전성 보고서를 보며 그는 다음의 세 가지 질문을 던진다.

> (1) 내 인생과 일을 움직이는 핵심 가치는 무엇인가?
> (2) 어떻게 하면 지금 여기서 나답게 살고 일할까?
> (3) 어떻게 하면 미래에 더 높은 기준을 세울 수 있을까?

그는 이 두 가지 보고서에 1년에 몇 시간만 투자해도 충분하다고 말하며, 이 과정을 통해 중대한 개선을 이룰 수 있다고 강조한다. 핵심 가치를 점검하면 자신도 모르게 경로가 이탈하는 것을 막아 주며, 원래 추구했던 정체성으로 되돌아가 자신의 습관이 어떻게 도움을 주는지를 상기할 수 있다. 이러한 도구는 조직에서도 매우 유용하다. 주기적으로 핵심 가치를 중심으로 숙고하는 시스템을 갖추면, 조직이 원하는 정체성을 향해 나아가고 있는지를 확인할 수 있다.

리더는 먼저 핵심 가치를 수시로 점검할 뿐만 아니라 조직 구성원들과 함께 주기적으로 모여 이를 다시 숙고하는 문화를 만들 필요가 있다. 그리고 그 핵심 가치를 기반으로 다른 실무 요소들을 점검하는 것이 바람직한 순서다. 핵심 가치는 반드시 공유되어야 한다. 지도자가 비전을 세우지만, 구성원이 함께 참여하지 않는 비전은 존재할 수 없다. 함께 비전을 만드는 보람을 느끼도록 조력 과정을 통해 비전 공유를 진행하면 유익하다.

왜 사람들이 교회나 기업에 실망하는가?

핵심 가치와 무관한 공동체의 운영 때문이다. 목적의식은 왜 존재하는지를 이해하게 하고, 정체성은 자기 인식을 강화하며, 철학은 원칙을 강조하고, 비전은 미래의 목표를 제시한다. 그리고 핵심 가치는 이러한 목표 달성을 뒷받침하는 가치 체계를 나타낸다. 이처럼 서로 연결될 때 개인과 조직은 더 높은 목표를 달성하고 의미 있는 변화를 이룰 수 있다. 이런 속담이 있다.

> 사공이 많으면 배가 산으로 간다.

이제는 사람의 성향이나 상황에 따라 핵심 가치가 바뀌는 조직이 아니라, 핵심 가치에 따라 하나 된 팀워크를 이루는 교회, 기업, 단체가 이 땅에 많아지길 바란다.

당신 조직의 핵심 가치는 과연 무엇인가?

세븐 미라클 중 첫째 단계로 공동체의 핵심 가치를 발견했다면, 이제는 조직 내부를 객관적으로 살펴보는 프로세스가 필요하다. 이제 2단계로 나아가 보자.

세븐 미라클 클리닉 #1

- 당신과 구성원들은 조직, 공동체는 핵심 가치를 가지고 있는가?
- 당신과 구성원들은 그 핵심 가치의 의미를 얼마나 이해하고 있는가?
- 당신의 조직에는 목적의식과 철학이 녹아있는 핵심 가치를 중심으로 비전을 제시하는 리더가 있는가?
- 함께 비전을 세워 가기 위해 당신의 공동체에서는 어떤 노력을 기울이고 있는가?

✓ 핵심 가치 점검 시스템을 활성화하기 위해서 지금 당신과 공동체가 던져야 할 질문 세 가지를 만들어 보라.

동역 시스템 2단계: 메타인지를 발전시켜라

2단계에서는 구성원들이 자기 인식과 자기 능력을 발전시키도록 메타인지를 강화한다. 자신의 감정과 행동을 인식하고, 자기 개선을 위해 지속적인 노력을 기울이도록 도와준다.

1. 메타인지란?

메타인지는 자기 인식과 자기 능력을 향상해 나 자신을 더 잘 이해하고 효과적으로 개선하는 능력을 의미한다. 즉, 사고에 대한 인지와 이를 통제하는 고차원적인 사고 과정과 활동이다. 또한 '자기 인지' 또는 '인지적 자기 능력'으로서, 우리가 자기 생각, 감정, 능력, 한계 등을 인식하고 관리하는 능력을 의미하기도 한다.

그렇다면, 메타인지가 팀워크에 왜 중요한가?

협업은 다른 사람들과 함께 작업을 수행하는 과정이므로, 메타인지가 있는 개인은 더 효율적이고 효과적인 협업을 할 수 있기 때문이다.

지금까지 우리 교회와 기업, 단체에서는 왜 협업이 어려웠는가?

메타인지 능력이 부족했기 때문이다. 자기 자신을 잘 모르면 다른 사람과의 관계가 어려워지는 것은 당연한 결과이다. 메타인지는 다른 말로 하면 자기 객관화인데, 인간은 누구나 주관적이기 때문에 메타인지를 하는 일이 쉽지만은 않다. 성경에서도 이 부분을 지적한다.

> 어찌하여 형제의 눈 속에 있는 티는 보고 네 눈 속에 있는 들보는 깨닫지 못하느냐 너는 네 눈 속에 있는 들보를 보지 못하면서 어찌하여 형제에게 말하기를 형제여 나로 네 눈 속에 있는 티를 빼게 하라 할 수 있느냐 외식하는 자여 먼저 네 눈 속에서 들보를 빼라 그 후에야 네가 밝히 보고 형제의 눈 속에 있는 티를 빼리라(눅 6:41-42).

형제의 눈 속 작은 티는 잘 보면서도 정작 자기 눈 속의 들보, 즉 원어를 직역하면 '통나무처럼 큰 것'을 보지 못하는 이유는 자신의 모습이 보이지 않기 때문이다. 메타인지는 자신을 객관화해서 보는 능력을 말한다. 이 자기 객관화는 리더십에 있어서 매우 중요한 부분이다.

오늘날 많은 리더가 다른 사람은 잘 이끌었지만 자기 자신은 잘 관리하지 못해 사람들에게 실망을 안겨 주고 있다. 팀워크에 있어서도 마찬가지다. 개개인이 자기 자신을 잘 모르는 상태에서 건강한 팀워크를 이뤄 가는 것은 결코 쉬운 일이 아니다. 그러므로 조직은 팀원들의 메타인지의 성장을 위해 구성원들이 자신의 감정과 행동을 인식하고, 지속해서 자기 개선에 힘쓸 수 있도록 지원해야 한다.

특히, 한국 교회에서는 설교나 교리를 먼저 자신의 삶에 적용하는 훈련이 필요하다. 자기 자신을 돌아보지 못하고 율법에 민감한 사람들이 모이면, 서로 정죄하며 헐뜯고 싸우기가 쉽다. 그러나 메타인지 능력을 기르면 분쟁과 다툼이 크게 줄어들 수 있다.

복음서에도 이런 장면이 등장한다. 어느 날 율법주의자들이 간음한 현장에서 잡혀 온 여인을 예수님께 끌고 왔다. 간음은 여자 혼자 할 수 없는 일인데도 여자만 끌고 온 것은 불합리했다.

그들은 예수님께 이렇게 물었다.

"모세의 율법에는 간음하다 잡힌 자를 돌로 치라 했는데, 이 여인을 어떻게 할까요?"

예수님께서는 이렇게 대답하셨다.

"너희 중 죄 없는 자가 먼저 돌로 치라."

그리고는 땅에 글씨를 쓰셨다.

사람들은 예수님이 쓴 글씨를 보고 하나둘씩 자리를 떠났다. 예수님이 땅에 무슨 글을 쓰셨는지는 성경에 나오지 않는다. 그러나 사람들이 그 여인을 죽이는 일을 관두고 그 자리를 피한 것으로 보아 사람들의 죄목을 땅에 썼다고 해석하는 성경학자들이 많다. 설득력 있는 주장이다. 사람들은 자신의 죄가 드러나는 순간, 자기를 스스로 돌아보게 되고 타인에 대한 공격을 멈춘다.

사실, 기독교는 자기반성의 요소가 강한 종교다. 예수님께서는 자신을 따르려는 자들에게 먼저 자신을 부인하라고 말씀하셨다. 즉, 예수님의 제자가 되기 위해서는 자기 부인과 자기 점검이 우선이라는 뜻이다. 이것을 '제자도'라고 부른다. 영어로는 'Discipleship'으로 표현된다. 이 단어와 비슷한 어원의 단어가 규율(discipline)이다.

규율이란 사람이 자기 본성을 이기고 훈련을 통해 자신을 수련하는 것을 의미한다. 즉, 자기 부인, 자신의 본성을 이겨 냄과 같은 의미가 있다. 따라서 참된 그리스도인이 되려면 자기의 본성을 거스르고 자신을 돌아볼 줄 알아야 한다. 나는 이점이 오늘날 교회에 가장 큰 문제라고 생각한다. 여전히 본성이 살아서 자신을 드러내고 자신의 욕심을 채우려는 훈련되지 않은 모습 때문에 교회 안에 분열이 있고 팀워크가 되지 않는 것이다. 교회의 리더십은 반드시 이 지점을 점검해야 할 필요가 있다.

스스로 예수님처럼 기꺼이 남을 위해 희생하려는, 자신의 본성을 거스르는 훈련이 되어 있는가?

이것이 진정한 메타인지를 가진 자의 모습이다. 이 원리는 일반 회사나 조직에도 적용될 수 있다. 지난 장에서 배웠던 핵심 가치의 원칙에 비추어 자신을 돌아보고, 자신의 팀을 돌아보는 자세가 있으면 그 조직은 본인들이 애초에 그렸던 그 비전을 이룰 수 있다. 반면, 핵심 가치만 있고 그 가치에 맞추어 자신들을 돌아볼 능력이 없는 개인과 조직은 결코 성공이나 성취를 이룰 수 없다.

우리 사회의 리더십 지수가 경제적, 군사 지수에 비해 낮은 이유 중에 하나도 자기 성찰의 부족에 있다고 생각한다. 회사에서도 마찬가지다.

서로의 단점을 보기 이전에 자기 자신을 돌아보면 훨씬 더 협업하기에 좋은 환경을 만들 수 있게 된다.

메타인지 효과에 대한 여러 객관적인 자료가 있다. 특히, 서울대학교 소속 연구진의 연구 결과에 따르면, 메타인지는 실제적인 업무에 영향을 미치는 것으로 나타났다.

서울대 권기정, 신제구 교수의 「경영학연구」논문 〈조직 구성원의 메타인지가 직무 열의에 미치는 영향: 역할 확장 자기효능감의 매개 효과를 중심으로〉에서는 조직 구성원의 메타인지가 직무 열의에 긍정적인 영향을 미친다고 밝혔다. 즉, 조직 구성원 개인의 메타인지가 증가할수록 구성원 개인의 태도인 직무 열의가 향상되는 것으로 해석할 수 있다.

여기서 말하는 '직무 열의'란 활력(vigor)과 헌신(dedication), 몰두(absorption)의 세 가지 차원으로 이루어진, 긍정적이고 성취감을 주는 일과 관련된 마음 상태를 의미한다.

이 연구 결과를 다시 표현하면, 메타인지가 증가할수록 구성원 개인은 자신이 알고 있는 것과 모르는 것에 대한 인지의 모니터링과 조절을 할 수 있다는 것이다. 그로 인해 급변하는 조직 환경이 요구하는 직무에 대해 능동적 인지 활동으로 대응함으로써 높은 내적 동기를 유발하고 자발적인 노력을 기울여 직무 열의가 발현된다는 것으로 해석할 수 있다.

이는 결론적으로 메타인지가 높은 구성원들은 빠르고 정확한 정보 인지 과정을 통해 일의 의미를 더욱 잘 이해하고, 자기 자신의 역량 개발에 몰입하며 높은 수준의 열의를 보인다는 뜻이다. 즉, 자기 객관화가 잘 되는 사람은 자신과 일에 대해 명확히 인식하고 자신을 지속적으로 발전시키기 때문에 더 높은 성과를 창출할 수 있는 것이다. 더 나아가 메타인지는 팀워크에도 매우 중요한 역할을 한다.

반면에 메타인지가 부족한 리더십은 팀에 부정적인 영향력을 미치게 되어 있다. 리 G. 볼먼과 테러스 E. 딜의 『위대한 리더의 생각』에서는 리더십이 실패하는 가장 기본적인 이유 중 하나가 대인 관계에서의 현실 회피라고 이야기한다. 즉, 대부분의 리더는 자신이 다른 사람에게 미치는 영향을 알지 못한다는 것이다. 더 심각한 경우, 이들은 자신이 알지 못한다는 사실조차 인식하지 못한다는 것이다.

2. 아리스토텔레스 프로젝트

메타인지가 팀워크에 중요한 이유 중 하나는, 메타인지가 부족하면 가장 먼저 의사소통과 대화의 어려움이 생기기 때문이다. 자신의 감정과 생각을 정확히 이해하지 못하는 사람과는 소통이 어렵다. 특히, 말을 자주 바꾸는 리더와 함께 동역하는 것은 매우 괴로운 일이다. 그런데 많은 리더가 은근히 자신의 말을 뒤집는다. 그러면 그 리더에 대한 신뢰는 무너지고 좋은 팀원들은 그 리더를 떠날 수밖에 없다.

또 메타인지가 부족한 사람과는 협력도 어렵다. 왜냐하면, 메타인지가 낮은 사람은 자신의 감정과 생각뿐만 아니라 타인의 관점과 감정도 이해하지 못하기 때문이다. 서로 이해하지 못하는 관계에서는 상호 존중과 협력이 부족해진다. 서로의 차이점과 강점을 인정하기가 어려우므로 동역에 문제가 생기는 것이다.

더 큰 비극은 메타인지가 부족한 사람들은 자신의 약점을 인정하기 어려우므로 피드백을 받지 않으려고 한다는 것이다. 피드백이 막히면 어떤 조직도 건강하게 성장할 수 없다.

구글은 "아리스토텔레스 프로젝트"(Project Aristotle)라는 내부 연구를 통해 팀워크와 조직 성과에 영향을 미치는 요인들을 조사했다. 구글의 인사팀이 매해 연말 성과 평가를 진행했고, 이와 관련된 데이터를 리뷰하다 보니 좋은 성과를 내는 팀이 매해 바뀌는 것이 아니라 거의 정해져 있다는 흥미로운 패턴이 발견되었기 때문이다. 구글의 인사팀은 매해 좋은 성과를 내는 팀들의 공통점이 무엇인가를 파악하길 원했고 이를 위해 180여 개의 팀을 인터뷰하였다.

이 연구를 위해 여러 팀을 대상으로 팀워크와 성과를 분석하고 비교하였는데, 그중에서도 특히 중요한 피드백이 있었다. 그것은 심리적으로 안전한 팀이 회사 내에서 더 효과적으로 협업하고 성과를 높이는 데 중요한 역할을 하는 것으로 발견된 것이다.

우리는 심리적 안전(psychological safety)이 조직의 성과에 매우 큰 영향을 미친다는 것을 간과해서는 안 된다. 심리적 안전이란, 팀원들이 자기 생각을 두려움 없이 말할 수 있고, 더 좋은 성과를 위하여 위험을 감수해도 괜찮다는 믿음을 의미한다. 즉, 건강한 피드백 문화가 얼마나 중요한지를 잘 보여 준다.

이러한 연구 결과와 우리의 조직을 연결해 볼 때, 이런 결론을 도출할 수 있다. 메타인지가 부족한 구성원들이 모이면 피드백이 막힌 조직 문화를 만들게 된다. 그리고 그 조직은 심리적 안전에서 비롯되는 팀워크의 성과라는 열매는 결코 얻지 못한다. 그러므로 조직에서 구성원들에게 메타인지를 발전시킬 기회를 제공하는 일은 매우 중요하다.

3. 인지의 네 가지 구성 요소

『일 잘하는 팀을 만드는 리플렉션의 힘』이라는 저서에서 구마히라 미카는 인지의 네 가지 구성 요소를 '의견, 경험, 감정, 가치관'으로 구분해 설명한다.

- 의견: 생각, 깨달음, 판단
- 경험: 의견을 갖는 데 영향을 준 일
- 감정: 경험과 지식에 대한 어떤 감정이 들었는지
- 가치관: 판단 기준이나 척도, 관점

특히, 구마히라 미카는 감정 부분에 대해 조금 더 많이 언급하는데, 이는 직장에서 감정을 숨겨야 한다는 고정관념이 있기 때문이다. 그는 세계적인 신경과학자인 안토니오 다마지오의 연구를 예로 든다.

1994년, 다마지오는 미국 과학 전문지 「사이언스」에 철도 공사 중 일어난 사고로 전두엽의 기능을 잃은 피니어스 게이지에 관한 연구를 발표했다. 게이지는 사고를 당하기 전에는 성품이 온화했으나, 사고로 전두엽에 손상을 입은 후 크게 변했다. 충동적이고 폭력적으로 변한 그는 예전처럼 이성적으로 판단하거나 학습하지 못했다. 전두엽이 감정을 관장하는 영역이라는 점에서 이 연구는 인간의 사고와 감정이 직결되어 있다는 사실을 과학적으로 밝혀냈기에 의미가 있다.

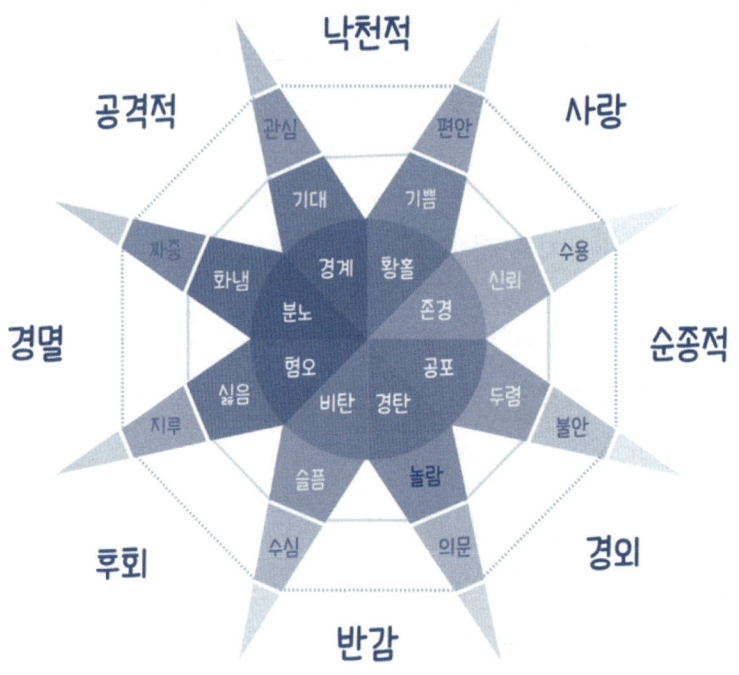

[그림 2] 로버트 플루칙의 감정 바퀴
(https://blog.naver.com/asheryoon060822/222966615265)

이러한 의미에서 미카는 로버트 플루칙의 '감정 바퀴'를 예로 제시하며, 자신의 감정과 가장 가까운 단어를 이 바퀴에서 골라 보길 권유한다. 원의 중심으로 갈수록 더 강한 감정을 나타낸다.

더 나아가 미카는 메타인지를 파악하기 위해 키워드를 활용하여 동기의 원천을 발견하는 방법을 제시한다. 동기의 원천은 어떤 일을 할 때 보람과 기쁨을 느끼는 이유를 의미하며, 그것을 알면 리더십을 기를 수 있다고 강조한다. 이는 한 사람의 인성을 대변하며 다른 사람의 마음을 끌어당기는 힘이 있기 때문이다. 따라서 메타인지를 통해 자신의 동기 원천을 분명히 알고 항상 의욕적으로 행동할 수 있다면, 어떤 상황에도 흔들리지 않고 원칙을 지키는 리더가 될 수 있다.

미카가 제시한 동기 원천을 발견하는 키워드 목록은 다음과 같다.

> 균형 잡힌 생활, 직장에서의 행동, 도전, 용기와 배짱, 업무성과, 사회 문제, 명예와 성공, 권력과 영향력, 정직함, 자기 이해, 열린 마음, 좋은 인간관계, 근면성, 혼자만의 시간, 묵상, 다른 사람을 돕는 것, 일 자체에서 얻는 즐거움, 효율성, 물질적 풍요로움, 자립과 독립, 일의 질, 호기심, 정신적인 것, 미래지향적 태도, 다양한 분야에 걸친 관심, 전문 분야에서 받는 평가, 창조성과 독자성, 지도와 육성, 신조, 진실 추구, 성장과 학습.

미카는 이 리스트를 가지고 네 가지 구성 요소를 분석하면 메타인지를 파악할 수 있다고 조언한다.

- 의견(어떤 키워드를 골랐는가)
- 경험(그 키워드가 중요하다고 생각하게 된 경험은 무엇인가)
- 감정(어떤 감정이 들었는가)
- 가치관(위 경험을 통해 알 수 있는 나를 움직이게 하는 중요한 가치관은 무엇인가)

이처럼 미카가 제공한 키워드 리스트를 활용해 인지의 네 가지 구성 요소로 분석하면, 자신의 메타인지를 발견할 수 있다.

4. 일곱 가지 자기 인식

게리 콜린스는 그의 책 『코칭 바이블』에서 '요나'라고 불리는 금붕어에 관해서 설명한다. 암수를 구분하기 힘든 이 물고기는 매일 작은 어항에서 원을 그리며 헤엄친다. 금붕어는 기억이 3초 정도만 지속된다고 추정되므로, 지루하지도 않을 것이다. 금붕어는 과거를 돌아볼 수도 없고 미래에 대해 생각도 할 수 없다.

어느 날, 요나의 주인은 어항을 청소하기로 했다. 청소하는 동안 물고기를 살려 두기 위해 주인은 욕조에 물을 받아 임시로 큰 공간에 풀어 두었다. 한 시간 남짓 지난 후 주인이 돌아와서 보니 금붕어는 욕조 구석에서 자신이 놀던 어항보다 더 작은 원을 그리며 헤엄치고 있었다.

오늘날 많은 사람이 요나처럼 행동한다. 쳇바퀴 돌 듯 익숙한 일상생활에 머무르며 좁은 안전지대에서 벗어날 기회를 놓친다.

이 안전지대를 벗어나 더 성장하기 위해 개인이 인식해야 할 것을 콜린스는 일곱 가지로 정리했다.

1) 자기 자신을 알기 위해 인식해야 할 것들

① 환경: 지금 당신의 삶에 어떤 일들이 벌어지고 있는가?
② 세계관: 깊이 간직하고 있는 신념과 세상에 대한 관점은 무엇인가?
③ 가치: 당신에게 진정으로 중요한 것은 무엇인가?
④ 열정: 무엇이 당신을 흥분하게 하는가?
⑤ 개성: 정말 당신이 원하는 것은 무엇인가?
⑥ 강점: 무엇을 가장 잘하는가?

| ⑦ 영적 은사: 하나님께서 당신에게 주신 재능(은사)은 무엇인가? |

2) 현재 상황 이해하기

　메타인지적 관점에서 현재 상황을 이해하기 위해서는 주변에서 일어나는 일을 주의 깊게 관찰하는 것이 중요하다. 뉴스나 소셜 미디어 등을 통해 다양한 정보를 수집하여 현재 상황에 대해 정확히 파악하고, 자기 자신의 감정과 생각, 행동을 인식하면서 상황을 판단해야 한다.
　주관적인 해석보다는 사실에 근거해 판단하는 것이 필요하며, 상황이 발생한 시간과 장소, 사람들과의 상호 작용 등을 함께 고려하여 상황을 이해해야 한다. 주변 사람들과의 의사소통을 통해 다양한 시각을 듣고 반영하며, 지속해서 평가하고 필요에 따라 조정하면서 현재 상황을 정확히 이해하고 대응해야 한다.

3) 세계관 이해

　콜린스는 세계관을 이해하는 것이 중요하다고 말하면서 『코칭 리더』의 저자 대니얼 화이트를 인용한다.

> 세계관이나 정신 모형에는 세상이 작동하는 방식에 대한 내적 이미지가 깊이 박혀 있다. 우리의 행동과 생각과 감정은 우리를 둘러싸고 있는 세상에 대한 우리의 정신 모형에서 생겨난다.

　콜린스는 사람들이 세계관을 확신하며 붙들고 있지만, 세계관은 절대 변하지 않을 만큼 그렇게 경직된 것은 아니라고 말한다. 적절하지 않은 세계관은 흠이 있는 안경 렌즈 같아서 비전을 가리고, 사건을 명확하게 보려는 노력을 방해한다는 것이다. 내가 세상을 어떤 눈으로 보느냐를 알면 나를 이해하기 더욱 쉬워진다.

4) 가치관 이해

콜린스는 정확한 가치관이 동기를 부여하고 의사 결정에 도움을 주며 성장에 토대가 되고 내적 평안을 준다고 한다. 그렇기에 자신의 가치관을 정확하게 이해하는 것은 중요하다. 특히, 가치관대로 살고 있느냐를 파악하는 게 매우 중요하다.

콜린스는 가치관에 기초한 삶을 강조하면서 라이프코칭훈련연구소의 페트릭 윌리암스, 다이앤 메넨데즈의 말을 인용한다.

> 가치관에 기초한 삶은 성취감으로 충만한 삶이다. 코칭 고객이 자신의 가치관에 부합하며 살아갈 때, 행복(well-being)과 자기 존중, 자존감이 싹튼다. 자신의 가치관에 어긋나는 삶을 살면, 혼란과 좌절과 침체에 빠질 수 있다.

즉, 내 가치관을 이해하고 그 가치관의 행복을 누리게 된다는 이야기다. 그렇기에 우리의 가치관, 즉 핵심 가치를 발견하는 일은 매우 중요하다.

5) 열정 이해

콜린스는 자신의 열정을 통해 자신이 누군지 찾을 수 있는 질문을 우리에게 소개한다.

- 당신을 잘 아는 사람에게 당신의 열정을 물어보라.
- 당신의 인생에서 살아 있다는 것이 가슴 벅차고 흥분되었던 때를 생각해 보라.
- 그것은 당신의 열정에 대해 무엇을 말해 주는가?
- 어린 시절, 부모님이 당신을 찾을 때, 당신이 무엇을 하고 있으리라 예상했는가?

- 돈과 시간에 제약이 없다면 무엇을 하고 싶은가?
- 자신의 환경을 둘러보라.
그것은 당신의 관심사와 홍미를 반영하는가?
- 성경을 찾아보라. 하나님께서 당신의 삶을 향한 그분의 열정을 보여 주시기를 기다리며 기도하라.

6) 성격 이해

콜린스는 성격(personality)의 특성이 다른 사람과의 상호 작용에서 드러난다고 이야기했다. 성격 특성은 다양한 도구로 측정할 수 있는데 어떤 것은 다른 것보다 더 잘 들어 맞는다.

7) 강점

주로 자신의 강점을 발휘하며 일하는 사람은 더욱 열심히 일하고, 더욱 보람을 느끼며, 자신의 현재 직업이나 위치를 떠나려는 경향이 적다. 기업과 교회는 전체 구성원들의 강점을 발견하여 각 사람이 유능하게 일할 수 있는 영역에서 일하게 하는 방식으로 공동체를 세워 가는 방법을 찾아야 한다.

8) 영적 은사

은사는 하나님이 특별히 주시는 것으로 우리의 천부적인 재능과 일치하지 않을 수 있다. 쉽지만은 않은 하나님이 주신 과업을 감당할 수 있도록 하는 능력을 부여한다. 영적 은사는 하나님 나라를 세우고 하나님께 영광을 돌리기 위해 헌신하는 사람들에게 주어진다.

이외에도 내가 시간을 어떻게 활용하는지를 보는 것도 중요하다. 왜냐하면, 시간을 사용하는 태도 자체가 그 사람의 삶이기 때문이다. 시간 사용의 방식은 개인의 삶과 팀워크에까지 큰 영향을 미친다. 또한, 목회자들과 회사의 임원들은 자신의 언행이 일치하는지 늘 점검할 필요가 있다. 자신을 돌아보지 못하는 개인이나 조직은 결코 성공할 수 없다. 그런 의미에서 자신과 조직의 메시지와 실행력을 점검하는 것은 매우 중요하다.

이런 것들과 함께 자신의 감정을 파악하는 것도 메타인지에 있어서 매우 중요한 부분이다.

5. 정서 파악

켄 윌리엄스는 『대인 관계 기술을 계발하라』에서 본인 내면의 스트레스를 잘 파악하지 못하면 동역에도 문제가 생기게 된다고 기록한다. 저자의 말에 의하면 외적 요인이나 내적으로 과도한 스트레스는 다른 사람을 용납하거나 갈등을 처리하는 능력에 심각한 장애를 불러온다.

직장에서의 스트레스, 부족한 개인 시간, 어려운 생활 환경, 나쁜 날씨나 잦은 이사와 같은 외적인 스트레스는 갈등을 만났을 때 우리의 대처 능력을 약화시킨다. 특히, 피로와 걱정, 해결되지 않은 내적 갈등, 신체의 질병, 호르몬 불균형 등과 같은 내적인 스트레스를 받을 때 이 능력은 더욱 약화될 수 있다.

메타인지는 우리 자신의 감정과 사고 과정을 깊이 이해하고 관리하는 능력을 지칭한다. 이 능력은 특히 팀워크에서 매우 중요한 역할을 한다. 팀 내의 구성원들은 자신의 감정을 정확하게 이해하고 표현하며, 필요에 따라 조절할 수 있어야 한다. 메타인지를 통해 자신의 감정에 대한 인식이 높아지면, 팀 내 의사소통과 협력에 상당한 도움이 된다.

메타인지는 각 개인이 자신의 감정을 더 깊이 이해하도록 돕는다. 팀 내에서 각 구성원이 자신의 감정에 민감하게 반응하고, 그것을 명확하게 표현할 수 있다면 팀의 의사소통은 훨씬 원활해진다. 자신의 감정을 솔직하게 나누고, 필요한 경우 조절할 수 있는 능력은 팀의 업무 효율성을 높이는 데 기여한다.

또한, 메타인지는 다른 사람들의 감정을 파악하는 능력을 강화한다. 팀워크에서는 팀원들 간의 감정을 이해하고 존중하는 것이 중요하다. 상호 간의 이해와 존중이 높아지면 팀의 협업이 원활하게 진행될 수 있다.

각 팀원이 메타인지 능력을 발휘한다면 자신의 감정을 명확하게 이해하고 표현할 수 있다. 이는 팀 내에서의 의사소통을 더 효율적으로 만들어 준다. 특히, 갈등 상황에서도 메타인지는 자신의 감정을 조절하고 상황을 이해하는 데 도움을 준다. 이는 팀 내의 긍정적인 분위기 조성과 팀원 간의 원활한 협력을 촉진할 수 있다.

성경의 저자 중 가장 감성이 풍부한 사람은 바로 다윗일 것이다. 다윗은 성경에서 시편의 상당수를 쓴 시인이자 용맹한 장수이며 위대한 왕이었다. 다윗의 시를 보면 자신의 상황에 대한 한탄과 두려움, 절망, 고통 등이 여과 없이 표현되어 있다. 실제로 다윗의 삶은 그야말로 광야 인생 그 자체였다. 그는 여덟 아들 중 막내로 태어나 어릴 적에는 허드렛일처럼 여겨지는 양치는 목동으로 지냈다.

이후 위대한 골리앗과의 싸움에서 승리했지만 사울왕의 질투로 도망자로 전락하게 되었다. 도망자 신분이 된 다윗은 아둘람 굴에서 공동체를 이끌게 된다. 그곳에는 다윗처럼 사람들에게 버림받고 쫓겨난 자들이 모여 있었다. 그들은 상처와 절망으로 얼룩져 있었기에 그들을 이끈다는 것은 쉽지 않은 일이 분명했다. 그러나 다윗은 그 어려운 일을 능숙히 해낸다.

다윗의 리더십 원동력은 무엇이었을까?

다윗의 메타인지 능력이 탁월했기 때문이다. 다윗은 자신의 두려움과 절망, 아픔을 그대로 표현하고 또 그것을 찬양과 기도 그리고 말씀으로 해소하는 탁월함이 있었다.

시편에서 다윗의 시를 읽어 보라. 이 말이 아주 쉽게 이해될 것이다. 아마도 다윗은 늘 자신만의 시간을 가지고 자신의 감정에 충실하며 그 고통의 문제를 하나님 앞에 솔직히 내어놓는 QT(Quiet Time) 시간에 충실

했던 사람이었을 것이다. 그래서 그는 감정의 문제를 늘 풀고, 꼬임 없이 단단한 자존감을 회복했던 것 같다. 그런 사람은 팀원들이 감정의 문제로 힘들더라도 휩쓸리지 않고 그들을 이끌 수 있다.

오늘날 교회의 리더들은 이 부분이 잘 안 되는 것 같다. 모두 가면을 쓰고 자신은 괜찮은 척 자신의 감정에 솔직하지 못하다가 나중에 마음의 병을 얻는 경우가 많다. 그때서야 자신의 감정을 돌아보면 우울함, 분노, 패배 의식, 탈진, 질투에 이미 사로잡혀 있는 것을 깨닫는다. 그러나 그때는 이미 병세가 깊어진 이후다. 이러한 문제는 자신이 교회의 리더십으로 반듯하게 살아가는 모습과 자신의 내면과의 괴리를 발견하지 못해서 발생한 문제이다.

그리고 더 큰 문제는 교회의 리더들이 이렇게 자신의 감정 상황을 놓치고 병들어 가는 동안 교회의 구성원들과 공동체도 함께 병들어 간다는 것이다. 이 문제는 일반 직장이나 단체에서도 흔히 일어난다. 리더들이 가면을 쓰고 자신의 감정을 돌보지 못한 채 팀을 이끌다 보면 후에 리더 자신뿐만 아니라 팀원들과 조직 전체가 함께 무너져 가는 것이다.

다윗과 같이 따로 시간을 내어 자신을 점검해 보는 시간, 즉 메타인지 능력을 갖추어야 한다. 자신의 감정을 점검하고 회복하는 시간이 꼭 필요하다. 이를 위해서는 자신만의 루틴이 꼭 필요하다. 매일 정해진 시간에 주기적으로 자신과 감정을 점검하는 것이 중요하다.

스티븐 코비의 조언처럼 이것은 당장 급한 일은 아니지만, 매우 중요한 것이기에 바로 이 부분에 미리 집중하고 투자하는 지혜가 필요하다. 왜냐하면, 이런 감정과 자신 내면의 문제를 해결하지 못하면 나중에 크게 후회할 수도 있기 때문이다.

성경에는 역동적인 감정을 잘 풀어서 승리한 사람인 다윗과 늘 대조되는 인물로 이스라엘의 초대 왕, 사울의 이야기가 함께 등장한다. 사울은 사실 다윗과 시작부터가 달랐다. 소위 오늘날 말하는 '수저'로 따지면 사울은 훨씬 월등했다. 외모나 가문 등 모든 면에 있어서 이스라엘의 초대 왕으로는 손색이 없는 그런 사람이었다. 그러나 그는 자신의 감정을 컨트롤하지 못했기 때문에 다윗을 질투했고 또 하나님의 대리자인 선지자들과의 갈등이 있었다.

결국, 그는 정서적으로 병들었고 늘 열등감에 시달리다가 전쟁에서 비참하게 생을 마감하게 된다. 사울이 좋은 리더십을 가지고 메타인지를 통해 자신의 감정을 잘 컨트롤했다면 팀장 사울과 다윗은 좋은 팀이 될 수도 있었다.

신약성경에 보면 바나바라는 교회의 권위자는 바울이라는 팀원을 잘 끌어 주고 그에게 자신의 자리를 양보하며 그를 차세대 지도자로 키운 좋은 예시가 나온다. 자신의 자리를 내어 주고 사라질 만큼의 인격적 성숙이 있던 걸 보면 바나바가 얼마나 메타인지 능력이 뛰어난 사람인지 알 수 있다.

오늘날 한국 교회와 기업, 단체는 이런 리더에 목마르다.

본서를 읽는 당신이 바로 그런 리더가 되면 어떨까?

다윗의 예를 통해 알 수 있는 것처럼 메타인지는 의사소통과 문제 해결 능력을 향상한다. 자기와 다른 사람의 감정을 이해하고 존중함으로써, 의사소통의 오해나 갈등을 예방할 수 있다. 이는 팀의 작업 효율성을 높이고 문제가 발생하면 신속하게 대처할 수 있게 만든다. 특히, 메타인지를 갖춘 팀은 각 구성원이 자기 감정을 이해하고 효과적으로 소통하며 문제를 해결할 수 있는 능력을 키워 나갈 수 있다.

메타인지는 팀 내의 리더십을 강화하는 데도 중요한 도구로 사용된다. 리더는 팀원들의 감정을 잘 이해하고 적절하게 대응할 수 있어야 한다. 메타인지 능력을 갖춘 리더는 팀원들을 효과적으로 끌어내고, 팀의 목표를 달성하는 데 도움을 줄 수 있다.

위에서 언급한 바나바가 이것을 잘한 사람이었다. 그는 은둔생활을 하던 바울의 심리 상태를 잘 이해하고 그를 불러서 교회에서 그의 역량을 발휘하도록 자신의 팀에 적응시킨 탁월한 팀워크를 발휘하였다.

메타인지는 팀의 문화를 형성하는 데에도 영향을 준다. 팀 내에서 서로의 감정을 이해하고 존중하는 분위기가 조성되면, 팀원들은 긍정적으로 협력하고 의견을 나누게 된다. 이는 팀의 협업을 강화하고 효율적인 결과물 도출에 기여한다.

6. 자기 인식과 성장

리더십에서의 성장은 끊임없이 나 자신을 돌아보고 발전시키는 과정이다. 내가 완벽하지 않음을 받아들이면서도, 언제나 더 나은 리더가 되고자 하는 열정을 품고 있어야 한다. 이를 위해서는 여러 가지 중요한 요소들이 필요하다.

첫째, 가장 먼저 리더에게 필요한 것은 학습과 개발이다. 새로운 지식과 기술을 습득하고, 그것을 현실에 적용함으로써 나만이 아니라 팀이나 조직을 발전시킬 수 있다. 이는 리더의 시야를 확장하고, 새로운 아이디어와 접근 방식을 개발하는 데 도움이 된다. 학습은 삶의 여정이며, 리더는 항상 새로운 것을 배우고 발전해 나가야 한다.

둘째, 또 다른 중요한 측면은 피드백 수용이다. 사실 우리 사회의 리더들은 피드백 받는 것을 달가워하지 않는다. 그러나 다른 사람들로부터의 솔직하고 건설적인 피드백은 성장의 보석과도 같다. 자주 피드백을 받아들이고, 그것을 토대로 나의 약점을 인지하고 개선해 나가야 한다. 피드백은 더 나은 리더로 만들기 위한 소중한 자원이다.

셋째, 성장은 실패와의 대면에서도 나타난다. 자신의 한계를 시험하는 과정에서 실패하게 되더라도, 그것을 부정적인 경험이 아닌 학습의 기회로 삼아야 한다. 실패를 통해 배우고, 그것을 통해 나 자신을 향상시킬 수 있다. 성장은 편안한 장소에서 벗어나 불확실성과 도전에 맞서는 곳으로 나아가는 것이다.

넷째, 목표 설정과 실행은 또 다른 중요한 단계다. 리더는 목표를 설정하고 그것을 달성하기 위한 계획을 세우는 데 주의를 기울인다. 목표는 구체적이고 현실적이어야 하며, 실행을 위한 노력이 필요하다. 목표가 있기 때문에 나의 노력과 에너지는 구체적인 방향으로 유도되고, 나 자신의 성장을 위한 흐름이 만들어진다.

다섯째, 다른 리더들과의 교류와 경험 공유도 성장을 가속하는 데에 중요하다. 다양한 배경과 경험을 가진 리더들과 소통하며 영감을 받고, 서로 협력하여 발전해 나가는 과정에서 새로운 아이디어와 전략을 얻게 된다. 리더십은 결국 혼자서만 이루어지는 것이 아니라, 다양한 의견과 경험을 통합하는 과정인 것이다.

나의 자기 인식과 성장은 리더십에서 벗어나 인간관계와 성공적인 진로에도 큰 영향을 미친다. 그러므로 자주 내면을 돌아보고 나 자신을 이해하려는 노력이 필요하다. 특히, 큐티(QT)를 꾸준히 하는 것이 중요하다. 큐티는 말 그대로 조용히 자기 자신을 돌아보는 시간을 의미한다.

예수님께서도 바쁜 일정 가운데서 늘 '한적한' 곳에 가셔서 하나님과 대화하시며 자신의 비전을 점검하셨다. 이러한 모습에서 유래한 큐티는 자기 자신을 성찰하고 삶의 목적과 비전을 확인하게 하는 매우 중요한 자기 인식의 도구이다. 결과적으로 자기 인식은 다른 사람들과 원활히 소통하게 하고, 타인과의 관계를 더 효과적으로 관리할 수 있도록 돕는다. 이러한 성장 과정을 적극적으로 추구하는 리더는 주변에 긍정적인 영향을 미치며, 지속적으로 성과를 이루어 낼 수 있다.

항상 나 자신을 개선하고, 주어진 상황에서 최선의 리더로 나아가기 위해 노력해야 한다. 이는 끊임없는 도전과 학습의 과정이며, 리더십이 더욱 강화되고 성숙해질 수 있도록 지속해서 노력하고자 하는 목표가 된다. 그런 의미에서 자기 성찰을 할 줄 아는 리더는 피드백을 적극적으로 활용해야 한다.

7. 피드백

[그림3] 사각 바퀴 수레
(출처: https://www.facebook.com/SquareWheelsIllustrations/photos/d41d8cd9/521976180118803/?paipv=0&eav=AfYbbzSvLcLg9l6RUjY2iN8j2QfdeiUB7ft9ZXJ-wb_v4xB4XHgPrPa0US-CV27eSMw0&_rdr)

위의 그림에 보면 사람들이 네모난 바퀴로 된 수레를 열심히 끌고 있다. 그런데 수레 안에는 이미 타이어가 가득하다. 그 타이어만 사용하면 훨씬 더 쉽게 수레를 옮길 수 있을 텐데, 아무도 그런 피드백을 주지 않는 것 같다.

우스운 그림이지만 우리의 교회나 회사, 조직의 모습은 아닌가?

물론, 피드백을 한두 번쯤 해 보았을 수도 있다. 그러나 그 피드백을 수용하지 않는 문화 때문에 더 이상 아무도 피드백을 하지 않는 것은 아닐까 생각해 봐야 한다.

롭 무어는 자신의 책 『레버리지』에서 피드백의 중요성을 설명한다. 피드백은 단지 리더의 입장에서뿐만 아니라 팀 전체의 관점에서 모든 일이 올바른 방향으로 진행되고 있는지 점검하기 위한 견제 장치이다.

우리는 자신도 모르는 사이에 어떤 일을 잘못된 방식이나 시간이 오래 소모되는 방식으로 진행하고 있을 가능성이 크다. 아니면 조직이 애초에 잘못된 방향으로 움직이고 있거나 어느 방향으로도 가지 못하고 멈춰 있을 수도 있다. 피드백이 중요한 이유는 바로 이것이다. 비전을 향한 진행

과정을 정확하게 평가하는 유일한 방법이자 실패를 되돌릴 수 있는 마지막 기회이기 때문이다.

변화와 혁신을 만드는 올바른 환경은 피드백이 활성화된 조직 환경이다. 리더 역시 자신의 방식에 대한 구성원들의 피드백을 받아들여야 한다. 가감 없이 수용하고, 포용하며 요청할 수 있어야 한다. 물론 이것은 쉽지 않은 일이다. 그런데도 더 겸손하고 현명하게 구성원들의 피드백을 경청하고 숙고해야 한다.

리더가 스스로 피드백을 받아들이지 않는다면 누가 리더의 피드백을 받아들이겠는가?

롭 무어는 절대로 당신의 자아가 조직의 걸림돌이 되어서는 안 된다고 조언한다. 그것만이 문제를 해결하고, 구성원에게 기여할 수 있는 방법인 것이다. 또한, 그는 리더가 피드백하는 요령을 잘 익혀도 조직은 크게 성장할 것이라고 이야기한다. 효율적인 경영 구조를 만들고, 더 짧은 시간에 더 많은 일을 해내기 위해서는 피드백 구조를 조직화하여 구성원들의 손을 잡고, 이끌고, 의지하며, 목적지에 도달할 수 있도록 합리적인 결정을 내려야 한다.

메타인지를 가진 사람은 그래서 늘 자신의 핵심 가치에 비추어 자신을 보아야 한다. 또한, 피드백에 대해 유연하게 받아들이는 마음가짐이 필요하다. 우리 사회의 리더들은 피드백과 비난을 분별하지 못한다. 건강한 피드백은 오히려 리더 자신과 조직의 발전에 도움이 될 수 있다.

하지만, 모든 피드백을 비난으로 여기기 때문에 피드백 듣는 것을 피하려고 한다. 진정한 리더는 평가하는 순간을 피하거나 도망치려 하지 말고 자신과 조직의 현실을 직시하기 위해서라도 건강한 피드백을 들을 줄 아는 용기를 가져야 한다.

8. 메타인지 강화

그러면 이렇게 유용한 메타인지를 어떻게 강화할 수 있을까?
『메타인지 생각의 기술』에서 저자 오봉근은 이렇게 조언한다.

> 핵심 질문을 정의하는 것에서 시작하라.

그는 메타인지를 강화하는 첫걸음은 핵심 질문(Key Question)을 정의하는 연습이라고 한다. 그래야 AI 도입 프로젝트이건 ERP 고도화 프로젝트이건 간에 업무가 추구하는 가치를 알 수 있다는 것이다. 그런데 이것이 잘 실행되지 않는 이유는 대부분 업무의 가치와 목적을 정하는 것이 전략 기획 담당자의 몫이라고 생각하기 때문이다.

오봉근은 기업의 예를 들었지만 개인의 삶이나 교회, 혹은 어떤 조직도 마찬가지다. 문제에 대해 핵심 질문을 계속 던지지 않으면 어떤 개인이나 조직도 올바른 방향으로 갈 수 없다. 그러므로 메타인지는 1장에서 우리가 나눈 핵심 가치를 지속해서 상기시키고, 개인이나 조직이 목적에 맞는 삶을 살도록 도와준다. 철학자 소크라테스도 '지적 산파술'을 사용해 질문을 통해 진리에 도달하려고 애썼다. 그러므로 메타인지의 발전을 위해 좋은 질문을 하는 훈련이 필요하다.

특히, 요즘은 사람들이 스스로 사고하지 않으려고 한다. 즉, 질문하는 능력이 많이 감소했다. 그런데 이것이 AI로 모든 산업군에서 사람들의 일자리가 사라져 가는 현실의 상황으로 보면 큰 문제이다. AI가 할 수 없고 인간만이 할 수 있는 고유한 능력이 바로 질문하고 사고하는 것이기 때문이다. 이러한 창의력이야말로 인간을 AI에 의해 대체되지 않게 만드는 힘이다.

『메타인지 생각의 기술』에서 저자 오봉근은 핵심 질문을 정의하는 것의 다음 단계로 "핵심 질문에 대한 답을 정리하라"고 한다. 책에 보면 빌 게이츠의 대담이 실려있는데, 2019년 2월 온라인 미디어 쿼츠(Quartz)와 나눈 기억 방법과 사고법에 관한 이야기다.
빌 게이츠의 핵심 조언은 이것이었다.

> 만일 당신이 넓은 시각의 구조로 되어 있다면 거기에 당신이 수집한 정보를 끼워 넣을 수 있으며, 이것이 기억이나 사고에 큰 도움이 된다.

오봉근은 핵심 질문을 정의하는 것이 습관화되면, 그다음 단계는 핵심 질문에 대한 답과 그 구성 요소를 구조화(Structure) 및 정리하는 방식으로 메타인지를 강화할 수 있다고 설명한다. 더 나아가 그는 사회적 메타인지에 대해서도 이야기하는데, 이를 다음과 같이 표현한다.

> 사회적 메타인지는 상대를 이해하는 번역기다.

이 내용을 설명하기 위해 책은 2013년 개봉한 영화 〈잡스〉나 2016년에 개봉한 영화 〈스티브 잡스〉의 한 장면을 소개한다. 애플 창업 초기에 많은 공헌을 한 스티브 워즈니악이 스티브 잡스에게 도대체 무슨 일을 하는 사람이냐고 불만을 토로하는 장면이다.

"자네는 엔지니어도 아니고 디자이너도 아니야.
당신은 대체 뭘하는 사람인가?
못 하나 제대로 박을 줄 모르지 않나?
회로판은 내가 설계했고, 그래픽 인터페이스는 베껴 온 것이지.
그런데 왜 신문에는 하루에 열 번씩 스티브 잡스가 천재라는 보도가 나오는 거야?"

이에 대해 스티브 잡스는 이렇게 답했다고 한다.

"음악가는 악기를 연주하고, 나는 오케스트라를 지휘하는 사람이지."

둘의 차이는 인식에서 비롯되는데, 오봉근은 이것을 메타인지 개념으로 설명하였다. 즉, 워즈니악의 메타인지로는 잡스의 역할을 본인과 같은 위치에 두었지만 잡스가 파악한 메타인지로 볼 때 그는 워즈니악과 동료들을 이끄는 상위 지도자 레벨에 있던 것이다.

이 대화를 통해 우리는 서로의 메타인지에 대한 관점을 이해하는 것이 업무와 소통 측면에서 왜 중요한지를 알 수 있다. 오봉근의 책에서는 구체적으로 상대방이 어떤 관점에서 구조화를 진행하고 있으며 어떤 레벨에서 논의하고 있는지 아는 것이 메타인지의 중요한 축이라고 한다. 또한, 이를 사회적 메타인지라고 부른다.

오봉근의 『메타인지 생각의 기술』에서는 메타인지 강화를 위한 핵심 두 가지를 이야기한다.

첫째, 상대방의 핵심 질문을 이해하고자 노력하라.
둘째, 핵심 질문의 해결을 위해 접근하는 사고와 인지의 흐름을 이해하도록 노력하라.

그가 강조한 것처럼 사회적 메타인지는 상대방의 핵심 질문을 이해하는 것만으로도 많은 효과를 거둘 수 있다. 더 나아가 상대방의 핵심 질문을 재해석해 주는 것만으로도 결과에 긍정적인 영향을 줄 수 있다.

오봉근은 이를 설명하며 다음과 같은 예를 제시한다.

> 네, 지금 주신 질문은 향후 프로젝트가 확대되어 여러 팀이 투입될 때를 가정하고 질문하신 것으로 이해됩니다. 이 경우, 저희가 소개해 드린 훌륭한 엔지니어와 같은 수준으로 다른 엔지니어들도 역량을 끌어올릴 수 있도록 철저한 내부 교육을 시키라는 뜻으로 이해됩니다. 꼭 그렇게 하겠습니다.

9. 메타인지 기회 제공

　이렇듯 조직이나 교회, 기업에서 가장 먼저 해야 할 일은 각 구성원에게 자기 인식을 촉진할 기회를 제공하는 것이다. 이를 위해 정기적인 피드백 세션과 자기 평가 도구를 도입해 구성원들이 자신의 강점과 약점을 명확히 인식할 수 있도록 도와야 한다. 또한, 각 구성원이 자신의 감정을 개방적으로 표현하고 공유할 수 있는 환경을 조성하여 팀 간의 소통을 촉진하고, 감정 표현에 부담을 느끼지 않도록 지원하는 정책을 시행해야 한다.

　이때 유용한 도구 중 하나는 팀원 안에서의 삶의 나눔이다. 보통 교회에서는 이것을 소그룹 모임이라고 한다. 이 소그룹에서 서로의 삶을 솔직하고 심도 있게 나누다 보면 서로의 감정을 이해하게 되고 서로를 격려하고 기도해 주는 단계까지 나아가게 된다.

　이 나눔은 일반 직장이나 조직에도 적용할 수 있다. 자신의 일에서 어려운 점이나 감사한 것들을 팀 안에서 서로 나누다 보면 서로의 대화 속에서 자신과 팀의 모습을 객관적으로 볼 수 있고 서로의 감정도 공유하고 공감할 수 있을 뿐만 아니라 서로 감정 표현을 하는 것도 익숙해질 수 있다.

　아울러 자신의 능력을 향상할 수 있도록 도움을 주어야 한다. 조직은 구성원들이 지속해서 학습하고 발전할 수 있도록 교육과 개발 프로그램을 강화해야 한다. 이를 통해 구성원들은 자신의 역량을 향상하고 새로운 기술과 지식을 습득하게 하고, 프로젝트나 업무 수행 중 발생하는 도전에 대한 경험을 통해 문제 해결 능력을 키우도록 해야 한다. 구성원들이 메타인지를 통해 단순히 자기 객관화에만 머물지 않고 성장할 수 있을 때 팀원들의 만족과 사기는 더욱 올라가게 될 것이다.

　조직은 또한 구성원들이 자기 개선을 위해 목표를 설정하고 그에 따라 행동할 수 있도록 지원해야 한다. 개인과 팀별 목표를 설정하고, 이를 추적하며 피드백을 제공함으로써 구성원들은 자기 개선에 대한 집중력을 높일 수 있다. 더불어 구성원 간의 협력과 지원을 촉진하여 서로의 성장을 도울 기회를 확대해야 한다. 소그룹 나눔은 이런 부분에 유익하다. 서로의 목표 설정과 피드백의 역할을 소그룹 나눔에서 사용한다면 훨씬 더 따뜻하고 정서적으로 안정된 분위기에서 팀워크를 만들어 갈 수 있다.

이러한 노력은 단기적인 성과에 그치지 않고 장기적인 조직적 성공을 위한 토대를 제공한다. 메타인지를 향상시키는 과정에서 구성원들은 자신의 역할을 보다 효과적으로 수행하고, 팀 내에서의 협력과 소통이 강화됨에 따라 조직 전체의 성과를 향상할 것이다. 이에 조직은 이러한 메타인지 강화의 중요성을 인식하고 구성원들이 지속해서 성장할 수 있는 환경을 조성해야 한다. 이를 위해 조직은 구성원들에게 다양한 메타인지 도구와 교육 프로그램을 제공해야 한다.

예를 들어, 퍼실리테이션(조력) 과정을 들 수 있다. 이를 통해 구성원들이 자신의 핵심 가치 등을 더 정확하게 인식하고, 효과적으로 팀의 핵심 가치를 함께 만들어 갈 수 있도록 지원해야 한다. 이를 통해 구성원들은 자기와 타인의 행동에 대한 더 깊은 이해를 얻고, 조직 내에서 협력과 소통을 개선할 수 있다.

또한, 조직은 자기 능력 향상을 위한 다양한 기회를 제공해야 한다. 이는 교육과 개발 프로그램뿐만 아니라 업무에서의 다양한 프로젝트와의 연계를 통해 이루어져야 한다. 구성원들이 실제 업무 상황에서 경험을 쌓으며 자신의 능력을 발전시킬 수 있도록 하는 것이 중요하다. 이때, 효과적인 목표 설정과 성과 관리를 지원하여 구성원들이 자신의 능력을 향상하는 데 집중할 수 있도록 도와야 한다.

이러한 노력은 조직 문화를 변화시키고, 구성원들이 자기 인식과 자기 능력을 지속해서 향상할 수 있는 기반이 마련된다. 이는 단순히 개인의 성과를 향상하는 것뿐만 아니라, 조직 전체의 혁신과 발전에 기여할 것이다. 더불어 메타인지 강화는 조직의 경쟁력을 강화하고 변화에 대응하는 데도 도움이 될 것이다. 왜냐하면, 문화로 정착되어야 개인과 팀이 변화되고 메타인지를 키워 가는 새로운 시스템이 정착되기 때문이다.

메타인지를 강화하는 데에는 리더십의 역할이 매우 중요하다. 리더는 구성원들에게 메타인지의 중요성을 알리고, 그것을 실천하도록 도와야 한다. 이를 위해 리더는 자기 인식 및 자기 능력에 대한 솔직한 평가를 통해 구성원들에게 모범을 보여야 한다.

사실 이 부분이 쉽지 않다. 그러나 이제 리더들은 용기를 내어야 할 때다. 리더가 먼저 자신을 열어 보일 때 그 팀도 건강한 마인드를 공유하는 조직으로 거듭나게 된다.

리더라면 효과적인 피드백 제공과 수용 능력을 키우는 것도 중요하다. 리더의 행동은 조직 문화에 큰 영향을 미치기 때문에 리더가 메타인지를 실천하는 것은 전체 조직의 메타인지 문화를 형성하는 데 큰 역할을 한다. 특히, 피드백 문화를 비판이나 공격이 아닌 안정감에 기초한 건설적인 발전을 향한 팀워크의 시스템으로 만드는 것이 중요하다.

메타인지의 강화는 결코 하루아침에 이루어지지 않는다. 끊임없는 노력과 지속적인 투자가 필요하다. 조직은 이를 위한 자원을 확보하고, 구성원들에게 메타인지를 발전시키기 위한 다양한 기회를 제공해야 한다. 이를 조직의 전략에 통합하여 지속 가능한 메타인지 문화를 구축하는 것이 중요하다.

개인과 팀원들의 메타인지 발전은 조직의 핵심 역량을 향상하고 지속적인 성장을 가능케 하는 중요한 과제임을 인지해야 한다. 조직은 구성원들이 자기 인식과 자기 능력을 향상하는 데 필요한 환경과 도구를 제공하고 메타인지를 조직 문화의 일부로 채택하여 지속 가능한 성과를 이루어 가야 한다. 이를 통해 조직은 변화에 대응하고 혁신적인 성과를 이루며, 구성원들은 개인적인 성장과 이루고자 하는 목표를 달성할 수 있는 능력을 기를 것이다. 왜냐하면, "지피지기는 백전백승"이기 때문이다.

진재혁은 그의 책 『세상 중심에 서는 영성 리더십』에서 성경적 리더십의 핵심 덕목 중 하나로 '자기 부인'을 이야기했다. 자기를 잘 파악하고 분석한 사람은 가장 자기 부인을 잘 할 수 있는 사람이다. 예수님은 메타인지가 가장 탁월한 분이셨다. 그분은 자기의 정체성과 사명, 그리고 앞으로 나아갈 길에 대해 명확히 알고 계셨고 그래서 그의 팀은 늘 평온할 수 있었다. 결국, 그분은 자기 부인을 하며 십자가의 길로 나아가셨지만, 그분의 제자들은 그 리더십을 본받아 모두 헌신적으로 교회들을 세우는 사명을 감당했다.

   이는 메타인지에 탁월한 리더가 어떻게 사람들에게 선한 영향력을 미치며 공동체를 건강히 세워 가는지에 대한 좋은 예라 할 수 있다. 세븐 미라클 중 핵심 가치를 발견하고 자신들을 파악했다면, 이제는 구체적인 목표를 세우고 일을 분배할 단계다.

세븐 미라클 클리닉 #2

- 당신과 조직은 자기 인식의 필요성에 대해 얼마나 중요하게 생각하고 있는가?

✓ 구마히라 미카의 키워드 리스트를 통해 인지의 네 가지 구성 요소로 메타인지를 분석해 보라.

✓ 콜린스의 일곱 가지 자기 인식을 통해 당신과 조직을 분석해 보라.

- 이전에는 알지 못했던 부분이 있다면 그중에 어떤 부분인가?

✓ 당신의 조직에서 간과하지 말아야 할 정서는 어떤 것이 있는지 파악해 보자. 당신의 공동체 성장과 피드백 문화와는 어떤 관계가 있는지 둘 사이의 상관관계를 그래프로 그려 보라.

✓ 당신의 조직의 현 주소를 알 수 있는 핵심 질문 세 가지를 만들어 보라.

✓ 퍼실리테이션 기법을 활용해 당신의 조직 구성원들과 함께 조직의 현 상황을 나누어 보라. 우선, 모임이 안전한 공간이 되도록 분위기를 조성한 뒤 포스트 잇 세 장을 나누어 준다. 그리고 각자가 공동체의 장점 세 가지를 적어 벽면에 붙이고, 차례로 발표하는 것부터 시작해 보자.

동역 시스템 3단계:
목표 수립과 일의 분배로 효율성을 극대화하라

3단계에서는 구성원들과 함께 목표를 수립하고, 각자의 역할과 책임을 분명히 정의하는 것은 업무를 효율적으로 분배하고, 목표에 대한 공감을 도모하여 협력적인 분위기를 조성한다. 여기서 말하는 '목표 수립'은 핵심 가치와는 다른 단기 목표를 가리킨다.

조직이 나아갈 방향에 대해 원대한 목적이 분명히 세워졌다면 그다음에는 목표를 수립하는 일이 필요하다. 목표를 세우고 그 일을 감당할 수 있도록 역할을 적절히 분배할 때 팀워크도 강해지고 조직은 더 좋은 성과를 낼 수 있다.

기독교 교육의 대가 하워드 헨드릭스는 『삶을 변화시키는 가르침』에서 적절한 목표의 중요성을 설명한다. 그가 서부 연안에 있는 한 교회에서 설교한 적이 있는데, 설교를 하려고 일어나서 강대상 앞에 서자 이런 표어가 보였다고 한다.

당신은 이 사람들에게 무엇을 하려 하는가?

이 표어는 그날 헨드릭스의 설교 방향을 완전히 바꾸어 놓았다고 한다. 나중에 그 교회 목사에게 표어에 대해 물었을 때 그는 이렇게 대답했다.

헨드릭스, 나는 12년 동안 목표도 없이 설교를 하고 있었소. 그런데 어느 날, 만일 내가 하려고 하는 것이 무엇인가를 알지 못한다면 교인들도 그들이 해야 하는 것이 무엇인가를 알지 못한다는 것을 깨닫게 되었소. 그래서 나는 분명한 목표를 갖고 설교단에 오르기 시작하였소.

이러한 강조점은 비단 설교에만 적용되지 않는다. 오늘날 많은 교회의 리더와 회사의 리더들도 분명한 목표와 상관없이 매일의 주어진 일을 해내는 데에만 몰두하고 있다. 또는 종종 교회나 조직의 핵심 가치는 원대하지만, 그것을 실현할 단기 목표 수립이 되지 않았기 때문에 이상과 현실의 괴리를 경험하기도 한다.

당신의 조직은 목표 수립이 잘되어 있는가?

1. 목표 수립과 일 분배를 위한 시스템화

목표 수립은 조직 또는 팀이 효과적으로 발전하고 성공하기 위한 중요한 단계이며, 이를 위해서는 체계적이고 효과적인 시스템이 필요하다. 목표가 명확하지 않거나 업무가 공정하게 분배되지 않으면, 동일한 업무가 중복되거나 필요한 일이 누락되어 자원의 낭비와 프로젝트 진행에 부정적인 영향을 미칠 수 있다.

특히, 오늘날의 젊은이들은 일에 대한 명확한 목표와 공정한 분배에 민감하게 반응하고 있다. 이는 단순한 권위주의적 리더십보다는 합리적이고 구체적인 계획과 공정한 업무 분배를 원하는 세대의 특징이다.

만약 이러한 부분이 원활하지 않아 목표와 업무가 불명확해지면 팀 내 혼란과 갈등을 초래할 수 있다. 책임과 역할이 모호한 상황에서는 팀원 간의 협력이 저하되고 상호 간의 신뢰와 존중이 약화된다. 이는 결국 팀의 성과를 저하하는 결과를 가져올 수 있다. 또한, 개인의 역할과 기여가 명확하지 않으면 팀원들은 개인적인 목표 달성에 중점을 두게 되어 팀의 목표와 일치하지 않는 방향으로 움직일 수도 있다.

불명확한 목표와 업무 설정은 조직의 발전을 어렵게 만든다. 목표가 명확하지 않으면 성과 평가조차 어렵고 프로젝트의 성공 여부를 판단하기 힘들다. 목표를 달성하기 위한 효과적인 전략과 계획이 없다면, 조직은 경쟁력을 유지하기 어렵다. 그러므로 목표 수립을 위한 시스템화는 필수적이다.

이를 위해서는 명확하고 현실적인 목표 설정이 필요하며, 이를 모든 팀원과 공유하는 것이 중요하다. 목표는 구체적이고 측정 가능해야 하며, 동시에 전체 팀 또는 조직의 비전과 일치해야 한다. 업무 분배는 각 팀원의 강점을 고려하여 공정하게 이루어져야 하며, 각자의 역할과 책임이 명확하게 정의되어야 한다.

그리고 목표와 업무의 진행 상황을 주기적으로 모니터링하고, 필요에 따라 조정하는 프로세스가 시스템에 통합되어야 한다. 이는 조직이 변화하는 환경에 더욱 민첩하게 대응할 수 있도록 도와줄 것이다. 프로젝트나 작업의 우선순위가 변하는 경우, 목표와 계획을 신속하게 수정할 수 있는 유연성도 필수적이다.

불명확한 목표와 업무는 조직 내부의 효율성을 저하하고, 팀원들 간의 협력을 방해할 수 있다. 목표 수립을 위한 시스템화는 이러한 문제를 해결하고, 조직이 지속적인 성장과 발전을 이룰 수 있도록 도와줄 것이다. 이러한 분명한 목표 수립과 일의 분배가 원활하게 일어나기 위해서는 앞 장에서 다루었던 메타인지가 필요하다. 조직의 수준과 상황에 맞는 목표 수립과 각 구성원의 특징에 맞는 일의 분배가 잘 이루어져야 하기 때문이다.

그러나 우리의 교회나 회사 등 조직에서 이러한 명확한 목표와 합리적인 분담에 만족감을 느끼는 경우가 얼마나 될까?

현실적으로는 많은 어려움이 존재한다. 각 조직에는 목적 없이 산재해 있는 수 많은 일이 남아 있고, 이는 팀원들을 지치게 만든다.

그뿐만 아니라, 온전한 인수인계나 적절한 인사 배치가 아닌 리더의 감각에 의한 업무 분장에 의해 이해할 수 없는 업무 분배 등으로 지칠 대로 지쳐 있지 않은가?

이러한 문제를 해결하기 위해서는 먼저 팀의 목적이 정확해야 한다.

2. 팀의 목적을 정확히 해야 한다

빌 하이벨스는 이렇게 말한다.

> 드림팀을 세우기 위해서는 목적이 뚜렷해야 한다.

그리고 이렇게 강조한다.

> 무자비할 정도로 정확하고 분명하게 해야 한다.

너무도 당연한 이야기지만, 사람들은 이 단순한 명제를 자주 잊는다는 것이다. 그는 요트 경기를 위해 팀을 모집할 때 자신을 도와주던 한 사람으로부터 매우 중요한 질문 몇 가지를 받았다고 한다.

> 당신은 이 경기를 그저 즐기기 위한 것으로 생각합니까, 아니면 진짜 경쟁하려는 마음이 있습니까?
> 작은 대회에서 이기는 것이 목표입니까?
> 아니면, 진짜 최고가 될 수 있는 모든 방법을 동원해서 챔피언이 되는 것이 목표입니까?

만약 그저 즐기기 위해서라면 아무나 뽑아도 상관없다. 그러나 최고의 수준에서 경기하고 싶다면 당연히 수준 높은 사람을 뽑아야 한다. 빌 하이벨스는 그의 조언을 통해 팀의 목적을 뚜렷하게 세우는 것의 중요성을 깨달았고, 동시에 어떤 사람을 뽑아야 하는지도 알게 되었다. 마찬가지로 교회나 조직 역시 팀의 목적에 맞게 목표를 수립하고, 사람을 뽑으며,

일을 적절히 분배하는 것이 중요하다.

리 G. 볼먼과 테러스 E. 딜은 『위대한 리더의 생각』에서 무너진 광산에 매몰된 칠레 광부들의 이야기를 다룬다.

2010년 8월, 칠레 코피아포 근처의 구리 광산이 무너져 내렸다. 작업 중이던 33명의 광부가 지하 700미터의 방공호에 갇혔다. 높은 습도와 30도가 넘는 찜통더위 속에서 매몰된 광부들은 강한 바람과 먼지를 견뎌야 했다. 바람과 떨어지는 바위와 먼지가 잦아든 뒤, 교대 근무를 감독하던 루이스 우르수아가 나서서 공포에 질린 광부들을 통제하려고 했다. 평상시 칠레 광산에서는 감독이 절대 권력을 휘두르지만, 혼란과 분열 속에서 사람들을 통제하기란 쉽지 않았다.

이때 그룹에서 일종의 재롱꾼으로 통하던 마리오 세풀베다가 나섰다. 기존의 감독이었던 우르수아 대신 세풀베다는 광부를 세 그룹으로 나누고 임무를 부여했다. 각 그룹은 동굴의 특정 부분을 맡아 확인했다. 단, 우르수아만은 예외였는데 숙련된 지형학자인 그는 붕괴 사고로 달라진 동굴 속 환경을 지도로 그리기 시작했다.

첫날 밤, 광부들은 통제 불능 상태였다. 그들은 동물처럼 행동했고, 대소변을 아무 데나 보았으며 아무 곳에서나 잠을 잤다. 다음 날, 전도사이자 동시에 광부였던 헨리케즈가 하나님께 예배드리자고 제안했고, 기도로 광부들을 안심시켰다.

이후 우르수아와 세풀베다는 광부들 몇몇 사람에게 가능한 모든 방법(예를 들어, 다이너마이트)을 동원해 지상에 있는 구조대원들에게 자신들이 살아 있음을 알리는 임무를 맡겼다. 또 다른 광부들은 환풍기 통로 중 하나로 이어지는 곳에 탈출구가 있는지를 살폈다. 세풀베다는 점차 리더로 자리 잡기 시작했다.

다음 날, 광부들은 규칙에 따라 하루를 보내기 시작했고 이들 사이에는 결속력이 생겼다. 함께 모여 기도하자는 제안도 나왔다. 오후가 되자 혼란스럽던 위계질서는 민주적으로 변했다. 각 광부는 한 표씩 투표권을 행사했고, 새로운 아이디어를 자유롭게 교환했다. 누구의 아이디어든 장점이 있으면 논의의 대상이 되었다.

　3일째 되는 날, 기도를 마친 후 세풀베다는 그룹 회의를 열고 한결같은 열정으로 광부들의 사기를 북돋아 주었다. 회의를 마친 광부들은 맡은 임무를 수행하기 시작했다. 이들의 임무는 각자가 가지고 있는 기술에 따라 할당되었다.

　수압 엔지니어 부스토스는 물길을 돌리기 위해 기계 담당자와 함께 수로를 팠다. 페나는 방공호 바깥 부분의 운반 기계까지 전등을 연결했다. 일리아네스는 차량 배터리를 이용해 램프를 충전하는 일을 맡았다. 자모라는 글 쓰는 작업을 감당했다. 우르수와와 세풀베다는 투표를 통해 얼마 안 되는 식량의 배급을 조절했다.

　광부 한 명에 배급되는 하루 식량은 고작 티스푼 한 술 반의 참치캔이었다. 63세의 마리오 고메즈는 자신의 현명함에서 나오는 긍정적 사고방식으로 광부들을 격려했다. 전도사인 헨리케즈는 목사 역할을 했고, 당뇨병을 앓던 어머니를 돕기 위해 어렸을 때부터 응급처치를 배웠던 바리오스는 의사 역할을 맡았다.

　4일째가 되자, 그룹의 통제력과 분업이 자리 잡았고 우르스아와 세풀베다의 리더십도 안정되었다. 결국, 이들은 가장 지하에 오래 매몰되었다가 생환한 사람들이 되었는데, 매몰된 33명의 광부 중 사망자는 단 한 명도 없었다. 극한 상황에서 생존하기 위해 광부들은 다음과 같은 전략을 채택했다.

　첫째, 매우 제한된 식량을 효율적으로 사용하기 위해 식량을 분배하고 공정하게 관리했다.

　둘째, 각자의 역할을 수행하여 조직적으로 생존하기 위해 노력했다. 일부 광부들은 식량 관리를 담당하고, 다른 사람들은 무거운 물을 끌고 오거나 광산 안팎의 상황을 탐색하는 등의 임무를 수행했다.

　셋째, 서로를 격려하고 함께 응원했다. 분업과 팀워크의 노력 덕분에 광부들은 열악한 환경 속에서도 69일 만에 구조될 수 있었다. 그들의 생존과 구조에는 칠레 정부와 국제 구조팀의 지원과 노력, 그리고 광부들의 용기와 상호 협력이 핵심적인 역할을 했다.

이 사건은 인류의 강인함과 협동의 힘을 보여 주는 대표적인 사례로 기억되고 있다. 광부들은 생존이라는 하나의 목적을 위해 분명한 목표를 세우고 탁월하게 일을 분배함으로 위대한 기적을 만들어 낸 것이다.

그렇다면, 구체적으로 우리의 교회나 회사 등의 조직에서 어떻게 목표를 설정해야 하는가?

3. 역산적 사고를 통한 목표 설정 기법

'생각정리클래스'의 복주환 대표는 『당신의 생각을 정리해 드립니다』에서 목표 설정을 설명하며 "적산적 사고와 역산적 사고"를 이야기한다.

적산적 사고(forecasting)는 현재를 기점으로 미래를 예측해 보는 사고법이다. 과거와 현재의 데이터를 분석하고 그것을 바탕으로 가까운 미래를 예측할 때 사용한다. 그런데 이 방법은 현실적인 계획을 세우기에는 유리하지만, 과거의 연장으로 미래를 바라보기 때문에 혁신적인 아이디어를 기대하기는 어렵다. 그래서 장기간의 목표를 세울 때는 역산적 사고로 접근하는 게 더 효과적이라고 한다.

역산적 사고(backcasting)는 목표를 먼저 설정한 다음 미래에서 현재까지 역순으로 생각하는 방법을 말하는데, 목표하는 미래를 먼저 그려 보기 때문에 과거에 얽매이지 않고 발상할 수 있다는 장점이 있다. 기존의 방법으로는 해결할 수 없었던 문제에 새롭게 접근하고 싶거나 지금까지와는 전혀 다른 것을 시도해 볼 때 유용하다.

복 대표는 이렇게 조언한다.

> 목표를 수립할 때 장기적인 관점을 수립하라.

또한, 그는 하버드대학교의 애드워드 밴필드(Edward Banfield)가 제시한 '장기적 전망'(long time perspective) 개념을 소개하며, 이렇게 강조했다.

> 장기적인 관점에서 계획을 수립하는 것이야말로 인생과 직장에서의 성공을 결정하는 가장 중요한 요소이다.

실제로 성공한 개인과 기업일수록 좀 더 먼 미래를 고려해 계획을 세운다고 한다.

게리 컬러와 제이 파파산이 쓴 『원씽』에는 우선순위와 목표 설정에 대한 통찰이 담겨있다. 저자들은 목표 설정에 대해 가르칠 때마다 목표와 우선순위가 어떻게 함께 움직이는지 보여 주는 것을 최우선으로 삼는다.

그들은 이렇게 묻는다.

> 왜 목표를 세우고 계획을 만드는가?

우리가 목표와 계획을 세우는 이유는 삶의 중요한 순간들을 잘 활용하기 위해서다. 과거에서 교훈을 얻고 미래를 예측할 수 있지만, 우리의 현실은 당면한 현재다. '지금 당장'이 우리가 가진 전부다. 우리의 과거는 이전의 현재이고, 미래는 잠재적인 현재에 불과하다는 것이다. 이 점을 강조하기 위해 저자는 강력한 우선순위를 설정하는 방식을 '현재에 근거한 목표 설정'이라고 부르기 시작했다. 애초에 왜 우선순위를 만드는지 강조하기 위해서다.

저자가 말한 것처럼 성공에는 한 가지 진실이 있다. 이번 순간에 무엇을 하느냐가 다음 순간에 무엇을 경험하느냐를 결정한다는 것이다. 당신의 '현재 지금'과 모든 '미래 지금'은 분명 이 순간에 설정하는 우선순위에 따라 결정된다. 현재와 미래의 자신 중 승리하는 쪽이 바로 그 우선순위를 결정하는 요인이다.

사람들은 작은 보상보다 큰 보상을 좋아하면서도 현재의 보상과 미래의 보상을 비교할 때는 현재의 보상을 훨씬 선호한다. 미래의 보상이 훨씬 더 크더라도 말이다. 이것은 흔히 발생하는 현상으로 '과도한 가치 폄하'라고도 불린다. 보상이 먼 미래에 발생할수록 그것을 달성하고자 하는 즉각적인 동기가 줄어든다는 것이다.

그래서 우리에게는 유혹을 뿌리치고, 올바른 우선순위를 정하며, 목적의식을 실현하는 데 조금 더 가까이 나아가게 하는 단순한 사고방식이 필요하다. 저자는 현재에 근거한 목표 설정이 바로 그것을 도와준다고 말한다. 미래의 목적의식이 현재의 우선순위와 이어지게 하는 방법은 아래와 같다.

- **최종 목표**: 언제가 내가 하고 싶은 단 하나는 무엇인가?
- **5년의 목표**: 최종의 목표를 바탕으로, 향후 5년간 내가 할 수 있는 단 하나는 무엇인가?
- **1년의 목표**: 5년의 목표를 바탕으로, 올해 내가 할 수 있는 단 하나는 무엇인가?
- **한 달의 목표**: 올해의 목표를 바탕으로, 이번 달에 내가 할 수 있는 단 하나는 무엇인가?
- **한 주의 목표**: 이번 달의 목표를 바탕으로, 이번 주에 내가 할 수 있는 단 하나는 무엇인가?
- **하루의 목표**: 이번 주의 목표를 바탕으로, 오늘 내가 할 수 있는 단 하나는 무엇인가?
- **지금의 목표**: 오늘의 목표를 바탕으로, 지금 당장 내가 할 수 있는 단 하나는 무엇인가?

지금의 목표를 한마디로 표현하면 다음과 같다.

오늘의 목표를 바탕으로 '최종 목표 – 5년의 목표 – 올해의 목표 – 이번

'달의 목표 – 이번 주의 목표 – 오늘의 목표'를 위해 내가 지금 당장 할 수 있는 단 하나는 무엇인가?

이 긴 질문이 필요한 이유는 지금 당장 해야 하는 가장 중요한 일을 발견할 때까지 끊임없이 사고하고, 그것을 상위 목표와 연관 짓는 법을 훈련해야 하기 때문이다. '오늘'을 우리가 가진 모든 '내일'과 연결해야 한다. 저자는 이를 뒷받침하는 연구 결과도 소개한다.

총 262명의 학생을 대상으로 시각화가 결과에 어떤 영향을 미치는지 조사했다. 학생들을 두 그룹으로 나눠 한 그룹의 학생들은 원하는 결과를 마음속에 그려 보았고(예를 들어, 시험에서 A 학점을 받는 것), 다른 한 그룹은 원하는 결과를 얻는 데 필요한 과정(시험에서 A 학점을 받는 데 필요한 공부 과정 등)을 머릿속에 그렸다. 결론적으로 말하자면, 과정을 시각화한 학생들이 더 나은 결과를 얻었다. 그 이유는 결과만을 그려 본 학생들보다 먼저 공부를 시작하고 더 자주 함으로써 더 높은 성적을 거둔 것이다.

책에서 말하길 우리는 과도하게 낙관적이고 자신의 능력에 대해 평균 이상이라고 자부하는 경향이 있다. 그래서 어떤 결과가 수반되는 과정을 철저하게 생각하지 않는 우를 범한다. 전문가들은 이것을 "계획의 오류"(Planning fallacy)라고 부른다. 이런 이유로 과정을 시각화하는 작업은 꼭 필요하다. 즉, 목표 달성에 필요한 여러 단계를 각각으로 쪼개어 생각하면 남다른 성과를 위한 전략적 사고를 할 수 있게 된다. 이것이 현재에 근거한 목표 설정이 효과가 있는 이유다.

2008년 캘리포니아 도미니칸대학교의 게일 매튜스 박사는 다양한 직업(변호사, 회계사, 비영리 단체 종사자, 마케팅 종사자 등)과 국적을 가진 267명의 실험 참가자를 선발해 실험했다. 그중 자신의 목표를 직접 적어 둔 사람은 그것을 달성할 가능성이 그렇지 않은 사람보다 39.5퍼센트나 높았다. 목표와 가장 중요한 것을 적어 두는 것은 우선순위에 따라 살기 위해 해야 할 마지막 단계다. 그리고 그 후에는 실천으로 옮기면 된다.

팀의 목표 설정도 동일하다. 역산적 사고 방식으로 조직의 핵심 가치에 맞는 장기 목적을 세우고 단기 목표와 매일의 목표를 세워 나가면 된다. 이러한 목표 설정 과정을 되도록 팀원들과 함께하면 팀워크에 더욱 큰 도움이 된다. 팀원들도 함께 전략적 사고를 통해 비전이 구체적으로 어떻게 목표 가운데서 성취되는지에 대한 청사진을 공유할 수 있기 때문이다.

4. 목표 설정 다섯 가지 원칙

『성과를 내는 팀장의 완벽한 리더십』에서는 목표 설정의 다섯 가지 원칙을 다음과 같이 설명한다.

1) 전략과 정렬(Aligned with Strategy)

우리 팀의 목표가 조직 전체의 전략과 목표에 어떻게 연계되어 있고 그 목표가 우리 팀의 구성원들에게 어떻게 공정하게 배분되고 연계되어 있는지를 깊이 고민해야 한다.

2) KPI 내에서의 균형(Balanced in KPI)

KPI(Key Performance Indicator, 핵심 성과 지표) 내에서 관리해야 할 목표들이 적절하게 균형을 이루어야 한다. 조직은 단기간만 운영하고 끝나는 곳이 아니다. 단기와 중기, 장기적으로 해야 할 일들이 있다. 리더는 목표 항목의 밸런스를 KPI에 맞춰 균형 있게 관리해야 한다.

3) 도전적인 목표(Challengeable target)

도전적인 목표를 수립하기 위해서는 조직이 독려하는 목표가 있어야 하고, 만약 달성을 못하더라도 도전적인 목표를 수행했다는 것에 대한 가점 형태의 평가나 보상이 주어져야 한다. 그리고 리더가 도전적인 목표를 수행하는 것을 칭찬하고 인정하는 시스템이 필요하다.

4) 구체적인 목표(Detailed Plans)

상세한 세부 실행 계획을 수립하는 것이다. 달성한 목표는 객관적으로 평가할 수 있어야 한다. KPI와 관련된 목표 설정을 하는 경우 '목표 달성 방안', '목표 달성 계획', '목표 달성 세부 실행 계획'으로 구체적으로 구분하고 여기에는 언제까지 어떤 방법으로 달성할 것인지를 반드시 기록해야 한다.

5) 설명할 수 있는 과정(Explainable Progress)

목표 설정의 내용과 진행 정도를 설명할 수 있어야 한다. 단순히 '잘해 보겠다', '우수한 성과를 만들어 내겠다', '성공적으로 수행하겠다'는 식의 표현을 해서는 안 된다. 고객의 숫자, 멤버십 수, 매출액이나 수량 등 구체적으로 설명할 수 있어야 한다. 목표 설정을 잘하는 기업들은 사용하는 용어 하나하나에 대한 정의를 분명히 하고, 구성원들이 이를 정확히 이해한 상태에서 목표를 설정할 수 있도록 한다.

위의 A에서 E까지 다섯 가지 목표 설정 원칙은 팀의 효율성을 높이고, 목표를 달성하는 데 도움을 준다. 따라서 팀워크 활동에서 이를 적용하면 팀원들 간의 협력과 소통이 강화되며, 목표 달성에 효과적으로 기여할 것이다.

5. 게리 콜린스의 목표 설정의 7단계

게리 콜린스는 『코칭 바이블』에서 목표 설정의 7단계를 다음과 같이 설명한다.

- **1단계: 명확한 결과 도출**(Clear Outcome)

  최종 결과는 바라는 결과를 명확히 안다. 명확한 목표는 팀이나 개인의 향후 노력을 집중하고 일관성 있게 행동할 수 있도록 돕는다.

- **2단계: 목표의 가시성 확보**(Visual Clarity)

  종이에 적어 본다. 기록한 것은 나중에 수정될 수 있다. 목표를 종이에 적어 보고 시각적으로 확인함으로써, 목표에 대한 가시성을 얻을 수 있다. 시각적인 표현은 목표 달성에 대한 진전을 보여 주고, 팀원들 간에 목표에 대한 공유된 이해를 촉진한다.

- **3단계: 거꾸로 브레인스토밍**(Reverse Brainstorming)

  바라는 결과를 염두에 두고 시작하라. 그런 다음 거꾸로 가능한 중간 목표에 대하여 서로 브레인스토밍하라. 바라는 결과를 염두에 두고 거꾸로 중간 목표를 설정하는 것은 창의적인 생각을 유발하고, 다양한 시나리오를 고려할 수 있도록 돕는다. 이는 다양한 관점을 수용하며, 더 효과적인 전략 수립을 가능케 한다.

- **4단계: SMART 목표 도식 활용**(SMART Goal Framework)

  앞으로 추구할 대안적인 중간 목표들에 합의하라. 각 목표를 SMART 목표 도식에 대입해 본다.
  구체적이고, 측정 가능하며, 달성할 수 있고, 현실적이며, 기한이 있는가?

각 중간 목표를 SMART 목표 도식에 대입하여 목표를 구체화하고, 목표가 규명되어 있는지 확인하는 과정은 목표의 효과적인 관리를 지원한다. 목표가 구체적이고, 측정 가능하며, 달성 가능하고, 현실적이며, 기한이 있는지를 확인함으로써 목표의 품질을 향상할 수 있다.

• 5단계: 우선순위 설정(Priority Setting)

우선 가장 현실적인 것부터 최종적인 결과에 이르기까지, 우선순위를 결정하고 합의한 목표들을 정리한다. 중간 목표들을 평가하고 우선순위를 결정하는 것은 리더십과 의사 결정에 도움을 준다. 가장 중요하고 현실적인 목표에 먼저 집중함으로써, 팀은 효율적으로 작업을 진행할 수 있다.

• 6단계: 달성 일정 표시(Timeline Visualization)

언제 각 목표를 달성할 수 있을지를 분명하게 보여 주는 표지들을 적어 본다. 가장 가까이 보이는 목표부터 적어 보라. 다른 목표들은 최종 목표에 다가갈 때 떠오를 수 있다.

각 목표의 달성 시기를 분명하게 표시함으로써, 팀은 달성까지의 일정을 명확하게 파악할 수 있다. 일정의 시각적 표현은 목표에 대한 강력한 시간 관리를 도울 뿐 아니라, 팀원들에게 목표 달성에 대한 긍정적인 동기 부여를 제공한다.

• 7단계: 목록 작성(Listing)

목록을 종이 위에 적어 본다. 목록을 작성함으로써, 팀은 목표에 대한 명확하고 체계적인 기록을 보유하게 된다. 이는 향후의 평가와 개선을 위해 중요한 기초 자료가 될 수 있다.

게리 콜린스의 목표 설정 7단계는 목표를 효과적으로 계획하고 관리할 수 있으며, 이는 개인과 팀 성과 향상에 기여할 것이다.

그렇다면 게리 콜린스의 7단계 중 4단계에서 소개되었던 SMART 목표 설정 기법에 대해 살펴보도록 하겠다.

6. SMART 목표 설정 기법

복 대표는 그의 책에서 피터 드러커가 1954년 『경영의 실제』에서 소개한 후 70년 동안 검증된 SMART 목표 설정 기법을 통해 목표 달성 확률을 열 배 이상 높이는 방법을 정리해 두었다.

1) Specific : 당신의 목표는 구체적인가?

2018년 미국의 통계분석기관 스태티스틱 브레인(statistic brain)에서 발표한 〈새해 결심에 대한 통계〉(New Years Resolution Statistics)에 따르면, 구체적이고 명시적으로 목표를 작성한 사람은 목표를 달성할 확률이 열 배 이상 높다고 했다. 그래서 다음의 6W가 중요하다.

- **Who** : 누구의 목표인가?
- **What**: 무엇을 달성하고자 하는가?
- **Where**: 어디서 달성하려고 하는가?
- **When**: 목표 달성에 필요한 시간은?
- **Which**: 목표 달성에 필요한 조건과 제약은?
- **Why**: 목표 달성 이유와 목적은 그리고 나에게 주어지는 보상은?

2) Measurable: 당신의 목표는 측정 가능한가?

피터 드러커는 이렇게 이야기했다.

> 목표를 측정할 수 없다면 관리할 수 없다.

목표를 제대로 관리하려면 수시로 측정할 수 있는 기준이 있어야 한다.

3) Action-Oriented: 당신의 목표는 행동으로 옮길 수 있는가?

목표 달성까지 어떤 과정을 거쳐야 하는지 생각해 봐야 한다. 대부분의 일은 7스텝 안팎으로 정리할 수 있는데, 되도록 5스텝 이상으로 나누어야 진행 과정이 구체적으로 보인다.

4) Realistic: 당신의 목표는 현실적이고 타당한가?

목표를 실행하기 위해서는 목표를 아주 작게 쪼개서 하나씩 달성하는 게 중요하다. '스몰 스텝 전략'을 임상으로 증명한 UCLA 의과대학의 로버트 마우러(Robert Maurer) 교수는 이렇게 말한다.

> 우리 뇌는 변화를 무척이나 싫어한다. 뇌의 관점에서 환경이나 상황이 변하는 것은 생존이 위협받는다는 신호이기 때문이다. 이런 까닭에 변화가 과격할수록 뇌의 저항 또한 강렬하고 격해진다. 그래서 우리는 변화를 위해 뇌를 속일 필요가 있다.

뇌를 속이는 방법은 무엇일까?
바로 뇌가 변화를 인지하지 못할 정도로 아주 가볍고 작게 시작하는 것이다.

5) Time-bound: 당신의 목표에는 마감 기한이 있는가?

기한을 명확히 정해 두면 노르아드레날린이 분비되어 주의력과 집중력이 극대화되어 자기 능력 이상의 힘을 발휘해 좋은 성과를 내는 경우가 많다. 그러므로 목표를 세울 때는 월 단위, 주 단위, 일 단위로 쪼개서 해당 기간에 어느 정도 성과가 나기를 원하는지 구체적으로 적는 게 좋다.

이와 관련해 목표를 더욱 효과적으로 세우기 위해 다음 네 가지 점을 기억해야 한다.

첫째, 목표를 측정할 수 있게 설정해야 한다.
드러커는 이렇게 말했다.

> 목표를 측정할 수 없다면 관리할 수 없다.

드러커의 말처럼, 목표를 적절히 평가하고 측정할 수 있는 기준이 필요하다.

둘째, 목표 달성을 위한 행동을 고려해야 한다. 목표를 달성하기 위한 일련의 과정을 생각하고, 가능한 세분화하여 구체적인 진행 과정을 계획하는 것이 효과적이다.

셋째, 목표를 현실적이고 타당하게 설정하는 것 역시 중요하다. 목표를 작게 나누고 '스몰 스텝 전략'을 통해 뇌를 속이는 것이 목표 달성에 도움이 된다. 작은 성공을 거듭하면서 변화에 대한 뇌의 저항을 극복할 수 있다.

넷째, 목표에는 마감 기한을 설정하는 것이 중요하다. 기한을 명확히 정하면 주의력과 집중력이 향상하여 목표 달성에 도움이 된다. 월 단위, 주 단위, 일 단위로 목표를 세우고 해당 기간에 어느 정도의 성과를 내고자 하는지 구체적으로 기록하는 것이 좋다.

그렇다면 목표 설정이 끝난 후 일의 분배는 어떻게 하는 것이 효과적일까?

7. 골디락스 법칙: 적합한 일을 맡기면 몰입하게 된다

골디락스 법칙은 '가장 몰입하기에 최적화된 상태'를 말한다. 『아주 작은 습관의 힘』은 이 부분을 다루며, 자신이 할 수 있는 적합한 일을 할 때 동기가 극대화된다고 설명한다. 지나치게 어려워도 안 되고 지나치게 쉬워서도 안 된다. 딱 들어맞아야 한다.

만약 골디락스 존에 막 진입했다면 '몰입' 상태에 도달할 수 있다. 따라서 협업과 팀워크의 성공을 위해서는 명확하고 공정한 목표 수립과 업무 분배가 필수적이다. 각 개인에게 적합한 일을 맡기게 되면 그 팀원들의 동기가 극대화됨으로써 몰입의 상태에까지 들어가 엄청난 만족 속에서 성과를 낼 수 있게 되는 것이다.

반대의 경우도 있다. 각자에게 걸맞지 않은 일을 줬을 때는 일을 시키는 사람이나 일을 하는 사람이나 모두 괴로움을 겪게 된다. 지금까지 살면서 자신이 했던 업무의 경험들을 생각해 보라.

몰입할 수 있을 정도로 딱 들어맞는 일을 맡았던 적이 있는가? 그때를 회상하면서 당신도 다른 사람들에게 그런 몰입감을 선물해 줄 방법을 한번 생각해 보라. 몰입하며 일하면 당연히 업무 성과도 탁월할 뿐만 아니라 일을 하는 내내 에너지가 충만하고 일 자체가 행복한 경험을 하게 되어 있다. 그래서 리더의 할 일은 업무를 맡은 사람들을 일에 몰입할 수 있는 환경을 만들어 주는 것이다.

이 부분은 조직 전체에 있어서 매우 중요하다. 개개인이 자신의 업무에 만족할 때 개인은 업무에 몰입할 뿐만 아니라 다른 사람들과의 협업에도 긍정적인 영향을 미친다. 본인이 하는 일에 대한 만족과 자긍심이 생겨나기 때문이다. 하지만, 현실에서 안타까운 것은 자신에게 맞지 않은 일을 하므로 괴로워하는 사람이 우리 주변에 너무 많다는 것이다. 그러므로 리더는 사명감을 가지고 탁월한 업무 분배를 위해 더욱 집중해야 한다. 이를 위해 리더에게 필요한 덕목은 관찰과 예측력이다. 즉, 처리해야 할 일과 일을 맡길 사람들의 특성을 세심히 관찰하는 일이 중요하다.

그뿐만 아니라 일을 분배했을 때 어떤 성과가 나타날지, 중간에 어떤 문제가 발생할지, 그리고 일의 마감은 언제까지가 좋을지를 예측하고 일을 맡겨야 한다. 단순히 맡긴다고 끝나는 것이 아니라, 미리 면밀하게 분석하고 시뮬레이션을 돌려 본 뒤에 분배해야 한다.

특별히 일의 분배에 있어 중요한 것 중의 하나는 명확한 권한 위임이다.

8. 권한 위임

존 코터는 『기업이 원하는 변화의 리더』에서 권한을 잘 나누고 위임하는 것의 중요성을 다음과 같이 설명한다.

첫째, 직원들에게 비전을 설득력 있게 전파해야 한다. 직원들 사이에 어떤 목적에 대한 공감대가 형성되어 있다면, 목적을 이루기 위한 활동을 유도하기가 쉽다. 강력한 소통은 팀의 핵심이다. 비전을 명확히 공유하고 설득력 있게 전달함으로써 팀원들 간에 공감대를 형성하는 것이 필수적이다. 목표에 대한 공감대가 형성되면, 팀은 한마음으로 목표를 향해 나아갈 수 있다. 소통의 부재는 팀원들 간의 오해와 혼란을 초래할 뿐만 아니라, 목표 달성을 방해할 수 있다.

둘째, 조직 구조를 비전에 걸맞게 만들어야 한다. 비전과 일치하지 않는 조직 구조는 직원들의 행동 변화를 방해한다. 팀 구조를 비전과 일치하도록 조정해야 한다. 비전과 맞지 않는 구조는 팀의 효율성을 저하하고, 협력을 방해할 수 있다. 효과적인 팀 구조는 팀원들이 각자의 역할과 책임을 명확히 이해하고, 협업이 원활하게 이루어질 수 있도록 해야 한다.

셋째, 직원들이 필요로 하는 교육 훈련을 제공해야 한다. 올바른 기술과 자세를 갖추지 못했을 때 팀원들은 무력감을 느낀다. 교육과 훈련은 팀 구성원들의 역량 향상을 위해 필수적이다. 올바른 기술과 자세를 갖추지 못한 팀원은 목표 달성에 어려움을 겪을 수 있으므로, 지속적인 교육은 팀의 전반적인 성과를 향상하는 데 기여한다. 리더는 팀원들의 교육과 발전을 적극적으로 지원해야 한다.

넷째, 정보와 인사관리 시스템을 팀의 비전과 일치시켜야 한다. 비전에 부합하지 않는 시스템은 구성원의 행동 변화를 방해할 뿐만 아니라 팀의 효율성을 저해하고, 목표 달성에 걸림돌이 될 수 있다. 팀원들이 필요한 정보에 쉽게 접근할 수 있도록 시스템을 최적화하고, 의사 결정에 필요한 자료를 효과적으로 활용해야 한다.

다섯째, 경영 혁신을 좀먹는 감독자들을 조치해야 한다. 질 나쁜 상사만큼 사람들을 힘 빠지게 만드는 것은 없다. 리더십의 역할은 매우 중요하다. 경영 혁신에 열린 자세를 갖춘 리더는 팀에 새로운 아이디어와 창의성을 도입할 수 있으며, 팀원들에게 영감을 주어 긍정적인 팀 문화를 유도할 수 있다. 문제가 있는 리더들은 팀원들 간의 동기 부여와 협력을 저해하므로, 팀을 이끄는 역할에 충실한 리더로 교체해야 한다.

이러한 원칙들을 철저히 실천함으로써, 팀은 비전을 향한 효과적인 나아감을 경험하게 될 것이다. 존 코터는 "효과적인 팀워크를 위해서는 권한을 나누고 위임하는 것이 필수"라고 이야기한다. 이러한 부분이 잘 이루어진다면 팀의 성과 향상과 지속적인 발전을 끌어낼 것이다.

그러나 권한 위임이 잘 안 되는 조직이 생각보다 많다. 팀원들을 가장 힘들게 하는 것이 권한 없이 책임만 주어지는 일이다. 어떤 일의 처음부터 권한이 주어지고 처리한 일에 대해서 책임을 지는 것은 당연하다. 그러나 일의 중간에 리더가 개입한 후 문제가 생기면 책임만 지라고 할 때 팀원들의 사기는 떨어지고 그 조직에 충성하기 어려워진다.

권한 위임은 그만큼 쉽지는 않다. 특히, 자신은 권한을 위임했다고 생각하지만, 실제로는 온전히 맡기지 못하는 리더들이 많다. 메타인지 능력을 키워 자신의 리더십이 어떤 스타일인지 정말 온전히 맡기는 능력이 자신에게 있는지 점검해 보아야 한다.

박찬구도 『리더의 일』에서 위임의 중요성에 대해 강조한다. 명령과 통제의 시대였던 과거와 달리, 지금은 '위임의 시대'라고 이야기하면서 빠른 일 처리를 위해 리더는 구성원의 일을 훔치지 않아야 한다고 강조한다. 그러면서 리더의 일은 구성원을 믿고 지켜보며 필요할 때 도와주는 것이라고 정의한다. 만약 리더가 반복적인 통제를 하고 보고를 요구한다면 이는 구성원이 책임껏 일하는 데 걸림돌이 된다고 말하고 있다. 그러면 조금 더 자세히 어떻게 업무를 분배해야 하는지에 대해 살펴보자.

9. 업무 분배의 노하우

아사노 스스무의 『일을 잘 맡긴다는 것』에서 소개되어 있는 내용을 중심으로 업무 분배의 노하우 몇 가지를 정리하면 다음과 같다.

첫째, 목표나 성과가 완성된 상태가 분명한 경우 일을 맡긴다. 리더는 업무의 목적과 목표, 전체적인 이미지를 충분히 이해시키고, 담당 업무의 중요성을 알려 주어 책임감과 사명감을 갖도록 해야 한다.

특히, 일을 맡은 자들에게 목표가 완성된 상태의 이미지를 알려 줌으로 지금 하는 일이 목표에 도달하는 데 어떤 영향을 미치는지, 목표 달성까지 업무가 얼마나 남아 있는지 등을 스스로 파악하게 하여, 업무에 임하는 자세를 달라지게 한다.

둘째, 업무의 양을 가늠할 수 있을 때 일을 맡긴다. 리더가 업무의 양을 알고 있으면 중간에 맡은 자가 완수하지 못했을 때도 대처하기 쉽다. 최대한 집중해도 하루 이상 걸리는 업무를 맡길 경우에는 먼저 업무의 목적, 업무 내용, 성과나 목적의 결과물을 명확히 하고, 해야 할 일의 목록(To Do List)을 만든다. 만약 세부화된 작업의 난도가 높거나 양이 많다면 더 세분화된 목록을 작성해 여러 명에게 분담할 수 있다.

셋째, 일을 맡기기 전에는 불안의 원인을 먼저 확인해야 한다.

- 업무 수행에 필요한 기술과 일을 맡길 직원의 역량이 일치하는지 파악한다(예를 들어, 프리젠테이션 능력, 교섭 능력, 경청 능력, 질문 능력, 설득 능력 등).
- 일을 담당할 사람의 능력과 시간에는 한계가 있음을 인식해야 한다.
- 지나치게 많은 일을 맡기면 과부하가 올 수 있음을 명심한다.

가장 중요한 원칙은 일을 맡은 사람이 일로 인해 넘어지는 것이 아니라 함께 성장할 수 있도록 초점을 두는 것이다.

넷째, 업무 지원 시스템이 갖춰진 경우 일을 맡긴다. 일을 감당할 수 있는 인적, 물적 지원 시스템이 있어야 원활히 일이 성취된다.

다섯째, 여러 사람 중에 그 사람을 선택한 이유와 일의 배경을 설명한다. 이러한 작업이 선행되지 않으면 자신에게 쓸데없는 일을 맡겼다고 오해할 수 있다. 그런 오해는 일에 대한 의욕을 떨어뜨려 효율적인 성과의 걸림돌이 된다.

여섯째, 업무의 개요를 분명히 이야기한다. 제대로 이해할 수 있도록 업무에 대해 설명해 주어야 한다. 지시가 모호하면 일하는 사람은 리더에게 인정받기 위해 필요 이상의 일을 하게 되고, 그러면 과잉 업무가 사라지지 않게 된다.

일곱째, 목표 기대치를 분명히 전달한다. 업무를 맡길 때는 목표와 기한을 설정하는 것이 중요하다. 이유는 평가 기준을 분명하게 하고 구체적인 업무 진행 방법을 세우며 주위 동료로부터 협력을 얻기 위해서다. 맡은 업무를 어떤 수준으로 처리해야 할지, 달성했다고 말할 수 있는 기준은 무엇인지 미리 설정해 놓고 더 나아가 수치화해 놓는 것이 유익하다.

여덟째, 수행의 책임을 확실하게 알려 준다. 정도의 차이가 있겠지만 일을 맡긴다는 것은 결과에 대한 책임은 리더가 지되, 직원을 성실하게 수행 책임을 다하는 것이다. 따라서 리더는 업무를 맡길 때 업무 수행의 책임도 함께 부여해야 한다. 안 그러면 일을 맡은 사람의 무책임한 업무 수행 결과에 대한 책임을 리더가 져야 할 수도 있다.

아홉째, 보고와 연락, 상담의 시기와 규칙을 분명하게 정한다. 리더의 업무는 공동체나 조직의 방침을 정하고 중요 사항의 의사 결정을 하는 것이다. 잘못된 의사 결정을 하지 않도록 가능한 한 확실한 정보를 가져다주는 사람을 스태프로 두고 함께 일하려는 것은 당연한 일이다.

열째, 재량으로 진행해도 되는 범위를 명확히 알려 준다. 재량 범위를 정확하게 이야기해 주지 않으면 일을 맡은 사람은 고생을 한다. 만약 맡은 업무에 대한 의사 결정권과 발언권이 없으며, 자신의 방식으로 업무를 진행할 수 없다면, 보람을 느끼지 못하고 괴로운 마음으로 일할 수밖에 없다.

열한째, 지원이 필요한 부분을 분명하게 한다. 일을 담당하는 자가 생소한 일을 맡게 될 경우 그가 어렵다고 느낄 수 있는 부분, 자원이 필요한 점을 미리 예상하고 대비책을 마련해야 한다. 일을 맡기기 전에 담당자가 무엇을 잘하고 무엇을 잘 못하는지와 경험과 능력은 어느 정도인지를 파악하고 이를 바탕으로 업무의 난이도를 설정해야 한다.

너무 어려운 일을 맡기면 불안해 하며 과도한 압박감을 느낀다. 반대로 너무 쉬운 일을 맡기면 자신의 능력을 과소평가한다고 느낄 수 있다. 본인에게 약간 어려운 정도의 일을 맡기는 것이 가장 이상적이다. 또한, 업무를 맡겼다고 리더가 방관해서는 안 된다. 일을 맡긴 뒤에는 정성껏 지원해 준다는 자세가 필요하다. 그러나 리더에게 무조건 의존하지 않도록 하는 것도 중요하다.

열두째, 아직 결정되지 않는 부분을 명확하게 알려 준다. 일을 맡길 때 리더의 권한 밖에 있는 일이라도 아직 결정되지 않은 부분과 알지 못하는 부분까지 분명하게 전달해 이후 변동 사항에 대처할 수 있도록 해야 한다.

업무 분배도 일종의 예술과 같다. 그냥 아무렇게나 맡기는 것이 아니라 일을 맡길 사람의 상황을 잘 배려해서 맡겨진 일이 잘 진행되도록 하는 것이 리더의 책임이다.

제3장에서 살펴본 것 같이, 이렇게 팀이 단기 목표를 세우고 일을 분담해도 수시로 서로 간의 소통이 잘 되어야 성과를 만들어 낼 수 있다. 세븐 미라클 시스템으로 핵심 가치를 발견하고 자신들을 파악한 후 구체적인 목표를 세우고 일을 분배를 마쳤다면, 이제는 그 일을 원활히 감당할 수 있도록 소통의 시스템을 확립할 차례다.

팀원들과의 지속적인 커뮤니케이션과 토의를 통해 목표를 상호 합의하고, 각자의 역할과 책임을 명확히 정의함으로써 협업의 효과를 극대화하는 노력이 필요하다. 그러나 우리의 교회나 회사의 현장이 만만치 않음을 인정하지 않을 수 없다.

만약에 각 개인에게 꼭 적합한 일이 주어지지 않았을 때 우리는 어떻게 해야 하는가?

10. 맡겨진 일에 감사를

존 오트버그의 『나의 일로 하나님을 높이라』에 이런 예화가 등장한다. 기자 윌리엄 진서의 첫 번째 직장은 버팔로 뉴스였다. 전통적으로 올챙이 기자들에게는 부고 기사를 쓰는 일이 주어진다. 그러나 진서는 이것이 심히 못마땅했다.

'난 플리처상을 탈만한 심층 취재 기사도 쓸 수 있는데, 고작 부고 기사에 매달려 있다니'라고 생각한 진서는 마침내 용기를 내서 편집장에게 물었다.

"저는 언제 제대로 된 기사를 쓰게 될까요?"

"이봐, 신참!"

신경질적인 노 편집장이 비꼬듯 대답했다.

"자네가 무슨 기사를 쓰든 지금 쓰는 기사만큼 세심히 읽히진 않을 걸세. 철자 하나라도 틀리면, 날짜라도 잘못 되면 한 가족이 상처를 받을 거야. 그러나 제대로만 쓴다면 누군가의 할머니, 누군가의 어머니에게는 아주 좋은 일을 해 주는 거지. 한 인생으로 하여금 노래하게 만드는 거야. 그러면 가족들은 아주 고마워하겠지. 자네가 쓴 기사를 아마 코팅해서 보관할 걸."

이 말을 듣고 진서는 생각이 바뀌어 이렇게 대답했다.

"전화도 더 많이 하고, 질문도 더 많이 하겠습니다. 발로 뛰겠습니다."

그는 다른 사람의 부고 기사를 쓸 때마다 '누군가 내 부고 기사를 이렇게 써 주었으면 좋겠다'라는 마음으로 임했다.

코팅해서 보관할 만한 가치가 있는 부고 기사를 쓰는 과정을 거치면서 마침내 그는 다른 글을 쓸 기회도 얻게 되었고, 나아가 백만 부 이상 판매된 글쓰기 관련 책까지 펴냈다. 정성을 다해 부고 기사를 쓰지 않았다면 이런 일은 불가능했을 것이다. 오트버그는 이에 더해 성경에 나오는 리브가가 주어진 일에 최선을 다한 모습을 언급한다.

놀라운 점은 기독교, 이슬람교, 유대교 모두 거슬러 올라가 보면 다 아브라함에게 뿌리를 둔다. 이야기는 아브라함이 나이가 많아 늙게 되었을 때 시작된다. 그는 아들 이삭에게 아내를 구해 줘야 할 때가 되었음을 깨달았다. 결혼 중매업자가 없던 시절이었기에, 그는 자기 집 모든 소유를 맡은 늙은 종에게 이삭의 아내를 구해 오는 일을 맡겼다.

종은 낙타 열 마리를 끌고 아브라함이 지시한 땅으로 갔다. 주인 아들의 아내감을 구하는 일은 신중함을 요구하는 막중한 임무였기에, 종은 기도로 일을 시작했다.

> 우리 주인 아브라함의 하나님 여호와여 원하건대 오늘 나에게 순조롭게 만나게 하사 (창 24:12).

종이 나홀성에 이르렀을 때, 리브가라고 하는 처녀가 그에게 인사하며 마실 물을 주었다. 그가 물을 다 마시자 리브가는 이렇게 말했다.

> 당신의 낙타를 위하여서도 물을 길어 그것들도 배불리 마시게 하리이다 (창 24:19).

성경을 보면 리브가가 "급히" 물동이의 물을 구유에 붓고 다시 우물로 "달려가서" 물을 더 길어 왔다고 기록한다. 성경의 행간을 자세히 살피면, 리브가의 이 행동의 의미를 더 깊이 살펴볼 수 있다(창 24:20 참조). 물동이 하나의 무게가 약 3.5킬로그램이다. 목마른 낙타는 물동이 30개 분량까지 마실 수 있고, 그런 낙타가 열 마리다.

한번 계산해 보라. 리브가는 계속 우물로 달려갔다. 이 처녀는 낯선 손님을 위해 무려 물동이 300개 분량의 물을 긷는다. 그리고 그녀는 낯선 손님이 자기에게 기대할 만한 호의에 더하여 그 이상까지 최선을 다한다. 이런 헌신적인 선을 베푼 리브가는 인생이 완전히 바뀌어서 그 유명한 아브라함 집안의 며느리가 된다. 자기 일에 최선을 다하다 큰 복을 받게 된 것이다.

존스홉킨스대학교 소아정신과 교수인 지나영 교수는 한 강연에서 우리 한국 사회에 만연한 무한 경쟁에 관해 언급하면서 사람들이 행복해지기 어려운 문화라고 이야기한다. 전 세계적으로 부유한 나라에 속함에도 불구하고 정서적인 만족도가 낮은 이유도 바로 이런 경쟁적인 사회 문화 때문이라는 것이다. 이에 대한 지 교수의 처방전은 자신의 정체성을 회복하는 것이다.

그녀는 다음과 같이 외치라고 한다.

"I am worthy!"
(나는 가치 있어!)

"I am lovely!"
(나는 사랑스러워!)

자신을 이렇게 격려하고 사랑하다 보면 다른 사람들과의 관계도 좋아지고 협력하며 살아가게 된다는 것이다. 그러면서 자신에게 주어진 일에 대한 태도도 새롭게 바라보길 주문한다. 억지로 해야 할 일(have to work)이 아닌, 자기가 선택한 일(choose to work)에서 자기에게 주어진 일(get to work)로 전환해야 한다는 것이다.

그녀는 자신이 갑작스럽게 한동안 일을 하지 못했다가 다시 일터로 돌아가던 그 순간, 병원에 가까이 갔을 때의 감격을 소개한다. 지나영 교수는 의사로서의 자부심을 느끼고 일했지만, 출근길이 늘 즐겁지는 않았다고 한다. 그러다 뜻밖의 병이 생겨 일을 그만두게 되었고, 일하지 못하는 동안 자신의 존재 의미가 사라지는 것 같았다. 그래서 어서 일터인 병원으로 돌아가야 한다는 마음으로 열심히 치료를 받았다.

1년 뒤, 그녀는 병원으로 돌아갈 수 있었다. 다시 출근하던 날, 미국 볼티모어 빌딩 숲의 스카이라인이 눈에 들어오는 순간 눈물이 차올랐다.

"드디어 내가 일을 할 수 있게 됐구나!"
(I Finally get to work!)

그녀는 이전보다는 몸이 좋지 않았지만, 생각이 바뀌자 일이 훨씬 더 즐거워졌다고 한다. 그리고 힘든 일이 생길 때마다 'get to'를 되새긴다고 한다. 그녀는 일에 대해, 동료에 대해 감사하게 생각하며 살아가면 일터에서도 행복을 누릴 수 있다고 권면한다.

　우리의 조직 내에서도 최대한 각자에게 적합한 일을 배분하되, 그 안에서 만족되지 못하는 부분이 있을 수 있다. 그러나 자신에게 주어진 일에 최선을 다하도록 지도하는 것도 리더의 역할이다. 물론, 이렇게 최선을 다하는 자들에 대한 분명한 보상을 주면서 말이다. 특별히 자신에게 주어진 일에 감사하는 마음을 가지는 조직 문화를 만드는 일이 필요하다.

세븐 미라클 클리닉 #3

- ✓ 미래의 목적의식이 현재의 우선순위와 이어지게 하는 방법을 당신의 공동체에 적용해 보라.
- ✓ 목표 설정의 5원칙과 게리 콜린스의 7단계를 참고하여 당신의 조직의 목표를 설정해 보라.
- ✓ 당신의 조직에서 일에 몰입할 정도로 자신의 일에 만족하는 사람이 몇 명인지 살펴보라. 가능하면 그들과 인터뷰를 해 보고 긍정적인 면을 공동체 안에서 공유하라.

　　• 당신이 권한 위임을 할 때 주저하게 되는 이유는 무엇인가?
　　• 어떻게 하면 그 점을 보완할 수 있겠는가?
　　• 업무 분배의 노하우 중에 당신의 조직에서 바로 적용해야 할 세 가지는 무엇인가?
　　• 그것을 실천했을 때 어떤 변화가 예상되는가?

제4장
동역 시스템 4단계: 소통을 원활하게 하라

    4단계에서는 투명하고 개방적인 소통을 장려한다. 의사 결정 과정을 공유하고 의견을 존중하여 모두가 의견을 내고 듣는 환경을 조성한다.

    기독교는 관계의 종교다. 그 중심에는 소통이라는 부분이 포함되어 있다. 그러나 최근 한국 교회에 관한 이미지는 소통이 안 되는 조직으로 굳어져 있다. 사회의 여러 구성원 중에 가장 보수적인 집단이라는 점이 꼭 나쁜 것은 아니지만, 대화가 통하지 않는다는 인식은 사람들을 답답하게 만든다. 물론, 소통이 필요한 조직은 교회만이 아니다. 기업도 소비자와의 원활한 소통이 있어야 사람들을 잘 섬길 수 있고 이윤도 창출된다.

    우리는 지금 팀워크의 관점에서 조직을 바라보고 있다. 소통이 잘 이루어지지 않는 팀은 교회든 회사든 단체든, 팀원들의 역량을 최대한을 끌어낼 수 없다. 오히려 개개인이 가지고 있는 좋은 역량들이 소통되지 않음으로 사장되고 마음껏 발휘되지 못하는 경우가 많다. 그러므로 팀워크 리더십에서 가장 중요한 부분 중에 하나는 팀원들 간의 소통이다.

    존 코터는 『기업이 원하는 변화의 리더』에서 리더들이 소통을 간과했을 때 어떤 결과를 맞게 되는지 알려 준다. 에이드리언은 어느 한 대기업의 특수화학부 책임자였다. 그는 자신의 회사가 세계화를 준비하는 과정 가운데 본인이 맡고 있는 부서에 골치 아픈 문제들과 새로운 사업 기회가 함께 있다는 것을 알게 되었다. 그는 노련하고 능력 있는 최고 책임자로, 점점 치열해지는 경쟁 속에서 십여 개의 사업을 새로 시작하여 사업 규모도 키웠고, 이와 함께 수익성 개선을 위해 밤낮으로 일했다.

그러나 안타깝게도 그는 자신의 부서에 새로운 기회와 위험을 확실하게 이해하는 사람이 자신 외에 없다는 것을 알았다. 그래도 그 정도는 쉽게 극복할 수 있다고 생각했다. 왜냐하면, 나중에 직원들을 설득할 수도 있고 아니면 강제로라도 혁신에 참여시키거나, 그것도 안 되면 아예 다른 사람으로 교체해 버리면 된다고 생각했다.

승진한 지 2년 뒤 에이드리언은 그동안 의욕적으로 추진해 온 여러 혁신 조치들이 모두 자만심이라는 바다에 허우적거리고 있는 것을 깨달았다. 팀원들과의 소통의 부재로 일에 대한 같은 그림을 가지지 못했고, 그로 인해 신제품 전략이 처음 단계에서 너무 많은 시간을 소모해 경쟁 회사에 대응할 시간을 준 결과, 결국 기대했던 모든 이익은 모두 물거품으로 돌아갔다.

본사로부터 대규모 리엔지니어링 프로젝트에 필요한 충분한 자금을 얻어 낼 수도 없었다. 참모들 가운데 말만 많은 사람 때문에 중요한 프로젝트가 엎어지는 경우도 있었다. 참담한 심경에 빠진 에이드리언은 결국 부하들을 포기하고 직장을 떠나 작은 규모의 다른 회사를 인수하였다. 그러나 2년 뒤, 직원들과의 충분한 의사소통이 되지 않아 팀워크가 무너졌고, 성과가 나오지 않는 것을 경험해야 했다.

팀워크를 통해 원활히 소통할 수 있는 멤버와 함께하는 일은 이처럼 소중하다. 그래서 프리미어리그 같은 빅 리그의 감독들은 자신이 새로운 팀에 부임할 때마다 같이 소통하고 마음을 맞췄던 스태프들을 함께 데리고 간다. 그만큼 소통할 수 있는 멤버를 만나는 것, 그리고 그들과 마음을 함께 맞추는 것은 중요하다. 이때 가장 우선시되어야 할 것은 공동체가 함께 소통을 통해 비전을 공유하는 것이다.

1. 비전 공유를 위한 일곱 가지 소통의 원칙

존 코터는 『기업이 원하는 변화의 리더』에서 비전을 전파하는 일곱 가지 소통의 원칙을 제시한다.

첫째, 쉬운 용어를 사용하라. 비전을 효과적으로 전파하는 데 소요되는 시간과 정력은 전달하고자 하는 내용이 얼마나 명확하고 단순한가에 달려 있다. 초점을 잘 맞추고 전문 용어가 섞이지 않은 정보는 서투르고 복잡하게 작성된 정보보다 훨씬 적은 비용을 들여 쉽게 전달할 수 있다.

솔직하게 의사를 전달하기 어려운 이유는 머릿속의 생각을 명확하게 정리할 줄 알아야 하고 동시에 어느 정도 용기도 있어야 하기 때문이다. 또 간단하다는 것은 남을 속이지 않는다는 것을 의미하기도 한다. 기술적 전문 용어를 쓰는 것은 무엇인가를 방어하기 위한 하나의 책략이다. 비전은 일단 쉬운 용어로 써야 사람들의 마음속에 각인된다.

둘째, 은유법, 유추법 그리고 사례를 이용하라.

"우리 회사는 규모가 아주 크고 아주 복잡하기 때문에 그렇게 민감한 비전을 짧은 시간 안에 모든 사람에게 전달하는 것은 불가능합니다."

사람들은 곧잘 이렇게 말한다. 그런데 이들은 은유법, 유추법 그리고 사례의 힘을 잘 모른다. 이 세 가지를 활용하지 못하더라도, 평범하지만 다채로운 언어만으로도 복잡한 아이디어를 빠르고 효과적으로 전달할 수 있다. 적절한 단어들로 쓰인 메시지는 수백 가지 다른 정보들과 섞여 있어도 기억하기 쉽다. 광고 활동에 유능한 사람들은 이미지에 맞는 어휘를 찾아내는 데 익숙하다. 예수님도 비유로 말씀하셨다는 것을 우리는 기억할 필요가 있다.

셋째, 다양한 방법과 기회를 활용하라. 비전을 효과적으로 전파하기 위해서는 다양한 기회와 방법을 활용해야 한다. 대규모 회의, 메모지, 사내 신문, 포스터, 비공식적인 일대일 면담 등 다양한 방식으로 똑같은 이야기를 여러 번 접할 때, 사람들은 지적으로나 감성적으로 이를 더 잘 이해하고 기억할 수 있다. 결국, 비전을 위한 소통 중에 중요한 것은 사람들이 다양한 상황과 채널 등을 통해 비전을 접할 수 있도록 하는 것이다.

넷째, 반복, 반복 그리고 반복하라. 아무리 잘 짜여진 메시지라도 단 한 번의 발표만으로는 듣는 이의 의식 속에 쉽게 젖어들지 못한다. 사람들의 마음은 너무나 많은 생각으로 가득 차 있고, 주위를 끌기 위해서는 수많은 다른 얘기와 경쟁해야 하기 때문이다. 더구나 한 번의 발표로는 그에 따른 의문 사항들에 대한 답을 주지 못한다.

성공한 경영 혁신을 보면, 어떤 경우든지 직원들이 지적으로나 감성적으로 힘든 문제들을 헤쳐 나갈 수 있도록 힘을 북돋아 주기 위해 수많은 대화의 기회를 갖는다. '비전 전파'라는 과업을 홍보부 혼자만 전담해야 하는 하나의 '프로젝트'로 생각하지 않기 때문이다.

다시 말하면, 수많은 관리자와 감독자 그리고 경영자 모두가 그들이 하는 매일매일의 일을 새로운 비전의 관점에서 보려고 했기 때문이다. 이렇게 될 때, 사람들은 경영 혁신의 방향에 대해 이야기할 좋은 방법들, 즉 특정한 사람이나 그룹에 알맞은 전달 방법을 찾아낼 수 있다. 비전의 반복은 아무리 강조해도 지나치지 않다.

다섯째, 솔선수범이 중요하다. 회사가 나아갈 새로운 방향을 전파시키는 데는 '행동'으로 보여 주는 방법이 있다. 이는 가장 강력한 방법 가운데 하나다. 최고 경영진이 경영 혁신의 비전을 몸소 생활화하면, 직원들은 이를 사내 신문에 실린 수백 가지 이야기보다 더 진지하게 받아들이게 되고, 경영 혁신이나 비전이라는 것이 정말 믿을 만한 것인가, 아니면 일시적인 장난감에 불과한 것인지에 대한 의구심이 모두 사라진다.

예를 들어, 대단히 큰 부대를 맡고 있는 한 장군은 국방 예산이 계속 감축되고 있기 때문에 절약 운동에 더욱 박차를 가하라고 군인들에게 애써 설명했다. 그래서 그는 여행할 때면 늘 하던 대로 국방성 바로 밖에 대기하고 있는 미 육군 블랙호크 헬리콥터를 타고 앤드류 공군 기지까지 가서 거기서 전용기인 미 공군 C-12 제트기를 타던 종전의 방식을 다음과 같이 바꿨다.

국방성 지하로 내려가 워싱턴 국립공항역까지 80센트짜리 지하철을 타고 가고, 공항 청사까지 왕복연결버스를 이용하고, 마지막으로 값싼 일반 여객기를 이용한다. 이런 행동은 순식간에 조직 전체에 알려진다. 이런 행동을 '솔선수범 리더십'이라고 부른다. 이것은 쉽지 않다. 특히, 냉소적인 사람들은 말로 하는 것은 믿지 않고 행동으로 보여 주어야 믿는 경향이 있다. 이 시대는 비전대로 살아가는 리더를 여전히 원한다.

여섯째, 모순처럼 보이는 사실은 분명히 해명하라. 한번은 저자가 폭넓은 경영 혁신을 추진하면서 그 일환으로 원가 절감 운동을 대대적으로 펼치고 있는 은행을 방문한 적이 있다. 직원들은 고통을 느끼고 있었고, 경영진 자신도 제 몫을 제대로 하고 있는지에 아주 예민했다.

그런데 불행하게도 경영진이 제 역할을 못하고 있다는 징후가 여러 곳에서 발견되었다. 생산성 향상 추진반이 원가 절감을 위해 불철주야 애쓰는 동안에도, 회사는 임원 전용 제트기를 여섯 대나 임대하여 사용하고 있었다. 직원 수백 명이 해고되는 동안에도 최고 경영진은 호화로운 숙소에서 생활했다. 비용을 절약하기 위해 어떤 부서는 크리스마스 파티도 취소했는데, 사장은 단 한 차례의 회의를 위해 경영진 모두를 일등석 비행기에 태워 런던으로 날아갔다.

경영진은 그들이 사용하는 전용 제트기, 마호가니로 된 값비싼 사무 집기, 잦은 해외여행 이야기만 나오면 매우 당혹스러워 했는데, 이런 것들이 왜 필요한지 쉽게 납득하도록 설명할 수 없기 때문이다. 그러나 이것들을 당장 없애고 취소하는 것이 능사는 아니다. 이럴 때일수록 문제를 솔직하고 분명하게 설명하면 된다.

책에서 주는 가이드는 다음과 같다.

우리는 지금 전사적으로 벌이는 원가 절감 운동에 비추어 볼 때 누구라도 돈을 낭비하는 것, 특히 호화로운 일에 돈을 쓰는 것은 용납할 수 없다. 이런 뜻에서 우리 임원들이 쓰는 사무실이나 집기들은 정당하지 못하다고 생각한다. 그러나 검토 결과, 당장 본사 건물을 팔고 호화롭지 않은 곳으로 이사하는 것은 비용이 더 많이 든다는 것을 알았다. 그래서 이 과분함을 줄여 나가기 위해 비용 대비 효과를 늘 염두에 두면서 현실적인 방법을 계속 찾아갈 것이다.

가끔 냉소적인 사람들은 이렇게 직선적이고 솔직한 설명도 비웃을지 모른다. 하지만, 회사를 믿으려 하는 직원들에게는 이런 식의 의사 전달이 대개 큰 환영을 받는다. 오만하고 거드름을 피우는 경영 방식은 이제 사라지고 있다. 빠르게 변하는 세계에서는 직원들의 감성과 이성을 함께 끌어들여야 한다.

의사 전달을 제대로 하지 못하는 경영자는 강력한 회사를 만들지 못한다. 경영 혁신을 성공적으로 이끌려면 직원들에게 전달할 메시지에 숨어 있는 중요한 모순점들을 항상 분명하게 해명해야 한다. 특히, 이 지점에서 리더들은 용기를 가져야 한다. 분명한 소통 없이 올바른 비전 공유는 불가능하기 때문이다.

일곱째, 먼저 잘 들은 뒤 잘 듣게 하라. 비전 내용을 회사 내에 전파하기가 힘들다는 이유로, 직원들의 유익한 의견을 무시한 채 그저 일방적인 발표만으로 모든 것을 끝내 버리는 경우가 있다. 그러나 이는 직원들 스스로 자긍심을 느끼지 못하게 만드는 결과를 초래한다. 성공하는 경영 혁신을 보면 이런 일이 거의 일어나지 않는다. 이는 의사 전달이 항상 양방향으로 일어나도록 노력하기 때문이다.

변화 선도팀 자체가 비전을 정확하게 이해하지 못하는 경우도 가끔 있는데, 정보만 제대로 주었더라면 오히려 일반 직원들이 문제를 사전에 막을 수 있는 경우도 있다. 일부러라도 직원들의 의견을 수렴하고자 노력하지 않았기 때문에 잘못된 점을 고칠 기회를 놓친 경우들이라 하겠다.

책에서는 구체적인 한 사례를 든다. 필요하지도 않은 정보 기술에 많은 돈을 쏟아부은 경우다. 컴퓨터를 조금이라도 아는 젊은 영업 사원 몇 사람에게만이라도 이 프로젝트에 관해 미리 설명했더라면, 영업 부서에 설치될 컴퓨터의 소프트웨어와 하드웨어를 구매하기 위한 기본 방침이 크게 잘못되었다는 것을 금방 지적할 수 있었을 것이다.

그렇지만 새 장비가 도착하기 전까지 아무도 이 프로젝트에 대한 설명을 듣지 못했다. 컴퓨터에 대한 지식도 별로 없는 한 중간 관리자가 회사의 비전을 잘못 이해하고 이미 이 프로젝트를 시작해 버린 뒤였다. 이제 와서 수정하려면 상당히 많은 노력과 비용이 들게 되었다.

이 부분에서 저자가 강조하는 바는 양방향 의사소통은 경영 혁신 과정에서 생길 수 있는 모든 의문점을 해결할 수 있는 반드시 필요한 방법이라는 것이다. 특히, 앞의 여섯 가지 방법보다 이 부분이 중요한 이유가 있다. 그것은 교육을 많이 받은 사람일수록 한번 부딪쳐 직접 경험한 것이라야만 쉽게 받아들이는 특징이 있다는 것이다. 여기서 부딪쳐 경험한다는 것은 질문해 보고, 도전해 보고, 토론해 보는 것을 의미한다.

경영 혁신을 처음 시도해 보는 사람일수록 비용 때문에 양방향 의사소통을 기피한다. 그들의 논리는 단순하다. 양방향 의사 전달에 드는 비용은 한 방향 의사 전달에 드는 비용보다 두 배나 된다는 것이다. 그러나 그들이 놓치는 부분은 직원들이 모든 일을 비전의 관점에서 처리할 때 얼마나 큰 힘을 발휘하게 될 것인가 하는 것이다.

또한, 직원이 비전의 안목으로 하루하루를 생활할 때, 비용을 별로 들이지 않고서도 비전을 전달할 수 있는 수십 가지의 대화 방법을 찾아낼 수 있다. 신제품 발표회에서 5분 동안 이야기하는 것, 복도를 걸으면서 2분 동안 대화를 나누는 것, 연설 마지막 부분에서 10분 동안 소개하는 것, 이렇게 몇 분씩을 모으면 쉽게 수천 시간이 될 수 있는 것이다.

저자는 양방향 의사 전달의 나쁜 점으로, 비전이 잘못되었기 때문에 다시 만들어야 한다고 주장하는 직원들이 있을 수 있다는 사실을 든다. 그렇지만 긴 안목에서 꾹 참고 그들의 말대로 비전을 다시 만드는 것이 잘못된 방향이나 다른 사람들이 따르지 않는 방향으로 계속 밀고 나가는 것보다 훨씬 더 좋은 결과를 얻을 수 있다.

즉, 아무리 좋은 비전을 세워도 팀원들과 소통되지 않고 비전을 공유하지 못한다면 그 비전을 결코 이룰 수 없다. 그러므로 시간이 걸리더라도, 때로는 이러한 과정이 불편하고 달갑지 않더라도 충분한 소통의 시간을 가져야 한다. 우리의 조직을 보면 충분한 소통이면 해결될 수 있는 많은 일이 소통의 단절로 더 커지고 갈등으로 발전하는 경우가 많다.

그렇다면 함께 성장하는 팀이 되기 위해서 가져야 할 소통의 원리는 무엇일까?

팀워크를 효과적으로 발전시키고 성공적인 결과를 이끌어 내기 위한 중요한 소통의 원리가 있다. 이제, 팀워크를 위한 중요한 다섯 가지 소통 법칙에 대해서 살펴보자.

2. 팀워크를 위한 소통의 다섯 가지 법칙

1) 열린 소통(Open Communication)

팀원들 간에 솔직하고 열린 소통이 이루어져야 한다. 의견 충돌, 건설적 비판, 아이디어 공유 등 모든 측면에서 소통이 자유로워야 한다. 열린 소통은 상호 간의 신뢰와 이해를 증진시키고 문제를 빠르게 파악하며 해결하는 데 도움이 된다.

대니얼 코일은 『최고의 팀은 무엇이 다른가』에서 성과를 내는 조직은 소통 가운데 안전이라는 중요한 요인이 있다고 말한다. 그가 성과를 내는 조직들을 방문했을 때 그들만의 소통 방식을 명확하게 감지할 수 있었다고 한다. 그 특징은 다음과 같다.

- 물리적 공간이 가깝다(소그룹의 형태로 나타나기도 함).
- 자주 시선을 마주친다.
- 스킨십이 일상적으로 일어난다(악수하거나 주먹을 맞대거나 포옹하기).
- 짧은 시간 내에 활발한 대화를 나눈다(긴 연설이 없음).
- 모두가 모두와 대화하며 깊이 어울린다.
- 다른 사람의 말을 끊지 않는다

- 많은 양의 질문이 오간다.
- 다른 사람의 말을 집중해서 경청한다.
- 유머코드를 잘 활용하여 회의 중에도 화기애애하다.
- 소소하지만 배려 넘치는 행동을 보인다(감사 인사, 문 열어 주기 등).

이러한 끈끈한 집단 소통을 이른바 '케미'(chemistry)라고 한다. 좋은 케미를 지닌 집단을 만나면 누구나 바로 느낄 수 있을 것이다. 기묘하고도 강력하고, 흥분되면서도 평안한 기분이 어우러져 다른 집단과 차별화되는 특별함이 신비롭게 반짝인다.

저자는 계속해서 매사추세츠주 케임브리지에 있는 집단 케미를 연구하는 연구소의 펜틀랜드 교수의 말을 인용하며 '소속 신호'에 대해서 이야기한다. 소속 신호는 집단 내의 안전한 교류를 형성하는 일련의 행동을 의미한다.

> 아주 오랫동안 사람들은 서로에게 워낙 많은 것을 의지해 왔기에 서로 간의 결속력을 높일 방법이 필요했다. 그래서 언어를 사용하는 것뿐만 아니라 신호를 사용했고, 일정한 행동 신호에 맞춰 무의식적으로 소속감을 느끼는 일이 체계화되어 있다. 소속 신호는 한 문장으로 이렇게 표현된다.
> 당신은 이곳에서 안전하다.

소속 신호는 늘 경계 태세에 있는 두뇌에 '위협을 느끼지 않아도 된다'는 메시지를 전하고, 두뇌는 이에 반응해 교류 모드로 전환한다. '심리적 안전'이라고 불리는 상태로 접어드는 것이다.

펜틀랜드는 팀의 성과가 다섯 가지 측정 가능한 변수에 따라 좌우된다는 사실을 보여 준다.

첫째, 구성원들이 비슷한 비중으로 발언과 청취를 분담한다.
둘째, 자주 시선을 맞추며 대화와 제스처에 활력이 넘친다.

셋째, 의사소통을 리더와의 대화로 한정하지 않고 서로 직접 소통한다.

넷째, 팀 안에서 별도의 대화 채널을 확보한다.

다섯째, 주기적으로 휴식을 취한다. 팀 외부로 나가 활동하며 팀으로 복귀해 습득한 정보를 나눈다.

팬틀랜드는 이렇게 말한다.

집단 지성(collective intelligence)은 숲속의 원숭이들과 상당 부분 비슷하다.

열정적인 원숭이 한 마리가 다른 원숭이를 불러 모으는 신호를 보낸다. 이내 그들은 뛰어와 뭔가를 같이하기 시작한다. 사람들은 단순히 다른 사람의 말을 듣는 것만으로 행동의 변화를 만들기 어렵다. 그러나 동료들이 아이디어를 제안하면 우리의 행동은 변한다. 이것이 집단 지성이 형성되는 과정이고 문화가 창조되는 순간이다.

저자는 소속 신호가 왜 중요한지에 대한 예를 들어서 2,000년대 초반 소프트웨어 엔진 개발 경쟁에서 구글이 10억 달러 규모의 주식 상장까지 성공시킨 압도적인 우승 후보였던 오버추어를 꺾고 승리한 사례를 제시한다. 당시 구글은 소규모 벤처기업이었다.

다윗과 골리앗 싸움 같은 현장에서 승리한 비결은 무엇일까?

창립자가 직원들과 소통하기 위해 회사 주방에 메모를 남기고 매주 금요일마다 모든 직원이 공개 포럼에 참석해 지위와 상관없이 함께 토론한 것이 그 원동력이었다. 한마디로 구글은 소속 신호가 강한 대표적인 사례다. 그들은 어깨를 맞대고 일했고, 안전하게 연결된 상태로 프로젝트에 몰두했다.

반면, 오버추어는 자금력도 풍부했고 여러 가지로 유리했지만 경직된 의사소통과 관료주의 시스템에 발목을 잡혔다. 하나의 사안을 결정할 때 수많은 회의와 토론을 거쳐야 했고, 여러 위원회의 승인을 받아야 했다. 결국, 오버추어의 소속 신호는 상대적으로 약할 수밖에 없었다. 결론적으로, 구글이 더 영리해서 승리한 것이 아니었다. 그들이 승리한 이유는 더 안전했기 때문이다.

소속감은 우리의 뇌가 안전하다는 상황을 논리적으로 인식하게 만든다. 그런데 놀라운 것은 뇌의 핵심 구조인 편도체(amygdala)는 끊임없이 주변 환경을 살피고 위협이 감지되면 경계 상태를 발동하기도 한다. 반대로, 사회적 유대를 형성하는 데 핵심 역할을 하기도 한다. 즉, 편도체가 경계를 늦추고 한 개인이 집단에 소속된다는 것을 느끼는 순간 각별한 의미가 생기게 되고 전체적인 동력이 변화되며 강력한 변화를 만들어 내게 된다.

> 여러분이 몸담은 교회와 기업, 단체는 안전한 조직인가?
> 아니면 소속 신호가 약해 구성원들의 재능을 발휘하지 못하게 만드는 공동체인가?
> 그것을 어떻게 변화시킬 수 있는가?

조직에서 회의할 때 보면 이것은 명확하게 확인할 수 있다. 닫힌 조직일수록 높은 지위에 있는 소수만이 소통을 이끌어 간다.

당신의 조직은 과연 어떠한가?

2. 명확한 의사소통

의사소통은 명확하고 간결해야 한다. 혼란스러운 메시지나 모호한 언어로 인해 오해가 생길 수 있으며, 이로 인해 팀의 성과가 저하될 수 있기 때문이다. 명확한 의사소통(Clear Communication)은 목표를 달성하고 업무를 원활하게 수행하는 데 도움이 된다. 조금 더 효과적인 소통을 위해 회의 내용을 가시적으로 모두 볼 수 있도록 기록하고 실시간으로 함께 검토하며 확인하는 것도 좋은 방법이다.

러닝 퍼실리테이션 『가르치지 말고 배우게 하라』의 저자 정강욱은 조직 가운데 예술적으로 학습을 촉진하는 교육 활동 설계를 설명하면서 이렇게 말한다.

> 암묵지를 형식지로 만들자(Knowhow sharing).

암묵지와 형식지란 용어를 만든 헝가리 출신의 철학자 마이클 폴라니(Michael Polanyi)는 이렇게 이야기했다.

> 우리는 말할 수 있는 것 이상을 알고 있다.

암묵지는 말로 표현하기 어려운 비형식적인 지식이고 개인적인 경험과 노하우, 직관 등을 포함한다. 이런 암묵적인 지식은 자연스럽게 사람들 사이에서 전달되고 활용되는 경우가 많다.

예를 들면, 자전거 타기, 요리 레시피, 의사소통, 운전 기술 같은 것들이다. 상황에 따라 어떤 말이나 표현을 사용해야 하는지, 눈짓이나 제스처로 어떤 뜻을 전달할 수 있는지 등은 암묵적인 지식의 한 예다. 사람들은 상대방의 반응을 살피면서 의사소통을 조율하고 이러한 능력은 평소의 경험과 상호 작용을 통해 자연스럽게 습득된다.

암묵적인 지식인 암묵지를 명시적으로 기록하고 공유하는 것, 즉 형식지로 변환하는 것은 협업에 큰 도움이 된다. 이런 변환은 팀원들 사이의 상호 이해와 협력을 증진하고 협업을 효율적이며 효과적으로 만들어 준다. 예를 들어, 전문적인 지식이나 노하우를 암묵지에서 형식지로 변환하면, 모든 팀원이 이에 쉽게 접근하고 배울 수 있다. 이는 팀 전체의 능력을 향상시키고 문제 해결과 업무 수행에 자신감을 갖게 해 준다.

또한, 형식지로 지식을 기록하면 팀 내에서 지속적으로 유지될 수 있어서, 팀원들의 이탈이나 조직 구조 변경에도 지식의 손실을 최소화할 수 있다. 더 나아가 업무 수행에 있어서 지식을 다시 찾거나 팀원들 간에 지식 전달에 드는 시간이 줄어들어 업무 효율성이 향상될 뿐만 아니라 조직에 새로 합류하는 인원이 기존 팀원들의 암묵적인 지식을 쉽게 이해하고 습득할 수 있도록 해 주어, 조직의 유기적인 통합을 도와준다.

그뿐만 아니라 암묵적인 지식은 말로 설명하기 어려우므로 의사소통에 어려움을 초래할 수 있다. 그러나 형식지로 지식을 명시화하면 팀원들 사이의 의사소통이 원활해지고 혼란과 오해를 방지할 수 있다. 이처럼 암묵지를 형식지로 변환하면 팀의 협업 능력과 업무 효율성이 향상되며, 지식 관리와 전달에서도 더욱 효과적인 결과를 얻을 수 있다.

특히, 한국 사회에서는 구두로 서로 상의만 하고 계약서를 작성하지 않아 훗날 큰 분쟁이 일어나는 경우가 적지 않다. 협업을 위해 문서로 만드는 습관이 필요하다. 기분이 좋을 때는 굳이 문서로 하지 않아도 될 것 같지만, 인간관계는 한 치 앞을 내다보기 어려우므로 늘 문서로 만들어 두어야 후에 협업에도 문제가 생기지 않는다. 오히려 이런 작업을 통해 관계도 지키게 되는 것이다.

한국 교회와 기업 안에서 말이 잘 지켜지는 문화가 만들어지면 좋겠다. 그러나 그것은 요행일 뿐이다. 이제라도 중요한 약속은 문서로 만드는 문화를 만들면 서로 간의 협업 분위기가 더욱 정착될 수 있다.

헨리 블랙커비는 『영적 리더십』에서 하워드 가드너를 인용한다. 가드너가 대다수 리더가 "언어적 지능을 갖고 있다"라고 말했다는 것이다.

그러나 블랙커비는 모든 리더가 탁월한 의사소통 기술을 가진 것은 아니라고 한다.

해리 트루먼이 정치 연설을 시작했을 때, 트루먼의 전기 작가는 "그의 초기 연설에 관해서 간결성 외에는 달리 말할 것이 없다"라고 말했다. 청교도 목회자이자 위대한 미국의 사상가 조나단 에드워즈는 설교할 때 촛불 아래 두꺼운 안경을 끼고 긴 설교 원고를 단조로운 어조로 읽었다. 그러나 〈진노하신 하나님의 손안에 놓인 죄인들〉이라는 그의 설교는 듣는 자들의 심령을 뒤흔들며 일차 대각성 운동의 도화선이 되었다.

반면, 윈스턴 처칠은 "언어를 동원하여 전쟁터에 내보냈다"라는 평을 받을 만큼 탁월한 연사였다. 처칠은 어휘 선택 능력이 탁월했다.

> 난 피와 수고와 눈물과 땀밖에 내놓을 것이 없다.

그의 이 명문은 온 나라를 뭉치게 만들었다. 그러나 처칠은 어려서 언어 장애를 겪었다. 그는 엄청난 노력으로 기량을 닦은 후에야 훌륭한 의사소통자가 될 수 있었다. 젊었을 때 처칠은 셰익스피어와 킹제임스 성경을 비롯한 영어 고전에 심취했다.

블랙커비는 사람들 마음에 열정의 불을 붙이며 그들 마음속에 깊이 자리 잡는 단어와 표현은 따로 있다고 한다.

전 미국 대통령 케네디는 취임 연설에서 이렇게 말했다.

> 국가가 당신을 위해 무엇을 해 줄지 묻기 전에 ….

또한, 마틴 루터 킹 주니어는 이렇게 말했다.

> 나에게는 꿈이 있다.

케네디와 마틴 루터 킹 주니어의 연설은 청중에게 강력한 영향을 미쳤고 지금도 여전히 연설에 자주 인용되고 있다. 블랙커비는 처칠이나 마틴 루터 킹의 언변이 없어도 훌륭한 의사소통자가 될 수 있다고 이야기한다. 왜냐하면, 소통의 열쇠는 다변이 아니라 명확성이기 때문이다. 그래서 리더는 언어와 의사소통 기술을 배우고 어휘를 넓히려 노력해야 한다. 그래야 다른 사람들에게 중요한 내용을 전달할 때 정확한 단어를 사용할 수 있다.

교회이든 기업이든 명확한 언어를 통한 의사소통이 필요하다. 함께 대화해도 이해하는 부분이 다르므로 오해가 생기는 경우가 많다. 명확한 언어와 정확한 메시지로 팀을 하나로 묶기 위해 리더는 적절한 언어를 선정해 의사소통하도록 노력해야 한다.

3. 비언어적 신호의 이해

비언어적 신호(Understanding Nonverbal Cues)는 언어로 표현되지 않는 태도, 표정, 자세, 음성 톤 등으로 이해되며, 팀원들 간의 상호 작용에서 중요한 역할을 한다. 팀원들은 상대방의 비언어적 신호를 이해하고 적절히 대응함으로써 소통의 효과를 극대화할 수 있다.

1) 태도와 표정

말이 아닌 행동이 전달하는 정보는 종종 미묘하지만 강력하다. 예를 들어, 회의 중에 팀원이 미소를 짓거나 눈썹을 찌푸리는 행동은 그 사람의 태도를 나타낼 수 있다. 이런 비언어적 신호에 주목하고 이에 관해 개방적인 대화를 끌어내면, 팀 내의 의사소통이 더욱 원활해질 것이다.

2) 자세와 음성 톤

자세와 어조는 말 그대로의 내용 외에도 많은 정보를 전달한다. 자세를 펴고 목소리를 높여 발언하면 자신감과 확신을 보여 줄 수 있다. 반면, 몸을 앞으로 기울이고 목소리를 낮추면 불안하거나 주장력이 부족하다는 신호일 수 있다. 다음과 같은 태도로 상대방의 말에 집중해 보자.

너의 의견을 더 듣고 싶어. 좀 더 자세히 말해 줄 수 있을까?

이런 생각으로 상대방의 자세와 음성 톤을 존중하며 이해하는 태도를 보여 주면, 팀원 간의 소통이 보다 효과적으로 이루어질 수 있다.
또한, 경청도 비언어적 신호를 이해하는 한 부분이라고 할 수 있다. 헨리 킴지하우스, 카렌 킴지하우스, 필립 샌달, 로라 휘트워스가 쓴 『코액티브 코칭』은 경청의 세 단계를 소개한다.

- **1단계 경청: 자기 중심적 경청**
주의(Attention)는 우리 자신에게 있다. 다른 사람의 말을 듣지만, 그 말이 나에게 어떤 의미가 있는가에 주의를 기울인다. 이 경청도 분명히 자기 자신과 주변에서 어떤 일이 일어났는지를 알기 위해서는 의미가 있지만, 상대방과의 대화에서는 지양해야 한다.
팀워크를 위한 대화를 할 때 계속해서 1단계에서 자신의 판단과 의견에 귀 기울여 자기가 생각하는 해결책에 머물러 있을 것이 아니라 2단계, 3단계 경청으로 나아가야 한다.

- **2단계 경청: 상대방 중심의 경청**
상대방에게 주의 깊게 집중(Focused listening)하는 것이다. 이는 자세에서도 드러난다. 서로를 향해 몸을 기울이고, 주의 깊게 바라보는 자세를 통해 그 여부를 알게 된다. 즉, 대화 상대에게 온 집중을 하고 그 이외의 외부 세계에는 별로 주의하지 않는 것이다.

상대의 말과 표정, 감정 그리고 상대가 제공하는 모든 것을 듣는다. 상대가 무엇을 말하고, 그것을 어떻게 말하는지를 알아차린다. 심지어 상대가 말하지 않는 것도 알아차린다. 상대가 웃는 모습을 보고, 상대의 음성 안에 있는 눈물도 듣는다. 상대가 가치 있게 생각하는 것을 듣는다. 상대가 세상을 바라보는 그만의 독특한 비전도 듣는다.

2단계 경청은 상대 사이에 공감, 명확성, 협업이 일어나는 단계다.

- **3단계 경청: 총체적 경청**

이때 듣는 사람은 마치 상대와 함께 우주의 중심에서 모든 곳에서 발생하는 정보를 받아들이는 것처럼 경청(Global listening)한다. 듣는 사람과 상대 그리고 정보를 둘러싼 환경 전체가 어떤 힘의 영역 안에 있는 것 같다.

이 단계는 한 개인이 감각으로 관찰할 수 있는 모든 것, 즉 감정적인 것뿐만 아니라 촉각적으로 보는 것, 듣는 것, 냄새 맡는 것, 느껴지는 것을 포함한다. 또한, 활동과 무활동(inaction)은 물론 상호 작용에 관한 것을 포함하는 단계다. 이것을 또 다른 말로는 '환경적 경청'(Environmental listening)이라고도 한다. 말 그대로 온도, 에너지 수준, 밝기와 어두움을 지각한다.

3단계의 경청을 위해서는 마음을 열고, 부드럽게 집중하며, 갑작스러운 자극에 민감하게 반응하고, 당신 자신의 세상, 당신을 둘러싼 세계와 고객을 둘러싸고 있는 세계 속에서 모든 감각을 통해 들어오는 정보를 받아들이는 능력이 필요하다. 이런 환경의 소리가 때로는 크게 외치기도 하고, 속삭이기도 한다.

지금 당신의 경청은 주로 몇 단계에 머물러 있는가?

총체적 경청까지 나아가도록 부단한 노력이 필요하다. 대한민국 1호 기록학자인 김익한 교수가 쓴 『거인의 노트』에 따르면 경청에 관한 자세한 설명이 나와 있다. 그는 경청이 중요하다는 사실을 누구나 알고 있지만, 정확히 아는 사람은 드물다고 하면서, 듣는 것만으로 끝나는 것은 제대로 된 경청이 아니라고 한다.

듣는 것을 넘어 상대방의 말을 신중하게 받아들이고 이해하며 소화해야 이후에 공감이나 의견을 더할 수 있다고 한다. 듣는 데 그치지 않고 상대의 말을 이해한 후 내 말을 얹고, 거기에 다시 상대가 말을 얹는 과정이 필요하다는 것이다. 이러한 대화의 주고받음이 이어진 결과로 새로운 세계가 열리는 감각 그리고 이것을 기록하고 축적해 나가는 경험은 책에서 얻는 것과는 또 다른 큰 지혜와 지식을 얻게 한다고 이야기한다.

『성과를 내는 팀장의 완벽한 리더십』은 경청과 공감의 다섯 가지 원칙을 다음과 같이 설명하고 있다.

• 1단계: 귀담아 듣기
입을 다물고 일단 상대방의 말을 무조건 듣는 것이다. 이때 모든 감각 기관을 총동원하여 온몸으로 듣는 것이 중요하다.

• 2단계: 도중에 차단하지 않기
듣는 도중에 자신의 이야기를 하고 싶은 욕구를 참는 것이다. 듣다가 상대방이 오해하고 있는 것 같아 중간에 말을 해야 한다면 먼저 이렇게 양해를 구해야 한다.
"말 끊어서 미안한데, 뭔가 오해가 있는 것 같아서요. 제가 말을 좀 해도 될까요?"
생각이 다르다고 말을 끊는 것과 부탁하는 것은 엄청난 차이가 있다.

• 3단계: 판단하지 않기
대화할 때 우리는 종종 선입관을 가지고 있으며 상대에 대해 각자 나름의 프레임을 가지고 있다. 그러나 새로운 주제로 말할 때는 마치 처음 만난 사람처럼 생각하고 대화해야 한다. 프레임을 버리고 대화 주제에 집중해야 솔직하게 대화를 나눌 수 있다.

- **4단계**: 반응 보이면서 듣기

상대방의 눈과 얼굴 표정, 제스처 등 비언어적 커뮤니케이션을 하면서 적극적으로 리액션을 해 주며 듣는다. 상대방과 눈을 마주치며 라포를 형성하면, 상대방은 자신의 생각을 좀 더 솔직하게 드러내게 된다.

- **5단계**: 편안한 분위기에서 대답해 주기

상대방의 말을 들으며 편안한 분위기 속에서 들은 내용을 정리해 주면 좋다. 이렇게 한번 물어보라.

"지금 이 대리가 말하고 싶은 것은 일이 너무 많아서 번아웃 상태라는 것이고, 그래서 다른 팀원이랑 일을 나눠서 했으면 좋겠다는 것이죠?"

이런 질문을 통해 상대방의 원래 의도를 확인할 수 있다. 즉, 공감에도 원칙이 있다는 것을 알 필요가 있다.

이러한 내용을 참고해 만든 아래의 경청 여섯 단계를 따르면 상대방과의 소통을 개선하고, 보다 효과적인 대화를 이룰 수 있다. 상대방을 존중하고 이해하는 태도는 상호 간의 신뢰와 협력을 증진시키며, 긍정적인 커뮤니케이션 환경을 조성한다.

① **적극적인 듣기**(Active Listening)

효과적인 팀워크를 위해서는 적극적인 듣기가 필수적이다. 팀원들의 의견이나 제안을 경청하고 이해하는 데 집중하는 것이 중요하다. 집중해서 듣기 위해 다른 말을 멈춰야 할 때는, 상대방의 말 중 이해한 부분을 기억하며 듣는 것이 필요하다. 적극적인 듣기는 갈등을 예방하고 다양한 아이디어를 수용하며 각 팀원의 참여를 촉진한다.

② **주의 기울이기**(Pay Attention)

상대방과의 대화 중에는 주의를 기울여야 한다. 전화나 메시지, 다른 사람들로부터의 방해를 최소화하고, 상대방에게 집중하는 것이 중요하다. 시선을 마주 보며 몸을 돌리거나 다른 방향으로 눈을 돌리지 않도록 노력해야 한다.

③ **확인하기**(Confirm Understanding)

상대방이 말한 내용을 올바르게 이해했는지 확인하는 것이 중요하다. 이를 위해 간단한 요약을 하거나 이런 질문을 하는 것이 좋다.

"말씀하신 내용이 제가 이해한 대로 맞습니까?"

이런 질문을 통해 상대방의 의사를 파악해야 한다. 이때 중요한 것은 상대방의 말을 자신의 표현으로 자연스럽게 정리하되, 그 의미를 '왜곡'하거나 '평가'하지 않아야 한다는 점이다.

④ **격려하기**(Provide Encouragement)

적극적인 듣기는 상대방이 자유롭게 의견을 표현하고 이야기를 나누도록 격려하는 것도 포함한다. 감정 표현에 공감하거나 긍정적인 반응을 보이며 상대방의 동기 부여를 높이고, 소통을 원활하게 유지할 수 있다.

⑤ **비판하지 않기**(Avoid Criticizing)

경청하는 과정에서는 상대방을 비판하지 않도록 주의해야 한다. 비난하거나 평가하지 말고 상대방의 의견을 존중하고 받아들이는 자세가 필요하다. 서로 다른 의견을 존중하고 받아들이는 태도가 갈등을 예방하고 건설적인 대화를 이끌어 낸다.

⑥ **객관적으로 대응하기** (Respond Objectively)

상대방의 의사를 이해하고 받아들였다면, 객관적인 대답과 피드백을 제공하는 것이 중요하다. 감정에 휩쓸리거나 감정적으로 반응하기보다 문제 해결을 위해 객관적인 관점으로 대응하고 의견을 나누는 것이 중요하다. 공감과 경청에 대한 자세한 부분들을 숙지하고 몸소 실천해 보면 분명히 당신의 조직에서의 소통이 전보다 훨씬 나아졌음을 알 수 있게 될 것이다.

4. 피드백 제공과 수용

팀워크에서는 상호적인 피드백이 필요하다. 팀원은 서로에게 건설적인 피드백을 주고받을 수 있어야 한다. 피드백은 성장과 개선을 돕는 중요한 도구이며 팀원들은 비판적인 자세보다는 개선적인 방향으로 피드백을 수용하는 태도를 보여야 한다(Giving and Receiving Feedback). 이러한 소통 원리를 팀 내에서 적용하면 갈등을 최소화하고 협업을 강화하여 팀워크의 효율성을 높일 수 있다. 효과적인 소통은 팀의 성과와 만족도에 긍정적인 영향을 미치는 중요한 요소다.

앤디 스탠리의 『넥스트』(next)에서는 미래를 만드는 리더들의 핵심 자질이 나와 있다. 그는 한 챕터를 할애해 "리더는 경청해야 한다"라고 조언하면서, "위대한 리더는 기꺼이 배우는 사람"이라고 한다. 그는 역사상 가장 지혜로웠던 솔로몬이 누구보다도 현명한 조언을 구하는 시를 많이 썼다는 사실에 항상 감동받는다고 한다. 스탠리의 말에 따르면 조언이 가장 필요하지 않을 것 같은 솔로몬이 가장 많이 조언을 구한 이유는 그가 세상에서 가장 지혜로운 사람이었기 때문이다.

지혜란 곧 조언을 구하는 것이다. 지혜로운 사람은 자신의 한계를 안다. 한계가 전혀 없다고 믿는 사람은 바보이거나 순진하므로 다른 사람들의 조언 없이도 올바른 판단을 내릴 수 있다고 믿고 행동하는 것이다.

경영학계의 노벨상이라 불리는 싱커스50 '최고의 학자상'을 수상했고, 하버드 MBA 선정 최고의 강사로 뽑힌 에이미 에드먼슨은 『두려움 없는 조직』에서 "조직에서 피드백하지 않고 침묵하는 것은 모두에게 도움이 되지 않는다"라고 설명한다. 팀 전체로 보면 놓쳐서는 안 될 부분을 놓친 셈이고, 문제 제기를 포기한 당사자에게는 괜한 후회만 남는다는 것이다.

그러나 심리적으로 안정적인 의견을 낼 수 없는 조직에서는 침묵을 지키는 것이 안전하다고 생각한다. 이런 암묵적인 분위기가 바뀌지 않으면 직원들의 참신한 생각과 의견은 계속 사장될 것이고 결국엔 모두가 변화를 만들면서 느끼는 만족감을 경험하지 못한 채 그저 정시에 출근해 주어진 일만 하는 수동적 직원이 될 것이라고 말한다. 그는 침묵을 선택할 수밖에 없는 이유를 연구 결과로 제시한다.

첫째, 문제 제기, 즉 피드백은 아주 크고 중요한 결과를 만들어 낼 수도, 그렇지 못할 수도 있다.
둘째, 문제를 제기해서 혜택을 얻기까지는 시간이 걸린다. 심지어 아무런 혜택을 얻지 못할 수도 있다.
셋째, 피드백을 할 때는 안전에 대한 인간의 기본적인 욕구가 작용한다. 조직 구성원 누구도 자발적으로 인간관계의 위험을 떠안으려 하지 않는다는 것이다.
넷째, 피드백은 자칫 상대에게 모욕감과 두려움을 줄 수도 있다. 지금의 시스템을 실질적으로 개발한 주체가 상사 본인이라면, 문제 제기를 하는 것은 곧 상사의 결과물이 틀렸다고 지적한 셈이 되기 때문에 침묵을 지키는 편이 안전하다고 생각한다는 것이다.

수잔 애쉬포드의 『유연함의 힘』에는 디지털 혁신을 선도하는 다국적 IT 기업 델 테크놀로지스의 창업자이자 CEO인 마이클 델이 고객과 직원에게 정기적으로 피드백을 구한다는 이야기가 소개되고 있다. 이런 관행은 이제 그의 전매특허가 되었다. 그의 회사는 6개월마다 전 직원을 대상으로 일종의 상향 평가를 한다. 상사에게 피드백하는 설문 조사로, 이름은 "델에게 말하세요"다.

기업의 CEO, 교회의 담임목사, 비영리 단체의 이사장이 델과 동일한 피드백 요청법을 사용하면 조직 문화에도 낙수 효과가 생긴다고 수잔 애쉬포드는 말한다. 다시 말해, 조직의 최고 권위자가 피드백을 구하고 이 행동이 더 나아가 중간 관리자 계층에 영향을 미치기 시작하면 조직 전체에 심리적 안정감이 스며들기 시작한다는 것이다.

이처럼 피드백을 주고받으면 관계가 망가질 수 있다는 불안에서 해방될 뿐만 아니라, 그 행위에 보상이 따를 것이라는 암묵적인 믿음과 공감대가 형성된다. 결국, 이는 지위고하를 막론하고 모든 구성원이 더욱 적극적으로 피드백을 구하도록 만든다.

메타인지 부분에서 이미 다루었지만, 피드백을 통해 리더와 조직의 현 상황을 이해할 수 있을 뿐만 아니라, 더 나은 개선과 발전을 꾀할 수 있으므로 조직의 팀워크를 발전시키는 데 매우 중요한 요소다.

5. 존중과 이해

존중과 이해(Respect and Understanding)는 상대방의 의견과 감정을 존중하고 이해하려는 태도가 필요한 소통 원리다. 이 두 가치는 소통과 협력을 높이고 업무에서 발생하는 갈등을 조화롭게 해결하는 데 중요한 역할을 한다. 존중은 팀 내에서 다양한 배경과 역할을 가진 구성원들 간에 조화롭게 협력하기 위한 필수적인 기반을 형성한다.

최근에 진행한 프로젝트에서 디자이너와 개발자 간의 의견 충돌이 있었다. 디자이너는 사용자 경험을 강조하며 감각적인 디자인을 원했지만, 개발자는 기술적인 제약 사항을 고려하여 효율적인 기능 구현을 원했다. 이런 상황에서 이렇게 말하면 좋다.

디자인에 대한 너의 열정을 알고 있고, 그 부분에 대한 존경을 표하고 싶어. 그렇지만, 기술적인 측면에서 몇 가지 제약 사항이 있어서, 어떻게 함께 이를 극복하며 프로젝트를 완성해 나갈지 함께 고민하면 어떨까?

이런 식의 말투로 표현하면, 팀 내에서 각자의 강점을 존중하고 협력적인 분위기를 조성할 수 있다. 이해는 다른 팀원들의 입장을 존중하고 고려하는 것을 포함한다. 특히, 의견 충돌이 예상되는 상황에서는 이해의 노력이 더 중요하다. 예를 들어, 프로젝트 중에 팀원 간의 의견이 충돌하게 된 상황에서 이렇게 말할 수 있다.

너의 창의적인 디자인에 대한 열정을 알고 있어.
그러나 우리는 제한된 시간과 예산 안에서 어떻게 더 효율적으로 기능을 구현할 수 있을지 함께 고민해 보자.

이런 식으로 이해와 협력 의지를 표현하면, 상호 간의 신뢰를 증진하며 공동의 목표에 효율적으로 다가갈 수 있다.

이 부분을 가장 잘 보여 주신 분이 바로 예수님이시다. 예수님은 사마리아의 수가라는 성에서 한 여인을 만나고자 일부러 그 길로 가셨다. 당시 유대인은 사마리아인을 짐승 취급했기 때문에 그 길을 피해 돌아가곤 했다. 그렇지만, 예수님은 그녀를 만나기 위해 한낮에 우물가로 가셨다. 그녀는 남자 관계가 복잡했던 여인이었기에 사람들의 눈을 피해 가장 뜨겁고 사람들이 거의 다니지 않는 한낮에 우물을 길러 온 것이었다. 그러나 예수님은 그녀에게 다가가 물을 달라고 하셨다. 그리고 그녀가 하는 이야기에 귀 기울여 주시고 그녀의 질문에 하나하나 응답해 주셨다. 그녀는 그 대화 가운데 예수님의 존중과 이해를 경험하고 사마리아성에 예수님을 증거하는 전도자가 되었다.

또한, 예수님은 사람들에게 존중받지 못했던 당시의 죄인과 세무 공무원들의 친구가 되어 주셨다. 우리의 교회나 회사에 있는 한 사람 한 사람과 대화할 때, 여러분은 어떤 자세로 임하고 있는지 생각해 보라. 사람들은 대화 중에 내가 존중과 이해를 받고 있는지 가장 잘 알아챈다.

우리가 예수님은 아니지만, 우리도 예수님처럼 소통 가운데 상대를 이해하고 존중한다면 우리 역시 함께 소통하는 팀원들과 진정한 친구가 될 수 있지 않을까?

존중과 이해는 효과적인 소통과 협력을 위한 두 가지 핵심 원칙이다. 이를 통해 팀은 갈등을 효과적으로 해결하고 공동의 목표를 향해 나아갈 수 있다. 이 가치들은 일상적인 업무 상황에서 협력과 효율성을 촉진하며, 조직 전반에 긍정적인 영향을 미치는 핵심적인 도구로 작용한다.

이번 장에서는 세븐 미라클의 시스템으로 핵심 가치를 발견하고 자신들을 파악한 후, 구체적인 목표를 세우고 일의 분배를 마친 후, 팀워크를 이루기 위해 어떻게 소통해야 하는지에 대해 살펴보았다. 이렇게 비전을 따라 소통해 나가는 과정 가운데에도 모든 조직에는 불청객이 찾아온다. 바로 팀의 위기다.

이러한 문제 상황에서 우리는 어떤 팀워크로 헤쳐 나가야 할까?

세븐 미라클 클리닉 #4

- 당신의 조직에서 소통이 원활하지 않아 생긴 문제점이 있다면 그것은 무엇인가?

- 비전을 공유하기 위한 일곱 가지 소통의 원칙 중에 당신의 공동체에서 잘 실행되지 않는 부분은 어떤 것이 있는가?

- 당신의 공동체에서 열린 소통이 일어나기 위해서는 어떤 노력을 기울여야 하는가, 당신의 공동체는 소통하기에 안전한 곳인가?

- 당신의 조직에서 명확한 의사소통을 위해서 정리해야 할 용어나 메시지는 무엇인가?

- 비언어적 신호를 이해하며 서로의 의견을 경청하기 위해서 가져야 할 좋은 습관은 어떤 것이 있을까?

- 어떻게 하면 당신의 조직 내에서 침묵이 안정적이라는 생각을 깨고 활발하게 피드백을 하는 문화를 만들 수 있는가?

- 당신의 공동체에서 서로의 의견과 감정을 이해와 존중의 문화를 만들기 위해 당신이 할 수 있는 일은 무엇인가?

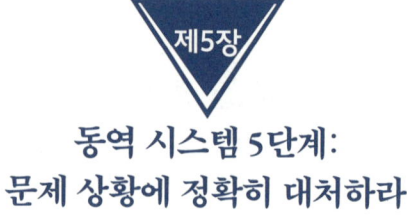

동역 시스템 5단계:
문제 상황에 정확히 대처하라

5단계에서는 문제가 발생했을 때 효과적인 문제 해결 능력을 기르고, 긍정적인 태도를 유지하여 적극적으로 대처한다. 문제를 발견하고 개선하는 문화를 구축한다.

1. 문제 상황에 취약한 팀

모든 팀에게는 위기가 온다. 그 문제 상황에 어떻게 대처하느냐에 따라 위대한 팀과 그렇지 못한 팀으로 나뉘게 된다.

일론 머스크는 한 강연에서 팀원을 어떤 기준으로 뽑느냐는 질문을 받았다. 그는 면접 때마다 그 사람이 살아온 삶의 과정에서 어떤 결정을 했고 그렇게 한 이유가 무엇인지 묻는다고 했다. 또한, 직접 겪은 문제가 무엇이었고 어떻게 해결했는지도 묻는다. 그러면서 문제 해결 과정을 정확하게 설명한 사람, 즉 문제 해결 능력이 있는 인재를 뽑는 것이다.

문제를 해결하는 것은 팀이 존재하는 매우 근원적인 이유 중 하나다. 미국의 기업 에퀴팩스의 대규모 데이터 유출 사건은 기업 간 협업에서의 문제 해결 능력의 준비 부족이 어떠한 결과를 초래하는지를 명확하게 보여 준다. 이 사건의 경우, 먼저 정보 보안에 대한 부족함이 데이터 유출을 초래했다는 점이 드러났다.

팀 내에서 미리 문제 상황이 될 수 있는 보안 부분에 대한 공감대와 역할 분담이 부족했기 때문에 외부 침입을 막고 내부에서의 유출을 방지하기 위한 철저한 대책이 마련되지 못했다. 만약 팀원 간의 강화된 문제 상황 대처 안내서가 있었다면 보안 문제에 대한 신속한 대응이 가능했을 것이다.

또한, 이 사건을 자세히 들여다보면 팀 간의 책임과 역할을 명확히 이해하지 못한 채 문제 발생 시 대처가 미흡했다는 점도 알 수 있다. 문제 상황에 대한 대처 결여로 인해 양측 간의 책임 분담이 불분명하게 되면서 신속하고 투명한 의사소통이 어려워진 것이다. 팀 간의 원활한 소통과 책임 공유를 위해서는 팀워크가 강화되어야 하는데 말이다.

이 사건에서 우리는 팀워크의 결여를 발견할 수 있다. 서로 다른 기술 환경에서의 호환성과 보안 측면에서의 취약점을 사전에 파악하지 못했고, 팀원들 간의 협업도 원활하지 않았다. 이로 인해 기술적 약점이 드러났고, 균열이 발생한 것이다. 그러므로 문제 상황에서는 더욱더 팀 내에서의 적극적이고 체계적인 팀워크가 필요하다.

또한, 문제 상황에서 법적인 문제에 대한 대비가 부족했던 점도 드러났다. 팀 간의 협력이 미흡했기에 법률 전문가와의 적극적인 상담과 협업에 대한 법적 측면에서의 규제를 제대로 준수하는 것이 어려워졌다. 만약 문제 상황에 대한 준비가 미리 이루어졌다면 법적 문제에 대한 대비가 높아졌을 것이다.

끝으로, 이 사례의 문제점으로는 보안 의식을 높이기 위한 교육과 훈련이 제대로 이루어지지 않았다. 팀 간 협업에서는 문제 상황을 대비해 모든 팀원이 보안에 대한 중요성을 이해하고 적절한 대비책을 갖추어야 했지만 문제 상황에 대한 교육과 훈련의 부재로 이러한 점에서도 허점이 드러났다.

이렇듯 문제 상황에 잘 준비되어 있지 않으면 팀에서 생기기 쉬운 문제 상황에서 약점을 드러낼 수밖에 없다.

2. 위기를 성장의 기회로 만든 팀

팀 켈러는 『일과 영성』에서 일을 통해 이웃을 사랑하는 중요한 방법 가운데 하나는 "능숙한 사역"이라고 이야기했다. 그는 이런 예를 들었다. 1989년 2월 24일, 호놀룰루에서 뉴질랜드로 가는 유나이티드 항공기가 이륙했다. 보잉 747기였던 이 비행기는 2만 2천 피트 상공에 이르렀을 즈음, 화물칸 앞문이 뜯겨 나가면서 항공기 옆구리에 커다란 구멍이 생기게 되었다. 안타깝게도 순식간에 승객 아홉 명이 허공으로 빨려 나가 목숨을 잃었다. 파편이 오른쪽 엔진으로 들어가 그중 두 개가 멈춰 버렸다. 착륙 가능한 지점까지 가려면 200킬로미터 정도 더 날아가야 했다.

기장 데이비드 크로닌(David Cronin)은 온갖 지혜와 38년의 비행 경험을 짜내 위기를 극복하려고 힘썼다. 비행기의 속도를 낮추는 데 쓰는 윙 플랩이 말을 듣지 않았기 때문에 통상적인 착륙 속도가 시속 270킬로미터였으나, 310킬로미터로 내려와야 했다. 하중도 문제였다. 장거리 비행에 맞춰 연료를 싣고 있었기 때문에 보잉사가 추천하는 최고 하중 56만 4천 파운드보다 무거운 61만이 넘는 하중을 이겨 내야 했다.

조종사는 변수를 감안하며 최선의 판단을 내리려고 노력했다. 여러 악재에도, 크로닌 기장은 매끄럽게 항공기를 착륙시켜 승객들의 열렬한 환호를 받으며 이 위기를 극복하게 되었다.

항공 전문가들은 그날 착륙에 '기적적'이라는 수식어를 붙였다. 끔찍한 사고가 일어난 지 며칠 뒤, 어느 기자가 크로닌에게 화물칸 문짝이 날아갈 때 무슨 생각을 했느냐고 물었다. 그는 이렇게 대답했다.

> 승객을 위해 잠깐 기도하고, 곧바로 일에 집중했습니다.

유나이티드 항공 811편이 곤경에 처했을 때, 크로닌은 승객들한테 꼭 필요한 대단한 은사, 즉 오랜 경험과 뛰어난 판단력을 가지고 있었고 팀 켈러는 이러한 능숙한 솜씨가 곧 사랑의 표현이라고 말한다.

사실, 이런 원리는 우리의 교회와 조직에도 동일하게 적용된다. 문제가 발생할 때, 그 문제를 얼마나 잘 처리하느냐에 따라 조직의 미래가 좌우되는 경우가 많다.

대니얼 코일은 『최고의 팀은 무엇이 다른가?』에서 성공적인 집단들의 사례 가운데는 놀라운 공통점이 있다고 말한다. 그것은 심각한 위기의 순간이 오히려 탁월한 문화를 만들어 내는 데 도움이 되었다는 것이다. 즉, 문제 상황을 지혜롭게 대처하면 오히려 그 조직이 더욱 강력해질 가능성이 크다는 점이다.

그는 픽사의 예를 들어 설명한다. 1998년 크게 흥행한 〈토이 스토리〉 속편 제작 과정에 있었던 일이다. 처음 픽사는 〈토이 스토리〉의 속편을 극장용이 아닌 가정용 비디오로 제작하려 했다. 속편이기 때문에 간단한 작업으로 예상하고 프로젝트에 착수했다. 그러나 결과는 참담했다. 스토리에 감정은 비어 있었고 캐릭터는 밋밋했으며 전편에 있던 재치와 감성도 사라졌다.

리더인 캣멀과 라세터는 곧 문제가 무엇인지 깨닫게 되었다. 바로 픽사의 정체성에 관한 문제였다.

> 픽사는 중간만 하면 되는 스튜디오일까, 아니면 위대함을 추구하는 스튜디오일까?

결국, 픽사는 초기 버전을 폐기했다. 이후 마지막 기회라는 절실한 마음을 가지고 극장판을 다시 제작하기로 마음먹었다. 시간은 촉박했다. 그러나 절박한 심정으로 작업하다 보니 현재 픽사의 대표적인 특징으로 자리 잡은 다양한 협업 시스템이 고안되었다. 필요성을 공유하면서 생겨난 절차가 오히려 픽사를 성공적인 조직으로 이끌어 주었다. 이처럼 성공적인 조직의 문화는 위기의 때에 정체성과 목표를 수립함으로, 위기를 도약의 기회로 만들어 낸다.

> 당신이 속한 교회나 회사, 기업은 어떤가?
> 위기를 기회로 만드는 조직인가, 아니면 문제 상황에 바로 무너지는 팀워크를 가진 팀인가?
> 왜 우리의 조직은 위기에 빠지는가?

3. 조직의 위기

게리 콜린스는 『코칭 바이블』에서 키이스 야마시타(Keith Yamashita)의 글에 나오는 개인과 조직이 곤경에 빠지는 이유를 일곱 가지로 설명했다.

1) 압도당할 때

할 일이 너무 많고 따져 볼 일이 너무 많지만, 시간과 힘은 거의 남아 있지 않거나 모든 일을 끝마쳐야 하는 상황이다. 앞에 놓인 일이 너무 크다고 느껴지면, 일을 질질 끌고 어디서 시작해야 할지 모른다.

2) 지쳤을 때

지친 사람은 힘이 없다. 비전과 목적과 열정을 잃기 쉽다. 동료애는 약해진다. 인내심이 고갈된다. 갈등과 비판이 잦아지고, 모든 것이 멈춘다.

3) 방향성이 없을 때

모든 사람이 해야 할 일을 하느라 정신없이 바쁘다. 그러나 비전이나 미래에 대한 큰 그림이 없다. 구성원끼리 공통된 목표가 없어서 각자 독립적으로 일하다 보니 발전에 한계가 있다.

4) 희망이 없을 때

성취감이 사라지면 계속해서 일하려는 동기도 사라진다. 이는 종종 분명한 목표가 없기 때문이다. 성공 횟수는 점점 줄어들고, 노력하는 것이 무의미해 보인다.

5) 갈등에 둘러싸일 때

의견이 일치하지 않고 의사소통이 막혀 있으며 오해하고 험담이 오간다. 이때는 계속 나아가기가 어렵다. 이는 역기능 가정이 재결합을 계획하는 것과 같다.

6) 무익하다고 느낄 때

개인이나 팀 구성원에게 감사받지 못하고, 무시당하거나 충분히 인정과 보상을 받지 못할 때, 동기가 사라지고 일이 진행되지 않는다.

7) 혼자라고 느낄 때

팀, 회사 또는 교회 전체가 고립감을 느끼는 상황이다. 각 구성원은 소속감, 정체성, 협동 정신, 동료애 없이 각자 따로 일한다.

한홍의 『거인들의 발자국』에는 위기관리 능력에 관한 이야기가 등장한다. 그는 미국의 프랭클린 D. 루스벨트(Franklin D. Roosevelt) 전 미국 대통령의 예를 든다. 그는 1920년대 경제 공황 앞에 절망에 빠진 미국인들에게 긍정적인 비전과 용기를 주는 연서를 통해 긍정적 정신을 심어주었다.

또한, 그는 엄청난 불황의 늪 앞에서 케인즈의 경제 논리를 과감히 도입하였다. 정부가 시장 경제에 적극적으로 개입하는 뉴딜 정책을 시행해 노동 시장을 창출하여 실업자를 구제하기 시작한 것이다. 물론, 그의 경제 정책이 모두 성공을 거둔 것은 아니었다. 그러나 루스벨트는 어떻게 해서든 절망에 빠진 국민에게 정부가 적극적으로 나서고 있다는 메시지를 줌으로써, 심리적으로 할 수 있다는 분위기를 국민에게 심어 주길 원했다.

그는 입버릇처럼 이렇게 말했다고 전해진다.

> 용감하고 끈질기게 뭔가를 시도하라. 만약 실패하면 다른 방법으로 다시 하여라. 중요한 것은 무엇인가 포기하지 않고 끊임없이 시도하는 것이다.

그렇다. 위대한 리더들은 문제가 생겨나도 팀원들의 용기를 북돋우고 함께 그 위기에 맞서 싸우는 힘을 가지고 있다.

4. 극한 상황에서의 리더십

데니스 퍼킨스가 섀클턴과 대원들의 일기와 증언을 토대로 재구성한 다큐멘터리를 읽고 생존 대원들을 만나 확인한 바를 기초로 섀클턴의 리더십을 분석해 『섀클턴의 서바이벌 리더십』을 저술했다. 그는 섀클턴이 어려운 상황에서 발휘한 성공적인 리더십을 열 가지 극한 상황에서의 리더십 원칙으로 요약 정리하고 있다. 이러한 규칙들은 어려운 환경에서도 효과적인 리더십을 구축하고 팀을 단결시키는 데 도움이 될 수 있다.

첫째, 궁극적인 목표를 잊지 않는다. 섀클턴은 위기 상황에서도 항상 명확한 공동의 목표를 제시하여 팀원들을 단결시켰다. 절망적인 상황에서도 목표를 분명하게 유지함으로써 팀원들이 희망을 잃지 않도록 도왔다.

둘째, 리더가 솔선수범하라. 섀클턴은 어려운 상황에서도 말보다는 행동으로 리더십을 보여 주었다. 개인적인 손해를 감수하고 팀원들에게 모범을 보여 줌으로써, 리더로서의 신뢰와 존경을 얻었다.

셋째, 현실적 낙관과 자기 확신을 가져라. 위기 상황에서는 비관적인 태도가 문제를 더욱 악화시킬 수 있다. 섀클턴은 현실적으로 상황을 평가하지만 동시에 긍정적인 마인드셋과 자신감을 유지하여 팀원들에게 희망과 용기를 심어 주었다.

넷째, 자책하지 말고 스스로를 돌봐라. 리더가 물리적으로나 정신적으로 그리고 감정적으로 무너지면 조직 전체의 희망도 사라진다. 섀클턴은 자신의 건강과 정신 상태를 적극적으로 관리하며 팀원들에게 영향력을 유지하고자 노력했다.

다섯째, 공동체 정신을 끊임없이 전달하라. 위급한 상황에서는 분열이 생기기 쉽고, 분열은 조직의 붕괴로 이어질 수 있다. 섀클턴은 항상 팀원들에게 공동체의 중요성을 강조하고, 의사 결정에 모두가 참여하도록 유도했다.

여섯째, 서로를 존중하라. 섀클턴은 팀원들이 계급과 신분을 초월하여 평등하게 존중되어야 한다고 믿었다. 그는 본인도 특권을 행사하지 않으면서 팀원들 간의 이질감을 해소하고, 상대방의 의견을 존중하는 문화를 조성했다.

일곱째, 불필요한 힘겨루기를 삼가라. 위기 상황에서 불필요한 갈등은 긴장을 증폭시키고 팀의 생존에 위협이 될 수 있다. 섀클턴은 사소한 의견 차이라도 적극적으로 해결하고, 갈등을 최소화하여 팀의 협력과 조화를 유지했다.

여덟째, 함께 웃을 일을 찾아라. 위기 상황에서도 웃음은 팀원들에게 삶의 즐거움과 긍정적 에너지를 제공한다. 섀클턴은 적절한 타이밍에 유머와 흥미로운 활동을 통해 팀의 동료애와 유대감을 강화시켰다.

아홉째, 가치 있는 위험에 적극적으로 시도하라. 위기 상황에서는 무모한 위험은 피해야 하지만, 가치 있는 위험은 과감하게 받아들일 필요가 있다. 섀클턴은 뚜렷한 목표를 위해 적극적인 시도와 창의적인 문제 해결을 추진함으로써 팀의 생존 가능성을 높였다.

열째, 끈질긴 창의성으로 절대 포기하지 마라. 위기 상황에서 끈질긴 창의성과 문제 해결 능력은 생존에 필수적이다. 섀클턴과 대원들은 거듭되는 어려움과 실패에도 끈기를 잃지 않고, 창의적인 방법으로 상황을 극복하고자 노력했다. 이를 통해 모두가 안전하게 귀환할 수 있었다.

위의 열 가지 규칙은 극한 상황에서도 효과적인 리더십을 구축하고 팀을 단결시키는 데 중요한 원칙들을 담고 있다. 이런 원칙들은 비즈니스, 조직, 팀 또는 개인의 상황에서도 적용될 수 있으며, 우리 모두에게 영감과 교훈을 주는 가치 있는 메시지다. 이러한 극한의 리더십은 문제 상황에서 공동체의 팀워크를 고양하는 데 매우 중요한 역할을 한다.

데이비드 고긴스(David Goggins)는 전직 네이비 실 대원이자 울트라 마라톤 선수로서 놀라운 인내와 극복의 이야기로 유명한 인물이다. 그는 미 해군 특수 부대 네이비 실, 육군 레인저 스쿨, 공군 전술 항공 통제반 훈련 등 미군의 특수 부대 지옥 훈련을 모두 완수한 세계 유일의 전사다. 다리가 부러진 채 달리고, 손이 묶인 채 잠수하는 등 그 악명 높은 네이비 실 지옥 훈련에 세 차례나 참여했으며, 그 멘탈은 거의 세계 최고 수준으로 평가받는다. 그는 자신의 한계를 뛰어넘어 17시간 동안 턱걸이 4,030회를 성공해 '기네스 세계 기록'에 등재되었고 울트라 마라톤, 철인3종 경기 등 극한의 레이스에 70회 이상 출전한 인물이다.

데이비드 고긴스는 힘든 출발점에서 자랐다. 청소년 시절 가정 내 폭력과 학교에서의 괴롭힘 등 많은 어려움과 싸워 왔다. 그는 역경을 이겨내는 강철 멘탈을 유지하는 비결을 『누구도 나를 파괴할 수 없다』의 서두에서 이렇게 밝힌다.

결국, 나를 주저앉히는 것은 바로 '나'이다. 내가 맞서서 힘겨운 길을 걷지 않는 한, 결국 이 정신적 지옥에 영원히 남게 될 것이다.

사실 우리는 모두 습관적으로 자신을 제한하는 선택을 한다. 그것은 뜨고 지는 태양처럼 자연스럽고 중력처럼 본질적이다. 우리의 뇌 배선은 그렇게 만들어져 있다. 동기 부여가 공허하게 들리는 이유도 여기에 있다. 아무리 뛰어난 격려의 말도, 자기 계발 비법도 임시 방편일 뿐이다. 그것으로는 뇌의 배선이 달라지지 않는다. 당신 목소리를 증폭시키지도, 당신의 삶을 더 낫게 만들지도 않는다. 동기 부여만으로 변화되는 사람은 아무도 없다.

내 인생에 주어진 나쁜 패 역시 나의 것이다. 그 패를 바꿀 사람은 나뿐이다. 그래서 나는 고통을 추구했고 괴로움과 사랑에 빠졌다. 그리고 결국 세상에서 가장 나약한 멍청이었던 나 자신을, 신이 창조한 그 어떤 사람보다 강하게 만들었다.

아마 당신은 나보다 훨씬 나은 어린 시절을 보냈을 것이고 지금도 꽤 괜찮은 삶을 살고 있을 것이다. 하지만, 당신 역시 아마 진정한 자기 역량 중 40퍼센트 정도만 이용하고 있을 것이다. 부끄러운 줄 알아라. 우리 모두에게는 훨씬 더 많은 것을 할 수 있는 잠재력이 있다. 늘 불가능에 도전하는 1퍼센트의 사람이 되어라.

데이비드 고긴스는 대부분 사람은 자신의 능력과 잠재력의 일부만을 발휘하고 나머지를 사용하지 않는 경우가 많다고 이야기한다. 이는 자기 제한이나 두려움, 의심, 편견 등이 영향을 미치기 때문이라는 것이다. 하지만, 데이비드 고긴스와 같이 40퍼센트의 제한을 극복하고 60퍼센트를 활용하는 사람들은 자기 헌신, 끈기, 용기, 긍정적인 마인드 등을 바탕으로 더 큰 성과를 이뤄 내며 자신의 주장을 삶으로 증명해 냈다.

한 개인뿐만 아니라 한 공동체나 조직도 데이비드 고긴스의 멘탈법을 배워, 40퍼센트의 한계를 극복하고 60퍼센트를 활용한다면 성장과 성공을 경험하게 될 것이다. 이러한 극한을 이겨 내는 리더십은 개인에만 적용되는 것이 아니다. 팀원들과 함께 문제를 이겨 내려는 마인드를 공유한다면 시너지 효과를 내서 생각보다 더 큰 힘으로 위기를 극복하게 될 것이다.

5. 문제 해결의 다섯 가지 특성

존 맥스웰의 『리더의 조건』에는 리더들이 가진 문제 해결의 다섯 가지 특성이 다음과 같이 소개된다.

1) 그들은 문제를 기대하고 있다

문제 발생은 불가피하다. 훌륭한 리더들은 문제를 예측한다. 적극적인 태도를 가지고 최악의 경우를 대비한다면 앞으로 나타날 문제들을 해결하는 데 큰 도움이 될 것이다.

2) 그들은 사실을 받아들인다

사람들은 문제 앞에서 세 가지 태도를 보인다.

첫째, 문제를 받아들이지 않는다.
둘째, 그 문제를 받아들이고 그 문제를 안은 채 산다.
셋째, 문제를 받아들이고 개선하려고 노력한다.

리더라면 반드시 세 번째 반응을 보여야 한다. 유능한 리더는 현실을 직시하고 적극적으로 대처한다.

3) 그들은 큰 그림을 본다

리더라면 큰 그림을 보아야 한다. 결코 감정에 휘둘리는 것을 용납해서는 안 된다. 또한, 사사로운 것 때문에 중요한 것을 놓치는 우를 범해서도 안 된다.

작가 알프레드 아르망 몽타페르는 이렇게 말했다.

다수의 사람은 장애물을 보지만 소수의 사람들은 목표를 본다. 역사는 후자의 성공을 기록한다. 전자에겐 '잊힘'이란 결과만이 있을 뿐이다.

4) 그들은 한 번에 한 가지씩 한다

리차드 슬로마는 이렇게 충고한다.

> 절대 한 번에 모든 문제를 해결하려 하지 말라. 한 가지씩 순서를 정해 놓고 해결하라.

곤경에 처한 리더들은 대개 문제의 크기에 압도당해서 문제 해결의 겉만 맴돌 때가 많다. 많은 문제에 직면해 있다면 다음 문제로 넘어가기 전에, 현재의 문제를 해결할 수 있다는 확신을 스스로에게 심을 필요가 있다.

5) 그들은 상황이 어렵다고 해서 자신의 주 목표를 포기하지 않는다

유능한 리더는 '피크 투 피크'(peak-to-peak) 원리를 잘 이해하는 사람이다. 그들은 자신의 리더십이 긍정적인 진전을 이루어 갈 때 중요한 결정을 내린다. 어두운 시기에는 결코 쉽게 결정하지 않는다. NFL의 풀백인 밥 크리스천은 이렇게 말했다.

> 훈련 캠프에 있는 동안에는 한 번도 '지금이 은퇴해야 할 때인가'라는 질문을 하지 않는다.

그는 음침한 골짜기에 있을 때는 포기하지 말아야 한다는 것을 알고 있는 사람이었다.

존 맥스웰은 권투 선수 진 튜니의 문제 해결 능력도 예로 든다. 진 튜니는 잭 뎀프시와의 경기에서 현격한 기술 차이로 헤비급 세계 챔피언 자리에 올랐다. 대부분 사람은 튜니가 권투를 시작했을 때 강펀치의 소유자였다는 사실을 모르고 있다. 그가 프로로 전향하기 전 양손이 모두 골절된 적이 있었다. 의사와 매니저는 세계 챔피언이 될 가능성은 전혀 없다고 말했지만, 그는 그들의 말에 전혀 개의치 않고 이렇게 말했다.

> 내가 만일 강력한 한 방으로 챔피언이 될 수 없다면, 그것을 테크닉으로 보완하겠다.

튜니는 테크닉을 연마하여 결국 챔피언이 되었고, 역사상 가장 뛰어난 테크닉을 갖춘 챔피언 중 한 명으로 인정받았다. 이처럼 자신의 꿈으로 향하는 길에 다른 사람들이 장애물을 놓도록 결코 용납해서는 안 된다.

이러한 예를 통해 볼 때, 리더들은 문제를 해결하는 능력을 갖춘 사람이었다는 사실을 알 수 있다. 마찬가지로 세상을 이끌어 가는 탁월한 팀도 문제를 이겨 내는 능력을 공유하고 있다. 당신의 팀도 이러한 능력을 공유하도록 힘써야 한다.

리더십 분야의 저명한 학자인 워런 베니스는 리더십의 핵심 역량을 이렇게 정의했다.

> 한 치 앞을 내다볼 수 없는 상황에서도 지식과 지혜에 근거하여 올바른 결정을 내리는 능력이자 최우선 목표와의 긴밀한 결합을 지속하는 능력이다.

이러한 리더의 마음으로 모든 팀원이 하나 될 때 문제를 돌파할 수 있다.

6. 문제 상황을 돌파하는 리더십

수잔 애쉬포드의 『유연함의 힘』은 '마이크로소프트'에 새로 부임해서 회사에 성장 마인드셋(mindset)을 심기 위해 노력했던 사티아 나델라의 초창기 실수와 그 대처 과정을 담고 있다.

나델라는 취임 초기에 발언의 실수를 저질렀다. 그는 컴퓨팅 분야의 여성 종사자들을 축하하는 연례행사에 참여했다. 무대 위에서 인터뷰하던 중, 기술 분야에서 많은 여성이 겪는 임금 불평등 문제와 남성 동료들 때문에 경험하는 부당한 처우를 개선해 달라는 요청에 그는 이렇게 대답했다.

> 임금 인상은 요구할 필요가 없습니다. 때가 되면 회사가 어련히 알아서 인상해 주겠거니 믿고 기다려 주세요.
> 솔직히 임금 인상을 요구하지 않는 행동은 여성들만이 가진 초능력 중 하나일지도 모릅니다. 그것은 좋은 업보를 쌓을 수 있는 일로 언젠가 보상받을 겁니다.

이는 무신경한 성차별적 발언이었다. 여성들에게 자신들이 어떤 가치가 있고 무엇이 필요한지를 솔직하게 말하지 말라는 조언이었기 때문이다. 이 발언으로 그는 거센 역풍을 맞게 된다. 그는 자신이 얼마나 큰 실수를 저질렀는지 곧바로 깨달았다. 그는 이 일을 얼렁뚱땅 해명하려 애쓰는 대신 하루가 지나기 전에 공개적으로 사과했다.

> 변명의 여지 없이 완벽히 잘못된 발언이었습니다. 저는 마이크로소프트와 IT 업체가 더 많은 여성 인력을 기술 산업으로 끌어들이고 남녀 임금 격차를 줄이기 위해 노력한다는 것을 믿어 의심하지 않습니다. 그리고 그런 노력을 진심으로 지지합니다. 임금을 인상할 자격이 있다고 생각한다면 당연히 이를 요구해야 옳습니다.

나델라는 자신의 사과가 진실성이 있다는 사실을 보여 주어야 했다. 그래서 사건 후 일주일도 지나지 않아 전 직원에게 다시 한번 사과 이메일을 보냈다. 그는 사람들의 성장을 방해하는 차별과 편견을 알게 모르게 과소평가했다고 인정했다.

그는 거기서 멈추지 않았다. 자신의 발언에서 드러난 편견이 사내에도 광범위하게 퍼져 있다는 사실을 인식하고, 이런 편견을 타파하기 위한 3단계 계획을 발표했다. 이 계획에는 동일 노동에 동일 임금을 지급하고, 더 다양한 사람을 채용하기 위해 관심을 쏟으며, 포용적 문화를 촉진하기 위해 직원 훈련 프로그램을 확대하는 노력 등이 포함되었다. 나델라는 이 사건을 통해 자신이 늘 강조한 '모든 직원의 지속적 학습'이라는 메시지를 오히려 더 효과적으로 증명해 보였다.

나델라처럼 위기를 기회로 만들어 자신의 언행일치를 증명하는 리더도 있지만 안타깝게도 많은 리더와 조직은 위기를 은폐하거나 무시한다. 그 결과 뒤에 일어날 일에 대해 무책임하게 방관하여 위기를 초기에 처리하지 못하고, 오히려 더 큰 위기를 자초하는 경우가 많다. 이것이 곧 리더십의 차이다. 이 문제는 곧 팀워크로 이어진다. 여러분이 속한 교회나 기업, 그리고 단체가 문제에 대비하고 준비하는 조직이라면, 문제가 와도 어렵지 않게 이겨 낼 수 있을 것이다. 중요한 것은 팀의 마인드다.

'클래팜공동체'와 윌버포스는 처음부터 강력한 반대에 직면했다. 당시 영국은 대서양 노예 무역을 통해 상당한 이익을 얻고 있었고, 노예 무역 폐지로 프랑스가 서인도 제도 식민지를 장악할 우려가 있었다. 이런 반대는 어쩌면 당연한 것이었다.

영화에서는 윌버포스와 친구들이 모여 자주 회의를 열며 이것을 극복하려고 노력하는 장면이 나온다. 역사학자들은 이 모임을 '클래팜공동체'라고 부른다. '클래팜공동체'는 일종의 복음주의 정치 공동체로, 다양한 직업과 배경을 가진 약 20여 명의 핵심 구성원으로 이루어져 있었다.

그들은 서로 다른 분야의 전문성을 결합해 노예 무역 폐지뿐만 아니라 노예 해방, 교육, 형법, 감옥, 의회 개혁 등 다양한 사회 문제에 대한 변화를 이끌어 냈다. 이 공동체의 힘으로 윌버포스는 거의 50년 동안에 걸쳐 영국을 개혁하는 운동을 이끌어 갔다.

클래팜공동체는 국민의 지지를 얻기 위해 전국적인 서명 운동을 벌였다. 서명서는 많을수록 큰 시각적 효과를 가져올 수 있도록 두루마리 형태로 말아 제출했다. 이 서명 운동은 1780년대 말에 시작되어 노예 무역 폐지 법안이 1807년에 통과될 때까지 계속되었다.

이 법안은 여러 차례 실패했다. 1789년부터 피트와 폭스 같은 정치인들의 지지를 얻지 못했고, 프랑스와의 전쟁이 발발하면서 약 10년간 힘겨운 싸움을 이어가야 했다. 이 과정에서 던다스가 '점진적' 폐지안을 제안했고, 이로 인해 피트와 결별하는 장면도 나타났다. 던다스는 노예 무역을 시간을 두고 점차 폐지하자는 타협안을 제안했고, 클래팜공동체는 언젠가는 노예 무역이 폐지될 것이라는 의회의 확인을 얻을 수 있다는 계산하에 이 법안에 찬성했다.

이후 클래팜공동체는 해외 노예 무역을 금지하는 법안을 제안했다. 이 법안은 프랑스와의 전쟁으로 영국이 노예 무역을 제한하는 것처럼 보였지만, 실제로는 영국인들에 의한 노예 무역의 3분의 2를 금지시켰다. 법안이 심의되는 동안 클래팜공동체는 반대파의 주목을 피하기 위해 전략적 '침묵'을 유지했고, 결국 이 법안은 국회에서 통과되었다.

이 과정에서 클래팜공동체와 윌버포스는 지속적인 노력, 다양성과 통합, 목표 공유와 비전, 인내와 끈기, 전략적 의사소통, 그리고 팀의 강력한 리더십 등의 팀워크 특징을 발휘했다. 이러한 노력 끝에 1807년에 노예 무역 폐지 법안이 통과되었고, 클래팜공동체와 윌버포스는 성공적으로 이 업적을 이루어 냈다. 결국, 이 이야기는 문제에 굴복하지 않는 팀워크 마인드의 승리라고 할 수 있다.

지금 당신이 속한 교회나 기업, 그리고 단체는 위기인가?

또는 많은 문제를 가지고 있는가?

그 문제를 함께 해결할 팀원을 모으고 문제를 극복하라. 그런 탁월한 용기가 당신과 당신의 팀에 있기를 바란다.

지금까지 세븐 미라클 시스템으로 핵심 가치를 발견하고 자신들의 상황을 파악한 후 구체적인 목표를 세우고 일의 분배를 마친 뒤, 어떻게 소통해야 하는지에 대해 살펴보았다. 그리고 그 과정에서 찾아오는 불청객인 팀의 위기까지 어떻게 해결해야 할지도 함께 다루었다. 이제는 이러한 토대 위에 조직이 든든히 서 나갈 수 있는 존중의 문화를 세우는 시스템에 관한 이야기를 나눠 볼 것이다.

세븐 미라클 클리닉 #5

- 당신의 공동체는 문제 상황에 대한 준비가 되어 있는가?
- 문제를 기회로 만드는 공동체는 어떤 특징을 가지고 있는가?
- 키이스 야마시타의 조직의 일곱 가지 위기 중, 당신의 공동체에 어떤 것이 해당되는가?
- 극한 상황의 리더십 중에 당신과 조직이 본받아야 할 내용은 무엇인가?
- 문제 해결의 다섯 가지 특징을 당신의 조직에 어떻게 적용해 볼 수 있는가?
- 문제 상황을 돌파하기 위해 당신의 공동체가 가져야 할 가장 중요한 덕목은 무엇인가?

동역 시스템 6단계:
이해와 존중의 문화를 만들라

6단계에서는 다양한 배경과 관점을 가진 구성원들 간의 이해와 존중을 장려한다. 차별 없이 모든 구성원을 포용하며, 다양성을 존중하는 문화를 형성한다.

풀러신학교에서 선교학 박사과정을 하면서 많은 유익을 얻었다. 여러 유익이 있지만, 특히 리더십에 대해 배우며 많은 통찰을 얻은 것이 가장 큰 기쁨 중 하나였다. 그래서 현재 평소에 관심이 많았던 선교적 리더십을 주제로 박사과정 연구를 이어 가고 있다. 리더십 강의 중에 가장 기억에 남는 내용은 관계가 좋은 것이 리더십에서 가장 중요하다는 점이다. 말인즉슨, 서로 간의 관계가 좋으면 문제가 될 것도 잘 넘어갈 수 있어 리더십을 발휘하는 데 매우 유리하다는 것이다.

너무 단순하고 쉬운 부분으로 여겨질 수 있지만 실제 현장에서 자주 간과되기도 한다. 왜냐하면, 좋은 관계를 맺는 것이 생각보다 쉽지 않기도 하고 그렇게 중요한 부분인지 잊을 때도 많기 때문이다.

1. 좋은 인간관계의 중요성

'셀트리온' 서정진 회장은 한 강연에서 성공을 위해서는 자신을 돕는 사람들을 만나는 게 중요하다고 이야기한다. 어떤 사람도 결코 혼자서는 잘 되기 어렵기 때문에 주변 사람들과의 관계를 잘 맺는 사람이 되어야 한다는 말이다. 그런 사람은 가정에서도 학교에서도 직장에서도 모두에게 사랑을 받으며 그 공동체를 변화시킬 에너지를 지닌 사람이다.

카네기의 『카네기 인간관계론』은 인간 경영의 최고의 바이블로 불리며, 인간관계의 세 가지 기본 원칙을 제시한다.

첫째, 비난이나 불평을 하지 말라는 것이다. 그는 비난의 해로움에 관해 이야기하면서 영문학을 빛나게 한 토머스 하디가 영구히 소설을 쓰지 않게 된 것은 지나친 비평 때문이었으며, 영국의 천재 시인 토머스 채터튼을 자살로 몰아넣은 것도 비평 때문이었다고 이야기한다. 반면, 벤자민 프랭클린은 그의 외교적 수완과 능숙하게 사람을 다루는 기술로 후에 프랑스 주재 미국 대사가 되었다. 그는 이렇게 말했다고 한다.

> 나는 어떤 사람에 대해서도 나쁜 점을 이야기하지 않는다. 사람들의 좋은 점에 관해서만 이야기한다.

그러나 이해하고 용서하기 위해서는 인격과 극기심이 필요하다며 카네기는 칼라일의 말을 인용한다.

> 위인은 소인을 다루는 태도에서 그의 위대함이 드러난다.

둘째, 솔직하고 진지하게 칭찬하라는 것이다. 앤드루 카네기가 대성공을 거둔 가장 중요한 이유 중의 하나는 자신의 직원들에 대해 공석에서든 개인적으로든 칭찬을 아끼지 않은 것에 있었다고 한다. 심지어 그는 자신의 묘비에서도 직원들을 칭찬하기를 원했다.
그의 묘비명은 다음과 같다.

자기보다도 현명한 사람들을 주변에 모이게 하는 법을 터득한 자, 이곳에 잠들다.

또한, 사람들을 다루는 데 있어 존 D. 록펠러 1세의 성공 비결 중 하나도 진심에서 우러나온 감사였다. 사업 동료 에드워드 베드퍼드가 남미에서 물건을 잘못 구매하여 회사에 100만 달러의 손해를 입혔다. 그러나 록펠러는 이미 엎질러진 물이라는 사실을 알았고, 베드퍼드가 최선을 다했다는 것도 알고 있었다. 그래서 그는 오히려 칭찬할 점을 찾았다. 그는 베드퍼드가 투자한 돈 가운데 60퍼센트를 회수하게 된 것을 축하하며 이렇게 말했다.

훌륭하네. 그만큼 회수한 것도 큰 수완이야.

카네기는 일상에서 가장 무시되기 쉬운 미덕 중 하나가 칭찬이라고 말한다. 우리는 종종 자녀가 학교에서 좋은 성적을 받아 왔을 때 칭찬하기를 게을리한다. 또 아이가 과자를 굽거나 처음으로 새집을 만들었을 때 격려에 인색하다. 그러나 아이들에게 부모의 관심이나 칭찬보다 더 큰 기쁨은 없다.

성직자들과 직업적인 강사, 그리고 대중 연설가들은 청중에게 자기 자신을 모두 쏟아붓고도 감사의 말 한마디 듣지 못했을 때의 실망감을 안다. 하물며 부실이나 점포, 공장에서 근무하는 사람들이나 우리의 가족, 친구들이라면 말할 것도 없다. 대인 관계에 있어서 우리는 모두 인간이며 칭찬을 갈망하고 있다는 사실을 잊어서는 안 된다. 그것은 모든 사람이 즐거워하는 정당한 요구다.

셋째, 다른 사람들의 열렬한 욕구를 불러일으키라는 것이다. 그리고 상대방의 관점에서 사물을 보라는 것이다. 다른 사람을 움직일 수 있는 유일한 방법은 그들이 원하는 것에 대해 이야기하고, 그것을 어떻게 얻을 수 있는지 보여 주는 것이다. 즉, 타인을 존중해야 좋은 인간관계를 맺게 된다.

윌리엄 윈터는 언젠가 이렇게 말했다.

> 자기표현 욕구는 인간의 중요한 욕망 중의 하나다.

우리에게 멋진 생각이 떠올랐을 때, 그 공을 굳이 자신에게 돌리지 말고 오히려 상대방이 멋진 생각을 한 것처럼 하라. 그러면 그들은 그 생각을 자기 것으로 여기며 좋아하게 되고, 그것을 실행하게 된다.

> 먼저 다른 사람의 마음에 열렬한 욕구를 불러일으켜라. 이것을 할 수 있는 사람은 전 세계를 자기편으로 만들 수 있고, 그렇지 못한 사람은 외로운 길을 걷는다.

먼저 다른 사람들의 마음을 이해하고 존중할 때, 함께 일하는 사람들과 최고의 효과를 만들어 낼 수 있다. 이것이 바로 카네기의 지혜로운 조언이다. 우리는 이 세상을 결코 혼자 살아갈 수 없다. 우리의 조직도 마찬가지다. 우리의 교회나 기업 그리고 단체에서 사람들과 좋은 관계를 유지해야 우리도 행복하고 조직도 건강하게 성장할 수 있다.

2. 팀 구성원의 유대 강화의 중요성

갈등은 어느 조직에서나, 특히 목표 달성을 강요하는 조직에서 일을 그르치는 요소다. 『섀클턴의 서바이벌 리더십』은 갈등을 단순히 해소하는 차원이 아니라 팀 구성원들의 유대를 강화하는 생산적인 방식으로 관리하는 것이 중요하다고 강조한다. 여기서 잠시 섀클턴의 이야기를 나누고자 한다.

어니스트 섀클턴은 1914년 12월, 27명의 대원과 함께 인듀어런스호를 타고 남극을 횡단하기 위해 출발했다. 그러나 웨들해(Weddell Sea)에서 부빙에 갇혀 배가 침몰하게 되었다. 대원들은 2년 동안 남극의 혹독한 환경 속에서 생존을 위해 사투를 벌였고, 결국 사우스조지아섬으로 무사히 귀환할 수 있었다. 이러한 놀라운 결과 뒤에는 섀클턴의 리더십이 있었다. 그는 이타적인 마음으로 대원들을 섬기며, 서로 간에 믿음의 끈을 견고히 이어 갔다.

이처럼 이해와 존중의 문화가 밑바탕에 있으면 서로의 마음에 있는 이야기를 깊이 나눌 수 있다. 그러나 이러한 바탕이 없다면 대화와 관계는 늘 피상적인 수준에 머물게 된다.

『섀클턴의 서바이벌 리더십』의 저자 데니스 퍼킨스는 오늘날의 기업문화에서 팀워크의 강조는 오히려 내면의 갈등을 증폭시키는 요소가 된다고 말한다. 해소되지 않은 내부 문제를 계속 가지고 있다면 잠복한 긴장이 고조되기 때문이다.

예를 들어, '화기애애'한 분위기 속에서 회의를 마치고 웃으며 헤어지지만 막상 중요한 문제는 복도나 화장실과 같은 사석에서 이야기하는 경우가 많다. 또한, 회의 때 심도 있는 논의가 이루어지지 못하고 결국 누구도 원하지 않는 막연한 타협안으로 마무리되기도 한다. 그래서 퍼킨스는 갈등, 분노 그리고 부정적인 감정을 억누르지 말고 직접 해소하거나 조금씩 분출될 수 있도록 해야 한다고 말한다.

그 이유는 다음과 같다.

첫째, 표현되지 않은 갈등은 문제에 정면으로 대응하지 않는다는 것을 의미하기 때문이다.

둘째, 직접 표현되지 않은 갈등은 다른 비생산적인 방법으로 표출되기 때문이다. 진짜 문제가 아닌 주변 문제를 놓고 불필요한 언쟁이 벌어지고 팀원들이 교묘하게 또는 노골적으로 다른 사람을 따돌린다.

셋째, 표현되지 않고 해소되지 않은 갈등은 점차 증폭되어 통제할 수 없는 상황에 이르고 결국 커다란 재난으로 이어질 수도 있다.

갈등 관리의 중요성을 알면서도, 불화를 사전에 관리하는 일은 대다수 리더에게 어려운 일이다. 때로는 탁월한 리더들도 팀의 화합을 깨뜨릴까 두려워 까다로운 문제는 회피하거나, 갈등을 자유롭게 표현할 수 있는 분위기를 만들지 못할 때가 있다.

퍼킨스는 건강한 갈등을 권장하는 단계에 관해 설명한다.

첫째, 갈등과 보살핌은 상반되는 것이 아니라는 사실을 이해하고 완전히 체화하는 단계다. 이에 관해, 저자는 한창 말다툼을 하다가도 함께 우유를 나눠 마시는 인듀어런스호 대원들의 모습을 예로 든다.

둘째, 팀원들이 서로의 차이를 드러내고, 잠복해 있던 문제를 파악하도록 효과적인 과정을 세우는 단계다. 이렇게 형성된 유대 관계의 강화는 위기의 때에 조직을 더욱 강하게 결속시키며, 더 좋은 성과를 내는 데 중요한 밑거름이 된다.

당신의 팀원들은 당신의 팀 내에서 끈끈한 유대 관계를 느끼는가, 아니면 그 반대인가?

3. 상대방에 대한 이해

탐 마샬은 『리더십이란 무엇인가?』에서 먼저 '상대방을 이해' 하는 것에 대한 올바른 이해가 필요하다고 말한다. 사람들을 잘 이끌려면 그들을 알고 또 이해하는 것이 중요하다. 동시에 리더가 이끄는 사람들도 리더를 알고 이해해야 한다. 예수님도 리더와 추종자 사이의 본질적인 관계를 강조하시며 스스로 모범을 보여 주셨다.

> 나는 선한 목자라 내가 내 양을 알고 양도 나를 아는 것이(요 10:14).

> 문지기는 그를 위하여 문을 열고 양은 그의 음성을 듣나니 그가 자기 양의 이름을 각각 불러 인도하여 내느니라(요 10:3).

이것은 단순히 누가 양인지를 아는 차원을 훨씬 넘어서는 것을 의미한다. 이 말은 그 양이 어떤 존재인지를 안다는 것이다. 즉, 그를 개인적으로 안다는 것이다. 팔레스타인 지역의 목자는 양의 이름을 알고 부르는 것에 그치지 않는다. 양은 그저 이름을 알아듣는 수준이 아니라 목자와의 신뢰 관계 속에서 반응한다. 목자는 양들의 성격과 기질 그리고 각자의 독특성을 이해한다는 것을 의미한다.

조직이 커질수록 고위 리더는 분명 소수의 사람만을 개인적으로 알 수 있게 된다. 그러나 고위 리더는 자기 바로 아래 있는 사람, 즉 자신이 직접 명령을 내리고 또 책임을 맡겨야 하는 사람들을 개인적으로 알고 이해해야 한다.

저자가 주장하듯, 이해받고 싶은 욕구는 우리를 관계로 이끄는 일차적 필요 가운데 하나다. 우리는 다른 누군가를 진심으로 알고자 갈망하며 또한 상대방에게 나를 보여 주기 원한다. 하지만, 동시에 남에게 나를 알린다는 것은 용기가 필요하다. 왜냐하면, 그 일이 상처받기 쉬운 일임을 직관적으로 알 수 있기 때문이다. 나를 진정으로 알리고 이해시키려면 그 사람 앞에 벌거벗은 듯 서야 하며, 상처와 거절받을 모든 가능성을 감수해야만 비로소 진정한 관계가 되기에 가능해진다.

그렇게 자기 모습을 있는 그대로 드러내게 되면 에덴동산의 아담처럼 달아나고 싶은 충동이 생기기도 한다.

> 내가 벗었으므로 두려워하여 숨었나이다 (창 3:10).

이해하고자 하는 바람은 매우 중요하다. 왜냐하면, 그것은 인간관계의 목표일 뿐만 아니라 관계를 지속시켜 가는 다른 요소들의 선결 조건이기도 하기 때문이다. 모르는 사람을 잘 돌보아 줄 수는 없다. 사람마다 타인에게 필요한 것이 다르게 보일 수 있기 때문이다. 따라서 사람을 알고 이해하는 일은 필요에 따라 할 수도, 안 할 수도 있는 문제가 아니라는 사실을 늘 염두에 두어야 한다. 왜냐하면, 사람을 알아간다는 것은 상대방에게 진짜 관심이 있을 때만 하는 일이 아니기 때문이다.

퍼킨스는 예일대학교에서 조직의 동력을 들여다보는 렌즈로서 '가족적인 조직 모델'을 주제로 강의를 맡고 있었다. 가족 시스템 이론에서 특별히 가치 있는 것으로 입증된 개념 중 하나가 '가족 비밀'(family seccret)이었다. 가족 비밀은 암묵적인 금기 사항으로 여겨진다. 가족들은 종종 약물이나 알코올 중독, 또는 결혼 생활 문제, 그리고 여러 종류의 특이 체질 등의 문제를 안고 있을 수 있다. 가족들은 모두 그 '비밀'을 알고 있다. 그러나 이 금지된 주제는 결코 공공연하게 거론되지 않는다.

저자와 함께 일했던 고위 경영진들도 마찬가지였다. 그들은 마치 가족들이 비밀에 정면으로 대응하기를 회피하듯, 민감한 문제들에 직면하기를 꺼리는 모습과 너무도 흡사했다고 한다. 결국, 퍼킨스는 팀의 문제를 '가족 비밀'에 빗대어 접근했다. 그다음 문제는 그 숨겨진 문제를 어떻게 표면화시키느냐 하는 것이었다.

저자는 한참을 생각하던 끝에 '테이블 위의 사슴' 비유를 선택했다. 덩치 큰 털복숭이 사슴이 테이블 한가운데 앉아 의사소통을 가로막고 있는 모습은, 마치 그 그룹이 회피하고 있는 문제들을 상징하는 것 같았다. 그 사슴은 위풍당당했지만, 어리숙해 보여, 그렇지 않았더라면 긴장이 감돌 았을 상황에 유머러스한 요소를 더해 주었다.

퍼킨스는 컨설팅 과정에서 테이블 위에 앉은 사슴 비유를 사용하기 시작했다. 처음에 경영자들은 눈을 치켜떴지만, 결국 그 사슴이 오랫동안 회피해 왔던 문제들을 표면화했을 때, 놀라운 결과가 나타났다.

한 주요 기술 업체의 CEO와 그 구성원들은 신규 사업 분야를 개척했지만, 성공적으로 이끌어 가지 못하는 자신들의 무능력을 놓고 첨예하게 대립하고 있었다. 그들은 이것이 매우 근본적이 문제임을 알고 있었지만 왜 그 문제가 해결되지 않고 지속되는지 아무도 확신할 수 없었다. 이에 비밀을 풀기 위한 연구의 목적으로 가족 시스템 모델을 제시하고 그 사슴을 일으켜 세우는 작업을 시작했다. 그 팀이 최종적으로 작성한 리포트에 포함된 '사슴 리스트'에는 다음과 같은 문제들이 있었다.

> 우리는 모든 신제품에 대해 우리가 처음에 거두었던 것과 같은 수준의 성과를 달성할 수 있도록 꼭 히트해야 한다는 생각으로 접근한다.
> 사실 우리는 기술에 역행하는 회사가 되고 있다.
> 판매 수입 계획이 우리의 자원 배분과 의사 결정 과정을 주도한다.
> 우리는 평범한 것에 대해 인내심을 길러 왔다.
> 우리는 회사를 구할 '마법의 제품'을 찾고 있다.
> 우리는 진정한 시장 경재역을 가지고 있지 않다.
> 계획된 생산라인 사이클이 새로운 비즈니스 방안을 적시에 반영할 수 있을 만큼 유동적이지 않다.

박제된 사슴과 함께 최종 리포트가 최고 경영자에게 제출되었다. 그는 미소를 지으며 보고서를 받아들었다. 결론은 결코 그가 듣기에 유쾌한 것은 아니었다. 그러나 그는 그 문제들이 체계적으로 해결해 나갈 수 있음을 인식했다.

왜 사슴 비유가 그토록 효과적일까?

첫째, 이것은 갈등 공개를 합법화하고 그 사람들에게 보상을 제공하며, 그렇게 함에 있어서 공통된 언어를 사용할 수 있게 한다. "사슴의 정신으로 말하고 싶은데…"라는 말이 공동의 표현이 된다.

둘째, 사슴의 우스꽝스러운 모습이 긴장과 분열을 낳을 수 있는 문제들의 날카로움을 제거한다.

셋째, 문제를 사슴으로 인식함으로써 심리적인 거리감을 제공한다.

이렇게 함으로써 내부의 갈등을 해결해야 할 외부 문제로 재구성한다. 일단 갈등이 공동의 문제가 되면 팀원들은 해결책을 찾기 위해 함께 협력할 수 있다. 즉, 팀원들이 이해와 존중을 바탕으로 유대 관계를 잘 맺게 된다면 때로는 교회나 회사 그리고 단체와 같은 조직에서 나타날 수 있는 크고 작은 갈등을 이겨 내고 팀이 하나로 묶일 수 있는 것이다.

4. 반대자 껴안기

『섀클턴의 서바이벌 리더십』에는 반대자를 껴안는 섀클턴의 리더십이 잘 드러나 있다. 복잡한 텐트 안에서 이야기하고 새우잠을 자며 셀 수 없이 많은 시간을 보내야 했던 인듀어런스호의 대원들은 분쟁의 요소를 피하며 지내야 했다.

섀클턴은 좁은 공간에서 함께 생활하다 보니 불만이 싹트고 있음을 이해하고, 사람마다 개성이 있으며 대원들 간의 파괴적인 갈등을 극소화해야 할 필요성을 누구보다 잘 알고 있었다. 그는 대원 한 사람 한 사람을 세심히 살펴 누군가가 도를 넘을 때를 정확히 알아차리는 듯 했다. 의사인 맥킬른은 섀클턴을 이렇게 묘사했다.

… 당신들에게 거의 아무것도 묻지 않고도 당신이 어떤 상태인지…그리고 그 밖의 모든 것들을 알 수 있는 능력을 보유한 사람 … 때로는 그가 상대를 너무 세게 몰아붙여 다수 비정하다고 느껴질 때도 부정적인 효과는 나타나지 않았다. 사전에 예방하는 비법이 있는 것 같았다.

섀클턴은 분노가 쌓이는 것을 예방하기 위해 감정을 상하게 하는 것에 대해서는 즉각적인 조치가 필요하다는 사실을 명확히 인식하고 있었다. 대원 선발 과정과 탐험 초기에 섀클턴은 태도나 행동이 팀의 사기에 부정적인 영향을 미치거나 리더십에 반발할 가능성이 있는 대원들을 파악했다. 그리고 이러한 대원들을 멀리하는 것이 아니라 오히려 더욱 감싸 안았다.

예를 들어, 사진사인 프랭크 헐리는 항상 다른 사람들이 자기를 리더 중 한 사람으로 인정해 주기를 원했다. 자신이 마땅히 받아야 한다고 생각하는 만큼 대우를 받지 못할 때는 공격적이 되거나 까탈을 부리곤 했다. 이처럼 항상 인정받고 싶어 하는 성격 덕분에 헐리는 섀클턴의 텐트에 함께 지낼 수 있었고, 섀클턴은 중요한 사안에 대해서는 그에게 자문하곤 했다. 섀클턴의 이러한 대우가 그의 성격을 잘 뒷받침해 주었고, 결국 헐리의 능력을 최대한 활용할 수 있었다.

또한, 섀클턴은 텐트에서 함께 지낼 다른 팀원들을 선정하는 일도 중요하다는 것을 알고 있었다. 그는 물리학자인 레지널드 제임스가 지나치게 학구적이어서 다른 팀원들로부터 따돌림을 받을까 염려하여 자신과 함께 텐트에 지내도록 했다. 섀클턴은 누구도 도에 지나친 조롱에 노출되지 않도록 했다. 그는 그러한 조롱이 커다란 다툼으로 번지는 것을 두려워했다.

엘리펀트섬에서 사우스조지아섬까지 보트로 여행할 대원들을 선발해야 했을 때, 섀클턴은 잠재적인 문제 인물이 육체적, 정신적으로 탈진한 대원들을 더욱 견딜 수 없게 만들지도 모른다고 생각했다. 목수인 맥니쉬의 기술은 나무 보트를 타고 가는 그들에게 절대적으로 필요하기도 했지만, 또 다른 이유에서도 새클턴은 맥니쉬를 데리고 가려고 했다. 그는 맥니쉬가 섬에 남아 있을 때 커다란 분란을 일으킬지도 모른다고 생각했다.

그는 또한 빈센트도 그 여행에 선발했다. 새클턴은 빈센트가 약한 사람을 괴롭힌다는 것을 잘 알고 있었기 때문에 남아 있는 이들에게 골칫거리가 되지 않도록 자신이 데리고 가는 것이 좋겠다고 생각했다. 마지막으로 새클턴은 크린도 데리고 가기로 했다. 그는 협동심이 부족해 남아 있는 사람들에게 틀림없이 문제를 일으킬 것 같았다. 돌이켜 생각해보면 새클턴의 이러한 통찰력과 문제 대원들을 직접 끌어안아 해결하려는 그의 의지는 놀라울 정도였다.

사우스조지아까지 보트로 항해해야 하는, 가장 어려운 도전을 함께할 팀을 선발했을 때 구성원의 절반 이상이 잠재적인 문제 대원이었다. 그러나 이처럼 문제 있는 대원들과 기꺼이 밀접한 관계를 유지하려는 새클턴의 의도 덕분에 엘리펀트섬에서의 갈등은 확실히 크게 줄어들 수 있었다. 또한, 와일드가 남아 있는 대원들의 사기를 유지하는 그 어려운 과업을 수행하는 데 커다란 도움이 되었다.

우리는 종종 어려운 리더십 상황에서 문제를 일으키는 사람들을 무시하거나 따돌리고 싶은 유혹을 느낀다. 그러한 심정을 이해할 수 있지만, 그것은 잘못된 것이다. 그러한 태도는 더 큰 문제를 유발하고 문제를 회피하는 것은 궁극적으로 조직을 해치는 일이다. 더욱 생산적인 방법은 엉뚱하게 생각될지도 모르지만 반대로 행동하는 것이다.

『새클턴의 서바이벌 리더십』에서 저자 퍼킨스가 제시하는 방법은 다음과 같다.

> - 리더십을 저해할지도 모르는 구성원 또는 그룹을 파악하라.
> - 문제가 있는 구성원들과 적극적으로 가까이하라.
> - 그들의 부정적 행동을 극소화할 방법을 찾아라.
> - 문제 있는 구성원들을 어떤 식으로든 의사 결정 과정에 참여시켜라.
> - 비록 그들이 반대자라 하더라도 구성원 모두를 존중하라.
> - 한계를 정하라. 이것이 양쪽 모두를 위한 것임을 분명히 하라.
> - 무례하거나 남을 괴롭히거나 부적절한 행위는 용납하지 마라.
> - 불평분자를 보복하고 싶은 충동을 억제하고, 그 사람에 대한 당신의 의견을 자신만 간직하거나 또는 가장 가까운 조언자에게만 이야기하라.

사실 반대자를 껴안는 일은 결코 쉽지 않다. 그러나 예수님도 반대자를 껴안으셨다. 예수님의 열두 제자 중 예수님을 팔아넘긴 가룟 유다를 예수님께서 끝까지 사랑하신 장면이 성경에 나온다.

그런데 예수님의 제자인 교회의 리더들에게서 이런 모습이 많이 보이지 않는 이유는 무엇일까?

예수님을 따르는 제자라고 다 되는 것은 아닌 것 같다. 예수님의 제자들 가운데 반복적으로 서로 경쟁하고 자신을 높이려는 모습도 나타났다. 이렇게 분쟁하고 예수님을 따르지 못했던 제자들이 이해와 존중의 초대교회를 세워 가게 된 것은 예수님께서 돌아가시고 부활하시며 그들이 성령을 받았을 때다. 다시 말해, 제자들에게 엄청난 영적인 체험과 깨달음이 임한 후에야 본성을 거슬러 이해와 존중의 사람이 되었다는 것이다.

왜 교회를 다닌다고 해서 사람들이 다 인격적이지만은 않은지 이제야 알 것 같지 않은가?

그만큼 이해와 존중은 어려운 길이다.

예수님처럼 반대자를 아낀 인물이 있다. 바로 미국인들이 가장 존경하는 인물인 에이브러햄 링컨이다. 링컨과 스탠턴은 법정에서부터 이미 앙

숙이었다. 스탠턴은 늘 링컨을 무시하곤 했는데, 한 번은 자신이 변호를 맡은 의뢰인 측 변호인에 링컨이 포함된 사실을 알자 "누가 이 긴팔원숭이를 끌어들였느냐"라고 말하며 노골적으로 링컨을 무시했다.

스탠턴은 늘 링컨을 무시했지만, 링컨은 그런 반대자 스탠턴을 끌어안았다. 대통령에 당선된 후 스탠턴을 국방장관에 임명한 것이다. 주변에서 모두 반대했지만, 링컨은 스탠턴보다 유능한 사람을 데려오면 그 사람을 국방장관에 임명하겠다며 끝까지 소신을 굽히지 않았다. 그러면서 그는 "예수님처럼 원수를 사랑하겠다"라는 유명한 말을 남긴다.

링컨의 기대대로 스탠턴은 뛰어난 리더십으로 전쟁을 승리로 이끌었다. 1865년, 링컨은 워싱턴 시내 포드 극장에서 공연을 보다가 암살범의 권총을 맞고 쓰러진다. 링컨은 길 건너편 가정집 1층 침대에 눕혀졌고, 많은 각료가 침대를 지켰다. 가장 오래 링컨의 곁을 지킨 사람은 스탠턴이었다. 그는 죽어 말이 없는 링컨 대통령의 얼굴을 내려다보면서 눈물을 펑펑 흘리며 이렇게 탄식했다.

> 지금까지 이 세상이 가졌던 통치자 중 최고의 통치자가 여기 누워 있습니다.

예수님은 원수를 사랑하라고 하시면서 이렇게 말씀하셨다.

> 너희가 만일 선대하는 자만을 선대하면 칭찬 받을 것이 무엇이냐 죄인들도 이렇게 하느니라 (눅 6:33).

선을 베푼 자에게 잘해 주는 것은 누구나 할 수 있다는 의미다.
그리고 예수님은 또 이렇게 말씀하셨다.

> 너희가 서로 사랑하면 이로써 모든 사람이 너희가 내 제자인 줄 알리라 (요 13:35).

최근 한국 교회에 가장 부족한 부분이 바로 이것이다. 때로는 반대자도 끌어안아야 하지만, 오늘날 한국 교회의 리더십은 조금만 반대하면 서로 갈등하고 갈라서려 한다. 오늘 한국 교회에 나누어진 교단, 교회, 조직, 관계들이 그 사실을 증명한다. 예수님의 제자이면서도 서로 사랑하지 못하는 오류에 빠져 있다.

반대자에 대한 이해와 존중은 결코 쉽지 않지만, 일반 기업이나 단체에도 꼭 필요한 자세다. 왜냐하면, 모든 조직에는 늘 반대자가 있기 때문이다. 늘 그들을 다 배격할 수는 없다. 그러므로 조직의 탁월한 팀워크를 위해 반대자에 대한 이해와 존중에 대해서 더욱 훈련하고 노력해야 한다.

5. 분노 대신 공감 기술을 개발하라

어떻게 반대자들과 함께 팀을 만들 수 있을까?

그 비결은 자신의 분노를 조절하고 공감하는 데 있다. 닐 클라크 워런이 지은 『위기를 기회로 만드는 분노 관리법』에는 공감 기술에 관한 이야기가 나온다. 워런에 따르면 '모든 것을 이해하는 것은 곧 모든 것을 용서하는 것이다'라는 아주 오래전부터 내려오는 생각이 있다.

다른 사람이 왜 불쾌한 행동을 하는지 이해하게 되면, 그들에게 덜 화를 내게 되고 용서하는 능력이 상당히 좋아진다고 한다. 나아가 다른 사람의 고통을 함께 느끼는 능력은 공격적으로 분노를 표현하려는 버릇에도, 중요한 구속력을 갖게 된다. 다른 사람이 나와 흡사하다는 것을 인식하게 될 때, 그들을 더 많이 공감하게 되며 어떤 식으로든 해를 끼치기가 어려워진다.

이런 의미에서 심리학 연구는 자신을 분노하게 하는 상황을 명확히 인식하고, 새로운 방식으로 또는 다른 사람의 관점으로 그 상황을 바라볼 때 신체적 자극 상태가 상당히 가라앉는다는 사실을 입증한다. 워런은 이해는 '용서를 낳고, 용서는 사랑을 낳는다'고 말했다.

그리고 워런은 공감 기술을 배우기 위한 두 가지 필수 요건과 네 가지 훈련을 다음과 같이 제시한다.

[공감 능력을 배우기 위한 필수 조건]
(1) 진심으로 다른 사람들을 이해하려고 해야 한다.
(2) 인내해야 한다. 다른 사람들이 자신을 서서히 드러낼 수 있도록 기꺼이 기다려 주고, 자신만의 시간을 갖도록 해 주어야 한다.

[공감 능력을 증진시킬 네 가지 훈련법]
(1) 화를 내기 전에 다른 사람을 이해하려는 현명함을 갖추도록 공을 들여라. 화를 내는 도중에도 그들의 감정과 생각을 아는 것이 어떤 이익을 가져다주는지 반드시 생각해야 한다. 용서의 과정 가운데 공감이 차지하는 자리가 어딘지, 그리고 당신이 원하는 모습으로 바뀌는 데 용서가 얼마나 중요한 것인지를 마음에 분명히 새기는 것이 중요하다.
(2) 당신을 화나게 한 그 사람에게 '당신이 느끼는 것을 이해하고 싶다'라는 태도를 보이도록 노력하라.
(3) 당신이 다른 사람들에게 화가 났을 때 그들의 감정이 어떤지 물어보라. 그리고 비록 그들에게 화를 내고 있을 때라도 그들의 감정을 이해하기 위해 모든 노력을 기울여라.
(4) 그들이 말한 것을 요약해 보고, 당신이 요약한 것이 정확한지, 그리고 그들이 전달하고자 하는 내용 중에 놓친 것이 없는지 그들에게 확인해 보라.

워런은 상호 간의 공감과 용서는 가장 이상적인 것이라고 말한다. '적들'로 하여금 당신의 입장을 이해하도록 도와줄 때, 그들 역시 당신을 이해하게 된다고 한다. 진심으로 용서하려면 상대방을 이해하는 길 외에는 방법이 없다. 공감하는 법을 배우고 그 기술을 훈련하면, 다른 사람들과 관계 맺는 방식에 상당한 변화가 찾아올 것이다. 이제 팀원들과의 분쟁이 아닌 그들을 이해하는 자세로 바꿔보면 좋겠다. 물론, 이런 일에는 인내가 필요하다. 즉, 애정이 필요하다.

고린도전서 13장에 보면 사랑에 대한 정의가 나온다.

> 사랑은 오래 참고 사랑은 온유하며 시기하지 아니하며 사랑은 자랑하지 아니하며 교만하지 아니하며 무례히 행하지 아니하며 자기의 유익을 구하지 아니하며 성내지 아니하며 악한 것을 생각하지 아니하며 … 모든 것을 참으며 모든 것을 믿으며 모든 것을 바라며 모든 것을 견디느니라 (고전 13:4-7).

사랑의 가장 큰 본질은 '기다림' 또는 '인내'라는 것을 알 수 있다.

교회나 회사, 단체에서 함께 일하는 그 사람을 한번 '사랑'해 보는 것은 어떨까?

그런데 사랑은 거창한 것이 아니라 참아 주는 것이다.

정강욱은 『러닝 퍼실리테이션 가르치지 말고 배우게 하라』에서 공감의 능력을 강조한다. 그는 기업에서 강의할 때 대기업에서 신입 사원부터 컨설팅 회사 팀 리더를 거쳐 작은 회사의 대표까지 해 본 경험 덕을 톡톡히 본다는 것이다. 경험이 에피소드의 재료가 된다고 하면서, 직장에서 경험한 생생한 에피소드를 전달할 때 학습자들의 집중도가 눈에 띄게 높아진다고 한다.

하지만, 경험이 주는 본질적인 힘은 에피소드 제공이 아니라 학습자에 대한 공감에 있다. 직장인 학습자가 겪는 외적인 도전과 내적인 고민을 더 깊이 이해할 수 있기 때문이다. 그러면서 저자는 공감을 위해서는 상대방의 마음에 들어가 보라고 조언한다. 또한, 공감의 다른 말은 애정이라고 말한다. 즉, 공감해 주고 참아 주면 원수 같았던 팀원들과의 유대 관계도 더욱 깊어질 수 있다.

6. 친밀함

맥스 드프리는 그의 책 『리더십은 예술이다』에서 능력의 핵심은 친밀함에 있다고 강조한다. 친밀함은 이해와 신뢰, 실무 모두와 관련된다는 것이다. 그는 이런 예를 들고 있다.

주인이 자리를 자주 비우면 아무래도 식당이 제대로 운영되지 않기 마련이다. 한 젊은이가 어느 날 점심을 먹으러 단골 식당을 찾아갔다. 식당은 그날따라 유난히 바빴다. 메뉴판까지는 어떻게 겨우 받았으나 종업원이 주문을 받으러 오기를 기다리다 점심 시간이 다 날아가 버리고 말았다.

식당 주인이 이런 사실을 알아야 한다는 생각을 하게 된 이 젊은이는 계산을 맡은 사람에게 친절하게 그걸 이야기해 준 다음 직장으로 돌아왔다. 그날 밤 식당 주인은 예고 없이, 이틀은 족히 먹을 수 있는 푸짐한 저녁을 가지고 이 젊은이의 집을 찾아왔다.

업무를 할 때도 마찬가지다. 이 젊은이가 보여 준 것처럼, 친밀한 태도로 대할 때 능력도 그만큼 자라게 되는 것이다. 실제로 자신의 일에 친밀함을 느끼는 사람은 다른 사람들에게 업무 훈련을 시킬 때도 업무 기술만 가르칠 것이 아니라, 업무의 예술도 함께 가르쳐야 한다는 사실을 깨닫게 된다.

마찬가지로, 기능과 기술적인 면에서도 친밀함은 중요하다. 기관 조직을 구상할 때도 모두 함께 일하는 데 궁극적인 안내 지도가 되어 줄 친밀함에 관심을 가져야 한다. 친밀함은 개인과 전문 업무, 기관 모두에 관련되는 것이기 때문이다. 일에 대한 친밀함은 책임 의식에 직접적인 영향을 주며 작업 과정에도 진실성을 가지고 임하게 만든다.

친밀함의 핵심 요소는 바로 열정이다. 반대로 친밀함을 가로막는 적들도 있다. 예를 들어, 그룹 활동에서 정책, 단기 측정, 교만, 피상적인 태도, 그룹의 유익을 저버린 자기 중심적인 태도 등은 모두 친밀함을 저해하는 요소가 된다.

그렇다면, 어떻게 친밀함을 쌓고 자라게 할 수 있을까?
맥스 드리프는 아래와 같은 질문들을 던지고 그 해답을 찾는 것도 하나의 방법이 될 수 있다고 말한다.

- 회사의 지난 역사가 현재와 어떤 관련을 맺고 있는가?
- 업무 분야는 무엇인가?
- 직원들은 어떤 사람들이며 그들 서로의 관계는 어떠한가?
- 변화와 갈등에 어떻게 대처하는가?
- 제일 중요한 질문으로, 회사의 장래 비전은 무엇인가?
- 이들은 지금 어디로 가고 있는가, 앞으로 어떻게 되기를 원하는가?

저자는 회사 내부 사람이나 외부 사람이나 할 것 없이, 우리를 볼 때 하나의 기업으로가 아니라 언약 관계 속에서 친밀하게 일하는 사람들의 공동체로 보게 하며 이런 말을 하게 만드는 것이 목표라고 말한다.

　　이 사람들은 우리 시대에 내려진 선물이야!

우리의 교회나 기업, 단체에서 사람들을 그냥 피상적으로만 알면 얼마나 삭막하겠는가?
구성원 한 사람 한 사람과 더욱 친밀해지고, 서로를 선물과 같이 여기는 공동체가 되면 좋겠다. 그러기 위해서는 자기 중심적 태도를 버리는 자세가 중요하다. 그리고 진실한 열정으로 나아가는 자세가 중요하다. 사실 이런 작은 습관과 태도들이 모여 팀원들의 관계를 풍성하게 하고 더 나아가 조직의 생산성과 풍성함으로 이어지게 된다.

7. 관대함

존 맥스웰은 『리더의 조건』에서 훌륭한 리더는 관대함(Generosity)이 필요하다고 말한다. 그가 관대함의 예로 제시한 인물은 엘리자베스 엘리엇이다. 1950년대 초 그녀는 키추아 인디언들을 찾으러 간다는 희망 속에 에콰도르 선교팀에 합류했다. 그녀는 그 그룹에 함께 하던 '짐'이라는 젊은 청년과 결혼하게 되었다.

결혼 후 약 2년이 지나고 딸이 생후 10개월이 되었을 때, 짐은 다른 네 명의 선교사와 함께 '아우카'라고 불리는 소수 인디언에 대해 관심을 가졌다. 그들은 사납기로 유명한 부족이었고 1600년대에도 그들을 찾아간 한 신부가 살해당하기도 했다. 그들은 자신들이 다니는 길에 들어온 모든 외부인을 공격했을 뿐만 아니라 현지 인디언들도 그들을 피할 정도로 난폭했다. 그런데도 짐과 네 명의 선교사들은 아우카와의 접촉을 시도하기 위해 준비했다.

엘리자베스는 이 일의 위험성을 알고 있으면서도 의연함을 잃지 않았다. 두 사람 모두 선교에 삶을 바치기로 약속했기 때문이다. 몇 주 뒤, 비행 자격증이 있는 선교사가 작은 비행기를 이용해 아우카 마을에 물자와 몇 가지 물건을 투하했다. 거기에는 선교사들의 사진도 포함되어 있었다. 부족민들과의 첫 대면을 위한 조치였다. 몇 주가 흐른 뒤, 짐과 네 명의 선교사들은 쿠라레이강 가에 도착해 캠프를 쳤다.

그리고 드디어 그들은 친근하게 환대하는 듯한 세 명의 아우카인을 만났다. 한 남자와 두 여인이었다. 그리고 며칠 동안 다른 아우카인들도 만났다. 선교사들은 아우카족과 우호적인 관계로 점점 발전하는 것 같다고 무전을 통해 가족들을 안심시켰다.

그런데 며칠 뒤, 약속된 시간에 연락이 오지 않았다. 하루가 지나도 연락이 없자 엘리자베스와 다른 선교사의 가족들은 최악의 사태가 일어난 것이 아닌가 하는 마음에 두려움을 감출 수 없었다. 결국, 구조대로부터 나쁜 소식이 들려왔다. 다섯 명 모두 아우카족의 창에 찔린 채 강가에서 시신으로 발견된 것이다.

당신이 엘리자베스라면 어떻게 했겠는가?

대부분은 그런 처지가 되면 집으로 돌아갈 것이다. 그러나 엘리자베스는 진실하게 관대한 마음을 가지고 있었다. 엄청난 슬픔에도, 그녀는 에콰도르 사람들을 돕고자 하였다. 그녀는 그곳에 그대로 머물면서 자신과 함께 살아왔던 키추아 사람들을 위해 봉사했다. 그런데 그 후에 일어난 일은 세상 사람들을 더욱 놀라게 했다. 2-3년 후 다른 선교사들의 끊임없는 시도 속에 마침내 아우카족과의 접촉에 성공하게 되자 엘리자베스는 곧장 부족 마을로 달려갔다.

복수를 위해 달려간 것일까?

아니다. 그곳 사람들과 함께 일하며 봉사하기 위해서였다. 그녀는 2년간 아우카족과 함께 지내며 사랑의 메시지를 전했고, 그 결과 많은 이가 그녀가 전한 메시지를 기쁘게 받아들였다. 그들 중에는 그녀의 남편을 죽인 일곱 명 가운데 두 사람도 포함되어 있었다.

맥스웰은 이 이야기를 통해 리더가 가져야 할 관대함의 의미를 소개한다.

1) 가지고 있는 것은 무엇이든 감사히 여긴다

관대함은 만족에서 비롯된다. 작은 것에 만족하지 못한다면 큰 것에도 만족하지 못한다.

2) 사람을 우선으로 한다

리더에 대한 평가는 '얼마나 많은 사람이 그를 섬기는가'가 아니라 '그가 얼마나 많은 사람을 섬기는가'로 이루어진다. 관대함이란 남을 먼저 배려하는 것이다.

3) 물욕의 포로가 되어선 안 된다

맥스웰은 리차드 포스터의 말을 인용한다.

> 우리가 문화를 볼 때 '사물을 갖는다' 라는 것은 일종의 강박 관련(Obsession)이다. 우리는 그것을 갖게 되면 그것을 통제할 수도 있을 것이라는 생각을 한다. 그리고 그것을 통제할 수 있으면 그것이 우리에게 더 많은 즐거움을 줄 것이라 생각한다. 그러나 이것은 모두 착각이다.

마음을 다스리고 싶다면 소유물이 자신을 다스리지 못하게 해야 한다.

4) 돈도 하나의 자원으로 보라

오직 돈을 버는 데만 신경을 쓴다면 우리는 한낱 물질주의자에 불과하다. 모든 노력에도 돈을 벌지 못한다면 패자가 되고 벌고도 쓰지 않는다면 구두쇠가 되며, 버는 대로 쓴다면 방탕한 삶을 살게 된다. 벌이에 아무 관심이 없다면 앞날이 없는 것이고, 많이 벌더라도 죽을 때까지 지니고만 있다면 죽어서까지 가져가려는 바보인 것이다.

돈을 이기는 길은 오직 하나, 돈을 느슨하게 잡고 가치 있는 일에 아낌없이 쓰는 것이다.

5) 주는 습관을 길러라

1889년 백만장자 사업가인 앤드루 카네기는 『부의 복음』이라는 수필에서 부유한 사람의 삶은 반드시 두 시기를 거친다고 말했다. 부를 모으는 시기와 그것을 재분배하는 시기이다. 관대함을 유지하는 유일한 방법은 나눔을 습관화하는 것이다. 탐욕에 눌려 있다면 리더가 될 수 없다.

조직 내에서 협업하기 위해서는 관대함이 절실히 필요하다. 자신의 것만 챙기고 절대로 손해를 보지 않으려는 마음은 공동체의 분위기를 얼어 붙게 만들고 결국에는 조직의 생명력을 빼앗아 버리기 때문이다. 관대한 리더들로 인해 공동체는 따뜻해지고 더 많은 성과와 성공 그리고 행복을 만들어 내는 것이다.

8. 격려의 힘

이채윤이 쓴 『성경이 만든 부자들』에는 미국이 낳은 최고의 여성 사업가의 이야기가 등장한다. 전 세계 30여 개국에 지사를 두고, 독립 미용 상담사가 160만 명에 이르는 세계적인 다국적 화장품 회사 '메리케이코스메틱'의 창업주 메리 케이 애쉬다.

그녀가 1963년에 메리케이코스메틱을 설립하며 내세운 목표는 여성들에게 다른 어떤 곳에서도 찾을 수 없는 무제한의 성공 기회를 제공한다는 것이었다. 그 당시는 미국도 여성들이 대부분 변변한 직업을 갖지 못하고 있었기 때문에 이러한 회사의 정책은 매우 파격적이었다.

그녀가 이렇게 되기까지 많은 어려움이 있었다. 첫 남편과 헤어진 후 엄청난 시련을 겪으면서 여성들의 직업 선택과 복지에 대해 생각했던 그녀는 남성 위주의 기업 문화의 풍토에서 여성의 영역을 찾아주기 위해 꿈의 회사를 설립한 것이었다.

메리 케이 애쉬는 세계적인 사업가 록펠러, 헨리 포드, 빌 게이츠 등과 함께 여성으로서는 유일하게 「포브스」가 선정한 '역사상 가장 위대한 비즈니스 영웅 20인'에 선정되었다. 그녀는 1985년에는 미국의 가장 영향력 있는 여성 25인에 선정되었고, 1996년에는 미국 비즈니스 명예의 전당에 이름을 올렸다.

그런 그녀의 어린 시절은 매우 불우하고 고단했다. 1918년 텍사스주 휴스턴에서 태어났는데 그녀가 일곱 살 되던 해 아버지가 결핵에 걸려 어머니가 가족의 생계를 책임져야 했다. 어머니는 새벽에 집을 나가 저녁 9시가 넘어서야 돌아왔다. 어린 메이 케이는 어머니를 대신해 집안일을 해야 했고, 아버지를 간호해야 했다. 어머니가 늦게 들어오는 날에는 가끔 저녁도 혼자 준비해야 했는데 그때마다 어머니에게 전화를 걸어 어떻게 하는지 물어보곤 했다.

어린 딸에게 벅찬 일이라는 것을 알고 있었던 어머니는 그녀가 해야 할 일들을 일러주고는 격려를 잊지 않았다.

"메리 케이, 넌 할 수 있어."

어린 메이 케이는 생필품을 사기 위해 혼자 전차를 타고 휴스턴 시내를 돌아다녔다. 처음에는 전차를 제대로 탈 수 있을지, 길을 잃어버리는 것은 아닌지 걱정이 되었다. 그때 어머니의 말을 떠올렸다.

"메리 케이, 너는 할 수 있어."

어머니는 언제나 확신을 두고 이 말을 해 주었다. 어머니도 연약한 어린 딸이 겪어야 할 어려움에 대해 잘 알고 있었다. 그러나 마음속에 걱정을 겉으로 드러내지 않고 지속해서 용기를 불어 넣어 주었다.

"남들이 할 수 있는 일이라면 너는 더 잘 해낼 수 있어."

이 말이 평생 그녀를 지탱해 주었고, 세상 모든 여성의 리더가 될 수 있도록 큰 힘을 주었다. 어머니의 격려를 통해 역경을 딛고 일어나 큰 성공을 거둔 그녀는 다른 사람들을 격려하고 섬기려는 마음을 가졌다.

그녀는 이런 말을 남겼다.

> 나는 직원들을 만날 때마다 그들이 가슴에 '나는 존중받고 싶다'라고 쓰인 목걸이를 차고 있다고 생각하고 그들을 대한다.

> 상사, 부하 직원, 동료, 독립 미용 상담사, 집배원 등 모든 사람이 '내가 중요한 사람으로 느끼도록 만들어 달라'라는 주문을 목에 걸고 있다고 생각하십시오. 그러면 그들은 진심으로 그리고 가치 있는 존재로 대할 것이며, 그 마음은 온전히 그들에게 전해질 것입니다.

이런 그녀의 존중과 격려의 마음이 메리케이코스메틱의 사훈에도 담겨 있다.

당신도 할 수 있다!
(You can do it!)

이 사례는 격려의 힘이 얼마나 위대한 능력으로 나타나는가에 대한 통찰을 우리에게 제공해 준다.

헨리 블랙커비는 『영적 리더십』에서 격려하는 리더에 관해 설명하면서 한니발의 리더십을 예로 든다. BC 216년 8월 2일, 장교 기스고는 8만 7천 명의 로마 병사를 바라보고 있었다. 로마군은 기스고와 그가 속한 진영을 공격할 준비를 하고 있었다. 기스고는 자신의 지휘관인 한니발을 보며 우려를 표현했다. 왜냐하면, 눈앞에 펼쳐진 대규모 로마군 앞에서 자신들 카르타고 병력은 상대적으로 작아 보였기 때문이다.

한니발은 젊은 부관의 공포를 알아차리고 이렇게 말했다.

기스고, 귀관의 말이 맞네. 하지만, 자네에게 한 가지 놓쳤을 수 있지. 저렇게 사람이 많아도 저쪽에는 기스고라는 사람이 없다네.

한니발과 장교들은 기스고와 함께 웃음을 터뜨렸다. 근처 병사들은 불리한 전투를 앞두고도 자신감에 찬 지휘관을 보며 새로운 의욕을 얻게 되었다. 결국, 칸나에 전투는 역사상 가장 눈부신 군사 대첩 중 하나가 되었다. 한니발은 로마군을 완전히 궤멸시키며 전설적인 인물이 되었다.

블랙커비의 말에 의하면 리더가 위대해지는 것은 혼자서 대단한 성과를 이루어서가 아니라, 사람들의 의욕을 고취해 결정적인 승리를 거두게 하기 때문이다.

세상의 위대한 리더들은 사람들을 감화시켜 그들의 노력을 최고 수준으로 끌어올리는 법을 알고 있는데, 그것은 바로 격려다. 보통 리더는 내적으로 동기가 있지만 따르는 사람들은 대개 거기에 미치지 못한다. 그럴 때 현명한 리더는 사람들의 사기를 북돋아 주며 낙심과 두려움에 빠진 사람들이 함께 최선을 다하도록 만든다.

블랙커비가 제시한 사람을 격려하는 방법 세 가지는 다음과 같다.

첫째, 함께하는 것이다. 장교들은 위험을 피해 후방에 피해 숨고 부하들만 전방에 두면 사기가 떨어질 수 있다. 최고의 리더는 사람들과 함께할 방법을 찾아낸다.

아이젠하워 장군은 노르망디 침공 전, 26개 비행장과 선박 5척을 직접 방문해 격려했다. 링컨은 북부군이 패할 때마다 전선을 찾아가 병사들을 지지해 주었다. 말보로 공작은 전투 전에 부하들의 대열 사이를 오가며 하루에 수천 명과 일일이 눈을 마주쳤다. 그들을 전장에 내보낼 거라면 개별적으로 인정해 줄 의미가 있다고 여겼기 때문이다. 시저와 한니발 같은 사령관은 병사들과 똑같이 내핍 생활을 했고, 로버트 리 장군은 병사들과 같은 배급 식량을 받아 먹었다.

넬슨 제독의 사례도 있다. 어느 날 그는 우연히 한 젊은 수병이 두려움 때문에 돛대 꼭대기에 올라가지 못하는 것을 보았다. 넬슨은 이 신병을 겁쟁이라고 책망하거나 감옥에 보내지 않고, 오히려 그에게 꼭대기까지 경주하자고 도전했고, 즐겁고 진지하게 올라가기 시작했다. 오르는 내내 넬슨은 웃으며 수병에게 농담을 건넸다. 돛대 꼭대기에 올라가는 게 결코 생각만큼 무서운 일이 아님을 몸소 보여 준 것이다. 이렇게 부하들을 격려해 준 덕에 그는 평생 그들의 사랑을 받았다.

블랙커비는 기업 간부들도 현장 경영을 실천해야 한다고 한다. 작업 현장에 다니는 리더의 모습이 가끔씩 직원들의 눈에 띄는 게 중요하다는 것이다. '월마트'의 창업자 샘 월튼은 새벽 4시에 도넛을 한 봉지 들고 트럭 운전사들의 휴게실에 나타나기로 유명했다. 그는 배달 나가는 매장의 현황에 대해 묻곤 했다.

둘째, 말을 통해서 사람들을 격려한다. 사람들은 개별적으로 인정받아야 하고 자신이 기여한 일에 대해 칭찬받아야 한다. 자동차 왕 헨리 포드의 전기 작가는 그가 말로 사람들을 감화시켜 무엇이든 하게 할 수 있었다고 기록했다.

"병사들의 군복에 달아 줄 훈장만 충분히 있다면 난 온 세계를 정복할 수 있다."

나폴레옹의 이 말은 유명하다. 위대한 장군들은 격려가 병사들의 승전과 패전을 가를 수 있음을 알았다.

웰링턴 공작은 화려한 공직 생활을 마치면서 후회가 있느냐는 질문에 이렇게 대답했다.

"물론이다. 칭찬을 더 많이 했어야 한다."

셋째, 사람들의 복지를 세심하게 배려한다. 시저, 말보로, 웰링턴, 아이젠하워 같은 장군들은 군인들에게 최고의 보급품을 조달한 것으로 유명했다. 또한, 앤드루 잭슨 장군은 부하들의 안위를 직접 챙기고, 물리적 복지를 소상히 돌본 것으로 알려졌다. 이것이 그의 리더십의 특징이었다. 그는 자신에게 하듯, 그들에게 대단한 긍지를 품었고 복지에 심혈을 기울였다. 시간이 지나며 이를 알게 된 부하들은 그에게 존경과 헌신으로 보답했다.

잭슨 장군은 800킬로미터를 행군하여 원대로 복귀할 때 자신의 말 세 필을 부상병 운송에 내어 주고, 자신은 전구간을 부하들과 함께 걸었다. 이렇게 자신이 이끄는 사람들을 극진히 배려했기에 잭슨은 당대 가장 평판 좋은 리더 가운데 하나가 되었다.

최고의 격려 중의 하나는 바로 함께함이다. 또한, 공감하는 것이다. 현재 대한민국 국가대표 축구팀의 주장이자 토트넘 홋스퍼의 주장인 손흥민의 모습에서도 우리는 이런 리더십을 발견하게 된다. 손흥민은 경기장 안에서뿐만 아니라 밖에서도 모두와 좋은 관계를 유지하고, 또한 자신의 팀뿐만 아니라 상대 팀까지 격려하는 것으로 유명하다. 그런 따뜻

함과 격려가 팀의 분위기를 긍정적으로 끌어올리고 이것은 곧 성과로 나타난다.

우리는 그가 주장이 되었을 때 토트넘이라는 팀이 얼마나 강력한 스피릿이 생겼는지를 보고 있다. 그전 시즌만 해도 지는 것을 당연히 받아들일 정도의 팀이었지만 손흥민이 주장이 된 후 토트넘은 쉽게 포기하지 않는 팀이 되었고, 그것은 팀 성적에 그대로 반영되고 있다.

그 중심에는 더욱 이타적으로, 누구보다 최선을 다해 경기에 임하는 손흥민의 솔선수범 리더십이 있다. 그런 손흥민을 많은 선수가 따르고 존중하는 것은 너무나 당연하다. 특히, 그는 바나바가 바울에게 했던 것처럼 처음 팀에 들어온 선수들에게 먼저 다가가 인사하고 격려하는 것으로 유명하다. 그래서 기량이 좋은 선수들이 새롭게 팀에 들어와서 자신의 실력을 마음껏 발휘할 수 있도록 정서적으로 돕고 팀워크를 이루도록 섬세하게 이끌어 주는 좋은 리더다.

당신은 당신의 조직에서 어떤 리더가 되고 싶은가?

이상과 같이, 세븐 미라클의 시스템으로 핵심 가치를 발견하고, 자신들의 상황을 파악한 후 구체적인 목표를 세우고 일을 분배한 뒤 어떻게 소통해야 하는지를 살펴보았다. 그리고 그런 과정에 찾아오는 불청객인 팀의 위기까지 어떻게 해결해야 할지 살펴보았다. 그리고 존중의 문화를 세우는 시스템에 대해서도 이야기했다. 이제 변화를 통해 끊임없이 발전하는 공동체가 되기 위한 세븐 미라클의 마지막 단계다.

세븐 미라클 클리닉 #6

- 좋은 인간관계가 팀워크에 미치는 영향에 대해 어떻게 생각하는가?
- 당신 팀의 유대 관계는 1-10점 중에 몇 점이라고 생각하는가?
- 팀 내에서 서로의 차이나 갈등에 대해서 인정하고 이해하게 하는 것을 막는 장애물은 무엇인가?
- 당신의 공동체에서 당신이 끌어안아야 할 반대자는 누구인가?
- 당신은 팀원에게 공감하는 리더인가 아니면 분노하는 리더인가?
- 당신의 속한 공동체에 친밀함과 관대함의 문화가 생겨나면 어떤 변화가 일어날 것 같은가?
- 당신이 들은 격려 중에 가장 큰 영향력을 미친 것은 무엇인가?

제7장
동역 시스템 7단계: 변화를 위해 준비하라

동역 시스템은 항상 변화하고 발전해야 한다. 미래를 대비하여 지속적인 학습과 개선을 통해 변화에 대비하는 문화를 만든다.

핸리 블랙커비는 『영적 리더십』에서 존 코터의 말을 인용한다.

> 변화야말로 리더십의 본분이다.

그는 훌륭한 리더들은 하나님의 인도를 받아 조직을 더 좋게 만든다고 말하면서, 지도자들은 급변하는 세상 속에 살고 있으므로 자신의 조직의 변화를 시행할 줄 알아야 한다고 말한다. 그는 선택의 여지가 없고 변화하지 않으면 망한다고 하면서 리더들은 실력과 지혜와 기술로 변화의 주역이 되어야 한다고 말한다.

6단계까지 조직의 핵심 가치와 소통 그리고 시스템과 이해와 존중으로 준비되었다면 이제는 가장 큰 도전, 즉 변화에 직면해야 한다.

그만큼 조직의 변화는 쉽지 않다. 제1장에서 언급한 대로 '코닥'은 그 분야에서 최고의 실력을 갖추고 있었지만 변화를 만들어 내지 못함으로써 몰락의 길을 가게 되었다. 그만큼 조직의 변화는 쉽지 않다. 한 분야에서 성공하고 자리매김한 조직일수록 오히려 과거의 영광에 안주하기 쉽다. 그러므로 변화를 위한 팀 리더십의 능력은 더욱 많이 요구된다.

1. 변화와 팀 리더십의 관계

변화를 위한 준비는 팀 리더십에서 매우 중요하다. 변화는 불가피한 현상이며, 조직이나 팀이 성장하고 발전하기 위해서는 변화에 대한 준비와 대응이 필수적이다. 하지만, 아무리 강조해도 변화는 반대하는 세력도 많고 생각보다 추진하기가 쉽지 않다.

먼저 변화가 팀의 발전에 꼭 필요한 이유를 살펴보자.

1) 새로운 도전이 항상 생김

변화는 팀이 새로운 도전에 대응하고 발전하기 위한 필수적인 요소다. 산업 환경, 기술, 경쟁 상황 등 외부 요인들은 끊임없이 변화하고 있으므로 팀이 이에 뒤처지지 않고 성공적으로 운영되기 위해서는 지속적인 변화에 적응할 필요가 있다. 새로운 아이디어와 접근법을 도입하고 기존의 방식을 개선함으로써 팀은 미래에 대비하고 지속해서 발전할 수 있다. 즉, 새로운 도전 앞에 변화하지 않는 것은 매우 위험한 행위다.

2) 구성원들의 참여와 협력 촉진

변화는 구성원들의 참여와 협력을 촉진한다. 변화 과정에서 팀원들은 자신의 역할과 기존의 업무 방식에 대한 새로운 시각을 얻게 되며, 이는 창의성과 혁신을 촉진한다. 팀원들이 변화에 참여하고 적극적으로 의견을 내며 협력하는 과정에서 팀의 융합력이 강화되고, 새로운 아이디어와 해결책이 나올 가능성이 크게 높아진다. 변화하지 않는 조직은 매너리즘에 빠지고 팀원들의 열정도 줄어들기 마련이다.

3) 팀의 소통을 발전시킴

변화는 팀 내 의사소통과 문화를 발전시키는 중요한 수단이다. 변화를 통해 팀 구성원들은 새로운 목표와 가치에 대한 공감대를 형성하게 되며, 이는 팀의 일관된 목표 달성을 더욱 강화한다. 팀원들 간에 소통과 협력이 활발하게 이루어지면서 팀은 단순한 집단이 아니라 조직적으로 효과적으로 운영되는 단위로 성장할 수 있다. 이렇게 변화는 팀 소통의 중요한 동기 부여가 된다.

변화는 팀 구성원들의 성장과 학습을 촉진한다. 새로운 환경이나 방식에 대한 대응은 팀원들이 적응력을 키우고 새로운 기술이나 지식을 습득하는 과정을 의미한다. 이는 팀 구성원들이 개인적으로 성장하고 팀 전체의 역량을 향상하는 것으로 이어진다. 그러므로 변화에 대한 긍정적인 자세와 학습 의지는 팀의 미래에 대한 높은 수준의 대비력을 확보하는 데 기여한다. 변화는 개인과 팀의 성장으로 이어지는 매우 중요한 요소다.

그러면 이러한 변화를 이끌기 위해 가장 중요한 자세는 무엇일까?

(1) 탁월한 리더십

변화를 추진하는 데는 효과적인 리더십과 실행이 필요하다. 변화를 성공적으로 이끌어 나가기 위해서는 명확한 비전과 목표를 제시하고, 팀원들과의 효과적인 소통과 협업이 필수적이다. 또한, 변화 과정에서 발생할 수 있는 도전과 어려움에 대한 대응 전략을 갖추는 것도 중요하다.

변화를 효과적으로 추진하기 위해서는 리더가 팀원들의 의견을 존중하고 적극적으로 수용하는 리더십이 필요하며, 팀원들은 변화에 대한 긍정적인 심리와 협력적인 태도를 갖추어야 한다. 즉, 변화가 성공하기 위해선 리더의 탁월한 준비가 필요하다.

(2) 유연성 필요

팀은 변화를 지속해서 수용하고 발전해 나갈 수 있는 유연성을 가지고 있어야 한다. 변화에 대한 유연성이 부족한 팀은 급격한 환경 변화에 대응하기 어렵고, 경쟁에서 뒤처지게 될 수 있다. 따라서 팀은 변화를 지속해서 수용하며 학습하고, 조직적으로 새로운 도전에 대응할 수 있는 능력을 갖추어야 한다. 변화에 대처하기 위해서는 기존의 틀과 방식을 고수하지 않은 열린 자세가 꼭 필요하다.

이와 같이 변화는 팀의 발전에 불가피한 요소로 작용하며, 이를 통해 팀은 지속적인 혁신과 성장을 이룰 수 있다. 하지만, 변화를 추진하고 이끌어 나가기 위해서는 팀 리더의 효과적인 리더십과 구성원들 간의 긍정적인 협력이 필수적이다. 변화에 대한 적극적이고 개방적인 태도를 보이고, 팀원들과 함께 성장하며 발전하는 팀은 미래의 도전에 더욱 강건하게 대응할 것이다. 변화에 준비된 팀과 조직은 생명력을 길게 가져가지만 준비되지 않은 교회나 기업, 단체는 점차 소멸해 간다는 이야기다.

여러분이 속한 공동체는 변화에 대해 어떤 태도를 보이는가?

변화가 팀 안에서 얼마나 중요한지는 아무리 강조해도 지나치지 않다. 그러나 변화가 성공하기 위해서는 변화에 대한 전략적 접근이 필요하다. 그럼 다음으로 변화를 전략적으로 접근해야 하는 이유를 살펴보자.

아래에서는 저자가 수학하고 있는 풀러신학교 글로벌리더십 박사과정 중 풀러신학교의 리더십 전문가인 클린턴 교수의 기본 이론을 바탕으로 진행된 신성묵 교수의 〈Strategic Application Seminar〉 강의 내용을 인용하여 설명해 나가도록 하겠다.

2. 전략적 변화가 중요한 이유

1) 전략적 계획이 없으면 성공의 가능성이 작아진다

　전략적 계획이 없으면 비전의 성취가 어렵게 된다. 교회는 하나님이 주신 비전을 따라 사역하지만, 전략적인 계획을 세우지 않을 때가 있다. 이것은 지혜롭지 못하다. 부족하더라도 전략을 세워야 한다. 기업이나 단체도 마찬가지다. 전략을 세우지 않으면 변화에 성공할 확률이 매우 낮아지기 때문이다.
　사실, 이것은 개인의 삶도 마찬가지다. 한 개인의 변화도 전략이 없으면 쉽지 않다. 일단 당신의 전략을 기록하라. 변화의 전략은 기록하는 것에서부터 시작된다. 당신의 교회나 기업 그리고 단체의 변화를 위한 전략을 기록하라.
　이솝우화에 나오는 이야기다.
　만약 누군가가 세 가지 소원을 들어준다고 하면 어떻게 하겠는가?
　어느 노부부에게 그런 일이 생겼다. 그런데 첫 번째 소원으로 할아버지는 너무나 소박하게 소시지를 달라고 했다. 그러자 옆에 있던 할머니가 화가 나 두 번째 소원으로 할아버지 코에 소시지가 붙게 해 달라고 했다. 어쩔 수 없이 할아버지가 코에서 소시지를 떼게 해 달라고 빌었고, 이것이 아쉽게도 마지막 세 번째 소원이었다.
　변화도 마찬가지다. 변화라는 기회가 찾아왔을 때 전략적으로 준비하지 않으면 모든 기회를 잃어버리게 된다. 변화를 위해서는 조직의 분명한 비전과 방향이 있어야 한다.

2) 목표를 향한 명확한 전략 없이 성공이라는 목적지에 도달하기 어렵다.

리더와 팔로워의 차이는 관점의 차이로 시작된다. 리더는 명확한 전략을 제시하고 팀원들도 그 전략에 동참하게 해야 한다.

좋은 리더는 더 넓고 멀리, 깊게 보는 사람이다. 장기 계획이 있어야 하며, 이것은 팔로워와 반드시 공유해야 한다. 그래서 리더와 팔로워가 같은 조망을 가져야 한다. 전략은 비전을 실현하기 위한 핵심적인 도구로 작용하며, 목표를 향한 체계적인 계획이 없으면 비전은 허상에 머물게 된다. 그래서 팀을 이끄는 리더에게는 다양한 관점을 고려하며 수립하는 계획이 필수적이다.

3) 팔로워가 주인 의식을 가지게 해야 한다

모든 구성원이 변화에 헌신해야 한다. 특히, 조직에서 팀원들에게 주인 의식을 가지게 하는 일은 매우 중요하다. 각자가 자기 일처럼 일하도록 만들어야 한다. 주인 의식 부여는 변화에 대한 열정의 기초가 된다. 변화에 헌신하는 힘은 각 구성원이 주인 의식을 가질 때 나타나게 되는 것이다.

소통 능력을 바탕으로 주인 의식을 부여하면 구성원들은 단순한 수동적 참여가 아니라 주체적이고 적극적인 임무를 수행하게 된다. 이를 위해 지도자는 소통을 위해 부지런히 노력해야 한다. 리더의 적절한 소통을 통해 일에 대한 그림을 함께 가져야 팔로워가 주인 의식을 가질 수 있기 때문이다. 그래야 변화에 대한 동기 부여가 생기는 것이다. 그렇지 않으면 수동적으로 된다. 조직 내에서 다양한 역할을 하는 리더와 팔로워의 시각 차이는 종종 문제의 근원이 된다.

전략적 계획을 통해 전체적인 조망을 얻을 수 있으며, 이는 팀원들 간의 시각적 이해 차이를 줄이는 데 기여한다.

4) 전략적인 전체 계획을 세우지만, 유연성이 있어야 한다

강한 조직은 유연성과 통합성 사이의 균형 유지가 필수적이다. 틀에 박혀 있으면 변화 리더십에 문제가 생긴다. 유연성은 전체적인 그림과 전략이 분명할 때 가능하다. 전체 그림이 분명하지 않으면 중요하지 않은 일에 경직되기 마련이다. 창의력도 비슷하다. 창의력 있게 일할 수 있는 여건을 조성하는 리더십을 발휘해야 한다. 그런데 창의력도 지침 안에서 생각하게 만들어야 한다. 원리나 전체적인 전략이 있을 때 가능해진다.

5) 변화 계획을 세우면 통합적이 된다

변화를 이루려면 통합적인 이해가 필요하다. 여러 가지 요소를 모두 고려해야 통합적인 변화가 가능하다. 전략적 변화 계획을 세운 팀원들은 모든 것을 통합적으로 볼 힘이 생기게 된다. 시스템 이론에 따르면 변화되기 위해서는 전체와 부분이 서로 유기적으로 연결되어 있다는 점을 기억해야 한다. 변화에 성공하기 위해서는 작은 변화가 전체에 어떤 영향을 미치는지를 파악해야 한다.

6) 전략적 변화는 미리 대책을 세울 수 있다.

변화는 불완전에서 완전하게 가는 것을 의미하지 않는다. 변화는 하나의 문제에서 다른 문제로 가는 것, 조금 더 나은 방향으로 가는 것이다. 팀의 리더들은 전략적 변화를 통해 파생되는 문제점을 최소화해야 한다. 어떠한 변화도 완벽한 상태로 시작되지 않는다. 그러나 미리 대책을 세우면 문제를 최소화하고 효과적인 변화 진행이 가능하다. 그러므로 문제에 대한 사전 대비가 반드시 필요함을 늘 인식해야 한다.

7) 전략적 변화는 자원을 준비하게 된다

전략적 변화는 사람, 재정, 정보, 기술 등을 미리 고려할 수 있도록 도와준다. 미리 자원을 준비하면 변화 프로세스에 대한 안정적인 진행이 가능하다. 무턱대고 변화하기보다 인적 자원, 재정, 정보, 기술 등을 미리 준비하는 것은 변화를 지원하고 지속 가능한 성장을 촉진하는 데 기여한다. 이렇듯 변화에 있어 전략을 세우는 일은 매우 중요하다.

당신의 조직은 변화를 위해 어떤 전략을 가지고 접근하고 있는가?

3. 전략적 변화의 일곱 가지 요소

풀러신학교의 리더십 전문가인 로버트 클린턴 교수는 '전략적 변화'(bridging strategies, 이하 '브리징 스트레티지')를 통한 변화에 대한 리더십 이론을 만들었다. 그의 이론에 따르면 조직의 성장과 발전을 위해서는 전략적인 변화를 의도적으로 만들 필요가 있다. 변화는 현재 상황을 미래의 어느 시점까지 바꾸는 것을 의미한다.

클린턴 교수는 현재(now 상황)와 미래(then 상황), 이 둘 사이를 어떻게 연결하는가에 관한 연구를 수행하였다. 연구 결과, 모든 변화는 브리징 스트레티지라는 사실을 밝혀냈다. 각 공동체는 특성에 따라 사전에 구체적인 계획을 세워 놓고 변화할 수도 있고, 또는 근본적 방향을 정해 놓고 상황에 맞게 적응하면서 변화해 나갈 수도 있다.

첫째, 클로즈 브리징 스트레티지(close bridging strategies)는 사전에 모든 계획을 세워 놓고 변화해 가는 것을 의미한다.

둘째, 오픈 브리징 스트레티지(open bridging strategies)는 상황에 적응해 가면서 변화 시스템을 가동하는 것을 의미한다.

조직 속에서 변화를 추구할 때, 각각 다른 두 가지의 성향을 가진 사람들이 있다는 것을 기억해야 한다. 추구하는 변화에 대한 방법의 차이가 있다는 것을 인정하고, 변화해 나가는 과정에서 팀원들 간에 서로를 향한 이해와 차이에 대한 존중이 필요하다.

큰 그림에서는 전략적인 변화를 기획하고 준비해야 한다. 하지만, 이러한 장기(long-term) 계획 안에서도 상황에 맞게 전략을 수정하는 오픈 브리징 스트레티지가 최근 전문가들 사이에서 많이 강조되고 있다. 왜냐하면, 지금 우리가 살아가는 세상이 너무 급변하고 있기 때문이다. 급변하는 사회 속에서 조직은 반드시 적응하며 변화해 나가야 한다.

1) 브리징 스트레티지의 일곱 가지 요소

(1) 매크로 컨텍스트(Macro Context)

교회, 선교 단체, 기업 등 모든 조직은 환경의 영향을 받는다. 세계, 나라, 지역 환경에 영향력 받기 때문에 전반적인 상황을 염두에 두는 일은 중요하다. 변화를 위해서는 반드시 상황을 파악해야 하며, 시대적인 흐름도 잘 파악해야 한다. 예를 들어, 팬데믹 같은 상황이 변화에 어떤 영향을 미치는지 생각해야 한다. 포스트 코로나로 인해 변화된 모습들을 미리 고려한 조직과 그렇지 못한 조직은 분명 다른 열매를 맺고 있을 것이다.

(2) 체인지 에이전트(Change Agent, 사람에 의한 변화-주도자)

지도자마다 성향이 다르다. 앞에서 언급했듯, 미리 모든 계획을 정하고 변화를 일으키는 사람과 변화를 환경의 유동성에 따라 유연하게 이끄는 리더의 성향 차이가 존재한다. 변화를 일으키는 데 탁월한 사람이 있고 또 변화가 일어난 것을 퍼실리테이터의 방법으로 이끄는 데 재능이 있는 사람이 있다. 또 변화에 필요한 자원을 잘 연결해 주는 사람이 있다. 자신은 변화를 이끄는 데 있어서 어떠한 면에서 기여할 수 있는지를 아는 것이 중요하다. 또한, 동료는 어떤 종류의 변화 에이전트인지 그리고 나와 협업하는 동역자들은 어떤 리더십의 성향으로 변화를 이끄는지를 잘 이해하고 협업하는 노력이 필요하다. 변화에는 사람이 매우 중요한 요소이기 때문에 변화를 이끄는 사람의 유형을 파악하는 것은 매우 중요하다.

(3) 체인지 파티스펀트(Change Participant, 사람에 의한 변화-따르거나 참여하는 사람)

변화에 참여하는 사람이 어떤 존재인가를 말한다. 어떤 사람은 변화에 능동적으로 참여하려 하고, 반대로 변화에 저항하는 유형의 사람들도 있다. 따라서 변화에 참여하는 사람들의 특성을 이해하는 것도 매우 중요하다. 변화는 결국 사람들에 의해 일어나기 때문에 변화에 참여하는 사람들의 성향을 파악하고 잘 이끌어 나가는 노력이 필요하다.

(4) 마이크로 컨텍스트(Micro Context)

조직 자체를 이해하는 것도 중요하다. 우리 조직이 임무를 제대로 수행하는지를 잘 평가해야 하고, 조직의 현 상황도 잘 이해해야 한다. 조직 내에서 변화에 긍정적인 요인은 무엇인지 또는 부정적인 요인은 무엇인지를 잘 파악해야 한다.

'역장 분석'(Force Field Analysis)을 통해 조직의 반응을 파악하기도 한다. 역장 분석은 어떤 목적을 달성하는 데 있어 긍정적인 힘(도와주는 힘)과 부정적인 힘(방해하는 힘)이 무엇인지, 그것들의 상대적인 크기는 어떠한지를 알 수 있게 보여 주는 도구다. MIT의 쿠르트 레빈(Kurt Lewin) 교수가 처음 고안한 이 틀은 사회과학, 사회심리학, 조직 개발, 변화 관리 등 다양한 분야에 큰 공헌을 했다.

또한, 조직의 역사 속에서 변화가 긍정적으로 잘 이루어졌는지 또는 반복된 실패를 통해 사람들이 변화에 대해 부정적인 인식을 갖게 되었는지를 이해할 필요가 있다. 조직이 변화에 대해 어떤 역사가 있었는지를 알게 되면, 새로운 변화 전략을 짜는 데 유리하다.

  조직에서 변화에 대한 비전을 나누려면 미리 틀을 가지고 있어야 한다. 조직을 이해하고 조직의 역사, 비전, 가치를 미리 파악해야 한다. 조직의 유기적인 특성에 대해서 이해해야 한다. 문화, 생애 변화, 역사 등을 이해하는 것도 이와 같은 맥락이다. 더 나아가 조직의 장단점, 특징, 구조 등을 잘 이해하는 것도 조직의 전략적인 변화에 매우 중요한 부분 중 하나다.

(5) 체인지 타임(Change Time)

  변화는 시간에 걸쳐 일어난다. 따라서 장기 계획과 단기 계획 모두 필요하다. 변화는 미래의 변화된 모습을 미리 그려 보고 그것을 위해 현재에 무엇을 해야 하는지 구체적으로 준비하는 노력이 필요하다. 즉, 미래의 변화될 모습을 미리 바라보며 현재 무엇을 해야 하는지 시간과 에너지를 배정하는 것이 중요하다. 퓨쳐 백(Future Back) 관점을 통해 시간에 대한 패러다임을 전환해야 변화의 전략을 효과적으로 세울 수 있다.

(6) 액츄얼 체인지(Actual Change, 실제적인 변화에 관한 정리)

  구체적인 변화를 위한 목표를 정하는 것(Goal Setting)이다.

① 영향을 받은 사람들과 변화

- 누가 영향을 받을 것인가: 변화의 영향을 받을 대상을 명확히 정의해야 한다. 특정 개인, 팀, 또는 조직 전체가 변화의 대상이 될 수 있다.
- 어떻게 영향을 받을 것인가: 각 영향을 받는 사람들이 변화에 대해 어떻게 대응할지 예상해야 한다. 어떤 이들은 적응하거나 새로운 임무를 수행해야 할 것이고, 또 다른 이들은 새로운 기술이나 방법을 습득해야 할 것이다.

② **영향을 받은 구조와 변화**
- 조직 구조의 변화: 조직 구조는 어떻게 변화해야 할까?
- 새로운 부서나 팀이 필요할지, 업무 분배가 조정되어야 할지 고려해야 한다.
- 업무 방식의 변화: 조직이 변화를 수용하고 완수하기 위해 업무가 어떻게 조직되어야 하는가?
- 새로운 프로세스나 협업 방식이 도입되어야 한다.

③ **가치와 철학의 변화**
- 가치의 변화: 변화가 조직의 가치와 철학에 어떤 영향을 미칠지 고려해야 한다. 조직의 핵심 가치가 수정되거나, 새로운 가치가 강조될 수 있다.
- 리더십과 문화의 변화: 변화를 주도하는 리더십과 조직 문화는 어떻게 변화해야 하는가?

이는 변화를 효과적으로 이끌고 유지하기 위해 중요한 측면이다. 브리징 프로파일을 통한 변화 예비 평가는 변화를 실현하기 위해 이러한 측면을 종합적으로 살펴 현재의 도전과 미래의 가능성을 폭넓게 평가한다. 이를 통해 조직은 새로운 문제에 대응하고, 유연하게 변화하며 발전할 수 있는 기반을 마련하게 된다. 따라서 철학과 구조를 어떻게 변화시킬지, 그리고 그에 따른 여파까지 정리하는 과정이 필요하다. 즉, 구체적인 변화의 모습들을 분석하고 체계적으로 정리하는 것이 중요하다.

(7) 액션 얼터너티브(Action Alternative)

구체적인 변화를 실현하기 위한 플랜을 세운다. 윤리적인 부분과 시간적 우선순위를 염두에 두고 변화를 이끄는 것이다. 변화를 위한 자원과 사람까지도 미리 준비하며, 변화를 행동으로 옮길 수 있도록 사전에 기획하고, 실행 가능한 단위로 구체화하는 것을 의미한다.

지금까지 살펴본 것처럼 브리징 스트레티지는 다양한 유익을 제공한다. 다양한 전략과 브리징 스트레티지는 현재와 미래를 연결하여 조직의 지속적인 발전을 촉진하기 때문이다. 전략적 변화는 비단 성공만이 아니라 조직의 다양한 영역에서 향상을 가져온다. 그렇기에 전략적 변화는 미래를 준비하고 지속 가능한 성과를 이루기 위한 필수적인 수단으로 간주되어야 한다.

이에 대한 깊은 이해와 그것을 실제로 활용하는 능력이 조직과 개인의 성공에 결정적인 영향을 미칠 것이다. 브리징 스트레티지를 통한 조직의 성장을 위해 리더는 유연성과 통합성의 균형을 반드시 유지해야 한다. 유연성이 부족하면 변화에 적응하기 어렵고, 반대로 통합적 계획 없이 유연성만 강조하면 일관성 없는 변화로 이어질 수 있기 때문이다. 결국, 미리 대책을 세우는 것이 변화의 핵심이다.

4. 변화의 특성

변화를 이끌기 위해서는 먼저 변화의 특성을 잘 알아야 한다.
조직의 변화를 위해 알아두어야 할 변화의 특성은 무엇일까?

1) 항상성(Homeostasis, 유기체가 평정 상태를 유지하려는 경향)

이것은 체온을 유지하려는 모습을 통해 이해할 수 있다. 우리 신체는 변화에도 일정한 온도를 유지하기 위해 힘쓴다. 예를 들어, 땀을 흘리고 몸을 떠는 등의 현상을 볼 수 있다. 즉, 변화에 저항하는 기본 시스템이 작동하는 것이다.

조직도 마찬가지다. 변화에 대한 반응이 저항으로 나타나는 경우가 있음을 늘 염두에 두어야 한다. 변화를 모든 사람이 좋아하지 않는다는 것을 기본적으로 알고 있어야 한다. 변화를 끌어내는 지도자라면 변화를 거부하며 저항하는 움직임이 있다는 것을 반드시 알아야 한다.

2) 의도하지 않은 변화(Emergent Characteristics)

의도하지 않았는데도 변화가 일어난 경우를 말한다. 대표적인 예로 인터넷의 보급을 들 수 있다. 초기에 인터넷은 군사적 목적을 위해 개발되었다. 그러나 시간이 흐름에 따라 급격한 기술 발전과 새로운 응용 프로그램의 등장으로 인해 인터넷은 예상치 못한 방향으로 발전했다.

개발자들이 처음에는 정보 공유와 통신을 목적으로 개발했지만, 웹 브라우저의 등장과 함께 인터넷은 대중적으로 사용되며 상업적으로 활용되었다. 이로써 전 세계 사람들 간의 연결성이 높아지고 새로운 비즈니스 모델이 나타나며 전 세계인의 생활이 놀랍도록 바뀌었다.

3) 지렛대 효과(leverage)

어떤 시스템에 영향을 주어 결과를 만들어 내는 것을 말한다. 간접적으로 영향을 미치는 지렛대 효과를 의미하는 것이다. 예를 들어, 미국 정부에서 교육 기관이 성차별 규정을 시행하도록 하기 위해 연방 정부 지원금을 활용했다. 미국 정부가 직접 정책을 펼친 것은 아니지만, 지원금을 통해 간접적으로 영향을 미친 것이다.

이와 같이, 변화에 고려해야 할 세 가지 특성을 살펴보았다. 이런 부분을 가지고 각 팀은 다음과 같은 질문을 던져야 한다.

여러분 조직의 고통의 요소는 무엇인가?

작은 변화를 통해 조직에 큰 영향을 줄 수 있는 것은 무엇이 있겠는가?

우리는 그것을 변화를 위한 '소프트 스팟'(soft spot)이라고 부를 수 있다. 이 부분은 변화에 있어 매우 중요하다. 조직에 문제가 많아 다 풀 수 없을 때, 작은 부분에 영향을 주어서 전체를 바꾸는 것이 소프트 스팟이다. 조직 전체의 변화를 이끄는 것은 복잡하지만 작은 부분을 통해 전체를 바꾸려는 마음으로 조금씩 전략적으로 변화시켜 나가는 지혜가 필요하다.

5. AI 이론

변화에 대한 여러 가지 방법론이 있지만 그중 가장 먼저 소개하고 싶은 것은 바로 AI 이론이다. AI(Appreciative Inquiry, 장점 탐구)는 조직이나 개인이 변화를 추구할 때 사용되는 방법론으로, 주로 긍정적이고 협력적인 관점에서 조직을 바라보며 변화를 이끌어 내는 데 중점을 둔다.

1) 결핍의 관점 vs. 장점의 관점

- 결핍의 관점: 문제나 부족한 부분을 찾아 개선하는 방식이며, 근본적인 원인을 찾아 문제를 해결하는 방법을 강조한다. 대부분의 팀은 이 관점을 많이 따른다.
- 장점 탐구(AI)의 관점: 가장 좋은 것을 찾고 그것을 강화하여 변화를 이끌어 내는 방식이다. 미래를 긍정적으로 생각하고 조직을 증진시키기 위해 노력한다. 이 관점의 장점은 창조적 에너지가 생겨난다는 것이다. 문제에 집중하면 스트레스가 생기고 부정적인 에너지가 생기지만, 팀이나 조직의 장점을 바라보면 에너지가 생기고 미래에 대한 기대를 가지게 된다.

우리는 보통 삼삼오오 모이면 본인이 속한 공동체에 대해 이야기한다. 그런데 부정적인 이야기를 하면 어떤가?

기분이 나빠지고 에너지가 소모된다. 반면에 긍정적인 이야기를 하면 새로운 에너지가 생겨나는 것을 경험하게 된다.

2) 경험과 변화에 대한 긍정적인 관점

긍정적인 관점을 취하며 변화를 이끄는 것이 중요하다. 동기 부여와 긍정적인 에너지를 통해 사람들이 자발적으로 참여하고 변화를 만들어 낼 수 있기 때문이다. 긍정적인 관점으로 접근해 무엇을 개선해야 하는지에 중점을 두는 자세가 필요하다. 동기 부여를 위해서는 긍정적인 에너지와 관점의 중요성을 인식해야 한다.

3) 장점 탐구의 중요성

장점 탐구는 감사하고 강화하는 리더십이다. 장점을 찾아낸 후 그것을 감사하고 강화하는 것이 중요하다. 이것은 시스템이 최고 수준으로 작동하며 발전하는 데 기여한다. 장점을 연구하다 보면 자신들이 가진 것의 소중함을 깨닫게 되고, 자연스럽게 감사와 자신감이 생겨난다. 이것은 좋은 팀워크 분위기로 이어지며, 조직의 성장에 기여한다.

4) 장점 탐구의 정의

감사하고 탐구하는 방식은 협력, 적극적 참여, 시스템 최적화를 통해 생명력을 찾아내는 장점이 있다.

5) 낙관적이고 긍정적인 리더십

이 리더십을 가진 리더들은 장점 탐구를 받아들이며 변화를 이끄는 데 긍정적인 에너지와 중요한 역할을 한다. 물론, 초기에는 팀원들 가운데 회의적인 반응도 있을 수 있지만, 결국 생명력을 찾아내고 긍정적인 에너지를 통해 대화를 증진시킬 수 있다. 우리가 염두에 두어야 할 점은 모든 조직에는 잘 작동되는 부분이 분명히 존재한다는 것이다. 모든 조직은 성공적으로 기능하는 부분을 가지고 있으며, 이를 찾아내고 강화함으로써 변화와 성공을 끌어낼 수 있다.

하지만, 현실에는 순진한 현실주의자와 비평적인 현실주의자의 시각 차이, 곧 이론을 비판하는 사람들도 팀 안에 분명히 있다. 그러므로 각 개인은 각자 자신만의 현실을 가지고 있음을 인정해야 한다. 이 점을 존중하고 다양성을 통합함으로써 조직 내에서 시너지를 창출할 수 있다. 즉, 사람의 관점과 가치를 존중하며 또한 차이를 존중하고 현실을 인정하면 시너지 효과가 난다.

결국, 우리가 집중하는 것이 현실이 되므로, 문제에만 집중하지 말고 조직의 장점에 주목해야 한다. 우리의 교회나 기업 또는 단체가 주로 어디에 주력하느냐에 따라 그 현실이 형성된다. 따라서 긍정적인 변화를 이끌기 위해서는 장점에 집중하고 강화해야 한다. 이때, 언어는 현실을 형성하므로 정확하고 열린 질문을 통해 현실을 정의하는 것을 잊지 말아야 한다. 지도자는 이러한 질문을 통해 조직의 현실을 이해하고, 이를 기반으로 향후 전략을 계획하고 실행해 나가야 한다.

여기서 놓치지 말아야 할 것은 미래로 나아가는 리더십에 있어 과거의 역할이다. 조직 구성원들은 과거의 성공을 통해 안정감을 얻고, 이를 바탕으로 미래에 대한 확신을 가질 수 있다. 따라서 조직은 과거의 역동적인 측면을 고려하며 발전해 나가야 한다.

우리가 처한 현실에서 변화를 이끌기 위해서는 관심 있는 부분을 선택하고 구체적인 포커스를 갖는 것이 중요하다. 또한, 인터뷰를 통해 잘 작동했던 부분을 파악하고, 패턴이나 주제를 찾아내며, 가능성 있는 포부선언을 통해 변화를 이끌어 가야 한다. 그리고 구체적이고 실현 가능한 행동을 정하고 팀원들과 함께 믿고 꿈을 나누며 변화를 추진해야 한다.

이런 원칙과 방법을 통해 사람들을 변화시키고 긍정적인 에너지를 만들며, 문제 중심이 아닌 장점 중심으로 변화를 이끌어 나갈 수 있다. 이것이 리더십에서 필수적인 도구이자 철학으로 작용함으로써 변화를 만들어 내게 된다.

6. 스위치: 행동 설계 변화 이론

『스위치』는 칩 히스와 댄 히스 형제가 공동 저술한 책으로, 조직이나 개인이 어려운 변화를 성공적으로 끌어내는 방법을 다루고 있다. 그의 저서에서는 감정과 논리, 환경을 조율하여 변화의 스위치를 켜는 방법을 소개하고 있다. 핵심은 변화를 위해서는 논리뿐만 아니라 감정과 환경의 영향도 함께 고려해야 한다는 점이다.

1) 밝은 길로 유도한다(Direct the Rider: 기수에게 방향을 제시하라)

변화의 주체인 '라이더'(Rider)는 논리적인 사고를 나타낸다. 목표를 설정하고 계획을 세우는 역할이다. 명확하고 구체적인 목표를 설정하고, 그것을 달성하기 위한 계획을 세우는 것이 중요하다. 라이더를 이끌기 위해서는 목표가 분명하고 단순해야 한다.

2) 감정을 다룬다(Motivate the Elephant: 코끼리에게 동기를 부여하라)

'엘리펀트'(Elephant)는 감정과 본능을 나타낸다. 엘리펀트를 움직이게 하기 위해서는 강력한 감정을 자극해야 한다. 변화에 대한 긍정적인 감정을 부여하고, 현재의 감정을 이해하여 이를 변화에 긍정적으로 활용하는 것이 중요하다.

3) 환경을 조성한다(Shape the Path: 지도를 구체화하라)

'패스'(Path)는 환경을 나타낸다. 환경을 조성하여 원활한 변화를 돕는 것이 필요하다. 적절한 규칙, 제도, 시스템을 구축하고, 사람들이 쉽게 변화에 참여할 수 있는 환경을 조성하는 것이다. 이 세 가지 원리를 결합하여 변화를 이끌어 내는 것이 스위치 행동 설계 변화 이론의 핵심이다.

그렇다면 스위치 이론은 팀워크에 어떻게 적용될 수 있을까?

- 라이더: 팀 내에서 목표를 설정하고 계획을 세우는 역할을 한다. 목표를 명확하게 설정하고 팀원들에게 전략적인 방향성을 제공하여 목표 달성을 이끌어 낸다.
- 엘리펀트: 팀원들의 감정과 동기를 이끄는 역할을 수행한다. 긍정적인 감정과 팀원 간 유대감을 조성하여 팀의 협업과 의사소통을 강화할 수 있다. 엘리펀트의 감정적인 동기 부여는 팀의 긍정적인 분위기를 조성하는 데 기여한다.
- 패스: 팀의 환경과 문화를 조성하는 역할을 한다. 효과적인 팀 환경을 조성함으로써 팀원들이 자연스럽게 협력하고 의사소통할 수 있도록 지원한다. 패스의 개선은 팀의 효율성을 증진한다.

첫째, 스위치 이론은 변화에 대한 효과적인 전략을 제공하는 동시에 팀의 협력을 강화하는 방법을 제시한다. 변화의 본질적인 부분은 팀의 동원과 협업을 포함하며, 이를 위해 라이더, 엘리펀트, 패스의 조화로운 작용이 필요하다. 팀 내 변화가 필요한 경우, 라이더를 통해 목표와 전략을 명확히 하고, 엘리펀트를 통해 팀원들의 감정과 동기를 고려하며, 패스를 통해 팀의 환경과 문화를 조성함으로써 팀의 변화에 대한 접근을 구체화할 수 있다.

둘째, 스위치 이론은 팀원들 간에 상호 작용과 이해를 증진시키는 방향으로 팀워크의 측면에도 관심을 기울인다. 엘리펀트를 통해 감정적인 공감을 높이고, 패스를 통해 팀의 문화를 발전시키는 것으로 팀의 적응력을 향상시킬 수 있다. 팀이 변화를 주도할 때는 라이더의 지적 능력, 엘리펀트의 감정적 동기 부여, 패스의 팀 환경 조성이 필수적이다.

셋째, 스위치 이론은 팀이 효과적으로 변화를 주도하고 적응할 수 있도록 돕는 도구로 활용될 수 있다. 스위치 이론은 변화와 팀워크를 통합적으로 다루며, 조직이나 팀이 효과적으로 변화에 대응하고 협력을 강화하는 데 도움을 줄 것이다. 결국, 큰 변화는 작은 걸음에서 시작되며 작은 변화는 눈덩이처럼 커진다. 성공적인 변화에는 일정한 패턴이 있다. 그것은 뚜렷한 방향, 충분한 동기, 도움이 되는 환경이다. 변화는 분명히 패턴을 따르게 되어 있다.

우리는 변화를 추구하다가 실제로 이런 질문과 마주하게 된다.
과연 작은 변화가 정말 큰 결과를 만들어 낼 수 있을까?

7. 나비 효과

벤저민 하디가 쓴 『퓨처셀프』는 나비 효과에 관해 이야기한다. 나비 효과는 감지할 수 없을 정도의 사소한 일이 커져, 전체 시스템에 막대한 영향을 준다는 것을 설명하는 경제 용어다.

한 예로, 1995년 옐로스톤 국립공원에 늑대를 풀어놓았던 일이 있었다. 70년 동안 사슴의 포식자가 없어서 사슴 개체수가 엄청나게 늘었다. 사람이 사슴을 통제하려 했지만 불가능했다. 사슴은 공원의 모든 식물을 뜯어 먹었다. 늑대 몇 마리를 공원에 풀어놓자 상황이 달라졌다. 늑대가 사슴 몇 마리를 잡아먹긴 했지만, 그보다 놀라운 일은 사슴이 공원의 특정 장소를 피해 다녔다는 것이다. 특히, 계곡과 협곡에는 사슴이 얼씬도 하지 않았다.

그러자 그곳에 풀이 다시 나기 시작했다. 일부 지역에서는 나무의 키가 다섯 배가 커졌다. 황량했던 계곡이 사시나무와 버드나무, 미루나무가 우거진 숲으로 빠르게 변했다. 나무가 많아지자 새들도 날아들었다. 비버의 개체수도 급격히 불어났다. 늘어난 비버들이 댐을 만들려고 나무를 쓰러뜨려 수달, 오리, 물고기, 파충류의 서식지가 생겼다. 열매가 풍부해지면서 곰의 수도 늘어났다. 늑대가 코요테를 잡아먹자 쥐와 토끼의 개체수가 늘었고, 이는 매, 족제비, 여우, 오소리의 먹잇감이 되었다.

가장 놀라운 일은 옐로스톤 국립공원을 흐르는 강줄기의 윤곽이 더욱 뚜렷해지고 길어졌다는 것이다. 다시 살아난 숲 덕분에 둑이 안정화되고 튼튼해지면서, 물길이 선명해지고 웅덩이가 생겼다. 늑대가 고원의 생태계만 바꾼 것이 아니라 물리적인 구조까지 바꾼 것이다.

나비 효과와 같이 작은 변화는 예측할 수 없는 방식으로 시스템 전체에 간접적인 변화를 가져온다. 이런 사실은 시스템적 사고와 시스템화가 왜 그렇게 강력한지 잘 보여 준다. 시스템에 작은 변화를 도입하면 극적인 효과를 얻을 수 있음을 간과해서는 안 된다. 아무리 좋은 시스템을 만들어 놓았다고 해도 금방 쓸모없어질 수 있다는 점에 유의해야 한다.

비전이 확장되고 더 나은 결과를 위해 더욱 전념하게 될 때 시스템도 개선해야 한다. 즉, 큰 변화를 기대한다면 작은 것의 변화부터 집중해야 한다. 좋은 팀워크는 작은 변화부터 시작해 큰 변화로 나아가는 데 함께 힘을 모으게 되어 있다.

또한, '72 대 1 법칙'이 있다. 자기가 결심한 사항을 72시간, 즉 3일 이내에 행동으로 옮기지 않으면 단 1퍼센트도 성공할 가능성이 없다는 내용이다. 우리는 '생각'만 하고 시도하지 않는 경우가 많다. 혼자 시뮬레이션을 돌리며 시간과 상황 등 환경 탓만 하기 때문이다. 하지만, 시작은 '그냥' 하는 것이다. 사실 바로 시작한다는 것이 말은 쉽지만, 실제로는 쉽지 않다. 그러므로 생각해서 결론을 지었다면 재빨리 실행에 옮겨야 한다. 여기서 바로 성공과 실패가 나뉜다.

필자가 경험한 구체적인 변화의 기술도 소개하고 싶다. 새벽 4시에 일어나겠다는 결심을 한 적이 있다. 그런데 결심만으로는 변화가 쉽게 일어나지 않았다. 그래서 전략을 바꾸었다. 10시에 자겠다고 결심을 바꾼 것이다. 그랬더니 변화는 성공했고 성과가 바로 나타났다. 10시에 자겠다고 생각하니 기분도 더 좋았다. 시간을 더 효율적으로 활용하고 에너지를 더 잘 쓸 수 있었고 아들도 키가 더 크리라 생각하니 행복했다. 행복한 감정이 들자 실행하기가 더 쉬워졌다.

행복한 감정은 차이를 만들고 변화를 유도한다. 행복한 마음은 변화를 만들고 변화는 삶을 행복하게 해 준다. 이러한 선순환이 일어나는 것이 중요하다.
앤디 스탠리는 『넥스트』에서 짐 쿠제스의 말을 인용한다.

> 위기와 변화의 시기에 대담하게 행동하는 리더만이 기꺼이 따를 만하다.

스탠리는 리더는 발전을 사랑하며 발전은 변화를 요구한다고 말한다. 어떤 조직, 사역, 사업 또는 관계가 발전하기 위해서는 반드시 변화가 필요하지만, 조직은 안정을 추구한다. 그러나 발전은 변화를 요구하고 변화는 안정과 대조되는 개념이기 때문에, 조직과 조직 내부의 사람들은 발전을 가로막는 방해물이 될 수 있다.

하지만, 스탠리는 그런데도 리더는 발전을 선택해야 한다고 이야기한다. 그의 말에 의하면 현 상태를 그대로 받아들이는 것은 사형 선고를 받아들이는 것과 같다. 전진이 없는 곳에는 성장도 없고, 성장이 멈추면 생명도 없기 때문이다. 그러면서 그는 리더를 평범한 사람과 구별되게 하는 것은 통찰력이 아니라 깨달은 대로 행동하고, 다른 사람들이 침묵할 때 당당하게 말할 수 있는 용기라고 말한다.

다음 세대의 리더는 침묵하고 속으로만 삭이는 사람이 아니라 필요한 변화에 도전하고 그 대가를 감당하는 사람이어야 한다. 또한, 스탠리는 항상 처음으로 변화의 필요성을 깨닫는 사람이 리더인 것은 아니지만, 처음으로 행동하는 사람이 리더라고 말한다. 일단 무리에서 나와 움직이면, 리더의 위치에 서게 되는 것이다.

칩 히스와 댄 히스가 공저한 『스위치』에서는 사람들이 변화하기 싫어하는 이유로 '모호성'을 든다. 변화는 새로운 선택을 가져오고, 새로운 선택들은 불확실성을 초래한다. 그런데 변화를 이끄는 대부분의 리더는 고차적인 방향만 설정하려 한다. "나는 비전을 정해줄 뿐 세부 사항에는 손대지 않을 거야"라는 식이다.

강력한 비전은 물론 중요하지만, 그것만으로는 결코 충분치 않다. 왜냐하면, 큰 그림만 보는 무간섭주의적 리더십은 변화의 상황에서 효과를 발휘하지 못할 가능성이 크기 때문이다. 변화에서 가장 힘든 부분, 결정 마비를 일으키는 부분은 바로 세부 사항들이다. 그러므로 모호성은 변화를 막는 가장 큰 적이다. 변화에 성공하기 위해서는 모호한 목표를 구체적인 행동으로 전환해야 한다. 결정적인 조치들에 대한 시나리오를 준비해야 한다.

변화를 위해서는 반드시 작은 것부터 철저히 준비해 나가야 하며 더 나아가 시스템을 준비해야 한다.

8. 변화를 위한 열린 시스템

『스위치』는 올바른 환경, 즉 시스템을 조정하는 것이 조직의 성공과 얼마나 깊은 관련이 있는지를 말한다. 환경을 조정한다는 것은 올바른 행동은 조금 더 쉽게, 그릇된 행동은 조금 더 어렵게 만들도록 하는 것을 뜻한다. 책은 아주 간단한 예를 든다.

몇 년 전, 컨설턴트 피터 브레그먼은 한 환경 컨설팅 회사로부터 행정 관련 문제를 해결해 달라는 요청을 받았다. 직원들이 근무 시간 기록표를 제때 제출하지 않아서 회사의 청구서 작성이 지연되는 것이 문제였다. 상담 시간에 근거하여 고객에게 요금을 부과했기 때문에 근무 시간 기록표가 없으면 차질이 생길 수밖에 없었다.

그 회사의 직원들은 예전부터 종이로 된 근무 시간 기록표를 사용해 왔고 그 방식을 굳게 신뢰하고 있었다. 그러던 중 회사에서 온라인 근무 시간 기록 도구를 개발했지만, 직원들은 그것을 사용하지 않았다. 경영진은 설명회를 열어 새 도구에 관해 설명했으나 직원들은 계속해서 종이 기록표를 고집했다. 실망한 경영진은 강제력을 동원해, 온라인 도구를 의무적으로 사용하라고 발표했다.

"약 절반가량의 직원에게는 그 방법이 효과가 있었습니다."

브레그먼은 말했다.

"나머지는 여전히 방침을 무시했죠."

경영진은 싸움을 더욱 확대할 각오가 되어 있었다. 온라인 방식을 이용하지 않으면 급여를 받을 수 없다는 메모가 눈에 띄었다.

브레그먼은 여기서 제동을 걸었다.

"잠깐만요, 사람들이 왜 온라인 근무 시간 기록표를 사용하지 않는지는 알고 있습니까?"

경영진은 직원들이 러다이트(Luddite, 신기술 반대자, 19세기 산업 혁명 당시 기계가 일자리를 빼앗을 것이라 믿고 공장 기계 파괴에 앞장섰던 네드 루드의 이름에서 유래한 말)이거나 단지 고집이 세서 그런 것이라 추측했다.

브레그먼은 경영진을 설득하여 조금 더 조사를 해 보도록 했다. 종이로 된 근무 시간 기록표를 사용하는 직원들에게 왜 온라인 도구를 사용하지 않는지 물어보았다.

"종이가 더 간편하니까요."

대부분 이렇게 대답했다. 어딘가 미심쩍었던 질문자는 직원에게 온라인 기록표에 시간을 기록하는 모습을 볼 수 있겠느냐고 요청했다. 이것이 주효했다. 다수의 직원은 온라인 도구를 실행시킨 뒤 '마법사' 화면이 등장하자마자 투덜대기 시작했다. 아이러니하게도 마법사는 직원들의 서류 작성을 도와줄 목적으로 제작된 것이었다. 편지를 좀 쓰려고 하면 나타나 도움말을 표시하는 마이크로소프트 오피스의 성가신 클립 캐릭터를 떠올리면 될 것이다.

선택권 없이 무조건 그 캐릭터의 '도움'을 받아들여야 하는 상황을 상상해 보라. 경영진이 도구를 수정하여 마법사를 제거하고 직원들이 서식으로 바로 건너뛸 수 있도록 하자 온라인 도구 사용률은 즉각 상승했고, 몇 주 내에 전원이 온라인 도구를 사용하게 되었다.

"직원들이 반항적이었던 것이 아닙니다."

그들은 단지 더 간편한 지도를 따랐던 것뿐이다. 이 이야기에서 안타까운 점은 경영진이 애초에 해결 방법을 찾지 않았고, 급료를 주지 않겠다고 위협하며 겁주려 했다는 점이다. 이러한 리더십의 흔한 결정에 우리는 익숙해져 있다. 그러나 더 이상은 그러면 안 된다. 브레그먼은 그들을 "꽉 막힌 사람들"이라고 말한다.

> 글쎄요, 전 그들에게 '부탁'도 하고 어떻게 해야 할지 '가르치기도' 하고 그들이 해야 할 일을 '충고'하기도 했습니다.
> 더 이상 뭘 어떻게 하겠습니까?

경영진은 이미 도구 상자 안에 든 도구는 다 써 봤다고 생각했다. 그래서 그들은 성급하게 징벌을 택했다.
브레그먼은 이렇게 말한다.

> '우리 비즈니스 환경은 인센티브에 초점을 맞추도록 가르칩니다.'
> 심지어 우리 부모님들도 이렇게 말씀하시죠.
> '이거 안 하면 용돈 없는 줄 알아라.'

그러나 경영진이나 부모들이 깨달아야 할 것은, 스스로 생각하는 것보다 이미 더 많은 도구를 가지고 있다는 사실이다. 구체적인 방법을 바꾸면 된다. 그것이 곧 행동을 변화시키고, 더 큰 변화와 효율을 끌어낸다.
우리는 방법을 변화시키기보다 상벌 제도라는 낡은 방법에 이미 익숙해져 있을지도 모른다. 그러나 변화를 위한 방법을 바꾸지 않는다면 우리 조직은 앞으로 한발자국도 나아가지 못하게 될 것이다. 변화를 위해서는 우리의 시스템과 태도부터 바꾸어야 한다.

세븐 미라클 클리닉 #7

✓ **변화에 대한 준비가 팀워크에 미치는 영향에 관해서 이야기해 보라.**

- 전략적 변화의 일곱 가지 요소 중에 당신의 공동체에 가장 부족한 부분은 무엇인가?

✓ **AI 이론을 당신의 조직에 적용해 보라.**

- 스위치 이론을 통해 당신의 공동체가 변화를 시도했을 때 기대되는 결과는 무엇인가?
- 당신의 조직에서 나비 효과를 기대하기 위해 제일 먼저 변화를 시작해야 할 부분은 어디인가?
- 변화를 위해 당신의 조직이 정비해야 할 시스템은 무엇인가?

제3부

세상이 기대하는 건강한 공동체

제1장
건강한 공동체가 되려면 팀워크가 중요하다

우리는 지금까지 세븐 미라클을 통한 협업 리더십에 관해 살펴보았다. 세븐 미라클의 시스템을 요약하면 다음과 같다. 핵심 가치를 발견하고 자신들을 파악한 후 구체적인 목표를 세우고 일을 분배하며 소통하는 팀으로 만든다. 그리고 위기 해결 방법을 준비해 놓고 존중의 문화를 세우며 마지막으로 변화에 대비하는 공동체를 만드는 과정이다.

세븐 미라클의 시스템이 추구하는 것은 건강한 공동체, 즉 팀워크가 진정으로 이루어지는 조직이다. 각 단계의 시스템을 통해 공동체가 팀워크를 이루어 가는 기적과 같은 솔루션을 이야기하고 싶었다. 세븐 미라클이 지속해서 조직을 성장시키기 위해서는 세븐 미라클의 7단계 시스템이 당신의 조직에서 어떤 성과를 내고 있는지 또 어떤 점이 부족한지를 점검해야 한다.

팀워크는 아무리 강조해도 지나치지 않다. 그러나 팀워크에 관한 관심은 생각보다 적은 것 같다. 『섀클턴의 서바이벌 리더십』에는 섀클턴이 얼마나 팀워크를 강조했는지에 대해서 잘 나와 있다. 남극 대륙 횡단 탐험 팀이 처한 상황에서 분열은 에너지의 소모를 의미했고, 불협화음은 생사를 가를 수 있었기 때문이다.

섀클턴은 대원들 간의 갈등이 너무나 극명했던 스콧과의 초기 탐험에서 분열의 위험을 분명히 경험했기에, 팀워크의 중요성을 뼈저리게 느끼고 있었다. 즉, 실패를 통해 팀워크의 중요성을 누구보다 더 뼈저리게 느끼게 된 것이다.

사실 우리는 모두 팀워크의 실패와 아픔들을 겪고 있다. 교회나 회사나 어떤 모임에서 팀워크의 문제로 모두 골머리를 앓으면서도 그저 덮어두거나 쳐다보지 않고 있는 것이 우리의 현실이다. 하지만, 매일의 삶에서 팀워크의 문제는 우리를 아프게 한다.

그러나 섀클턴은 달랐다. 그는 팀워크 리더십을 발휘해 새로운 역사를 써나갔다. 그는 의도적으로 모든 행동을 '팀의 단결'이라는 메시지를 강화하는 데 사용했다. 예를 들어, 인듀어런스호가 침몰하기 전 섀클턴은 저녁 식사를 마친 후 대원들을 전원 선장실로 집합시켰다. 이 모임은 자발적인 토론을 유도했고 나중에 여정에서 중요한 역할을 하는 단결심을 강화하는 역할을 했다. 시간이 흐르자 섀클턴은 전 대원이 함께 머리를 깎자고 제안했고 자신이 제일 먼저 자진해서 머리를 잘랐다.

위슬리는 그때의 광경을 이렇게 묘사했다.

> 리킨슨은 이발 기계를 잡고 히죽 웃었다. 머리를 짧게 깎아 준 동료의 모습은 마치 로마 황제처럼 보였다. 서로 역할을 바꿔 가며 마침내 모두 머리를 깎았고, 마치 죄수들 집단처럼 보였다. 흥분이 가라앉자 '이날 밤을 영원히 기록하고 팀의 단합을 위해' 공식적으로 단체 사진을 찍었다.

다소 코믹하기는 했지만, 그 사건은 단순한 오락 이상의 것이었다. 머리를 깎은 그 의식은 남자들의 공동의 정체성을 확인하기 위한 생생한 표현이었다. 이처럼 지속해서 팀의 단합을 다졌던 탓에, 탐험이 거의 막바지에 이를 무렵 섀클턴이 일행을 둘로 나누어 사우스조지아로 구조를 요청하러 떠날 때도, 팀의 단결은 손상되지 않았다. 떠나는 대원들이 엘리펀트섬에 남아 있는 동료들을 포기할 거라는 두려움은 어디에도 찾아볼 수 없었다. 그들은 하나였다.

우리에게도 이러한 과감한 시도들이 필요하다. 안 된다는 생각이나 애써 외면하려는 태도에서 벗어나 팀워크를 세워야 한다. 팀워크가 깨지면 건강한 공동체는 존재할 수 없기 때문이다.

『거인들의 발자국』의 저자 한홍은 융화력과 팀워크 창조력을 강조하면서 빈스 롬바르디(Vince Lombardi)의 이야기를 한다. 빈스는 미국 프로 미식축구 사상 가장 위대한 감독으로 손꼽히는 인물인데, 그가 부임하기 전에는 승률이 10퍼센트도 안 되던 그린베이 패커스(Green Bay Packers) 팀은 그가 지휘봉을 잡은 1959년부터 완전히 새로 태어났다.

그다음 해는 승률을 60퍼센트 이상으로 끌어올리더니, 1967-68년에는 슈퍼볼 챔피언에 등극하며 1960년대 최강의 팀이 되었다. 팀의 승률은 무려 74퍼센트에 달했고, 그는 NFL 역사상 가장 위대한 코치로 선정되었다. 특히, 그는 게임을 이기는 것보다 선수들의 가슴에 감동을 주고 사람들에게 관심을 쏟은 지도자로 유명하다.

누군가 그에게 무엇이 챔피언십 팀을 만드는지 물었을 때, 그는 세 가지 요소를 들었다.

- 뛰어난 선수들
- 뛰어난 감독
- 그리고 선수들이 얼마나 서로를 사랑하느냐?

그는 자신의 팀 선수들이 미식 축구를 위해 자신의 몸을 내던지는 이유가 우승컵이나 유명세 때문이 아니라고 말했다.

'내가 저 녀석을 막아 내지 않으면, 내 뒤에서 공을 들고 있는 내 사랑하는 동료 폴의 다리가 부러지겠지?

난 절대 그런 일은 용납할 수 없어.'

결정적인 순간, 바로 그 생각이 가장 강한 동기 부여를 시킨다. 그것이 위대한 팀과 평범한 팀의 차이를 가른다. 그래서 사람들이 빈스 롬바디를 '승부의 마술사' 혹은 '사랑의 코치'라고 부른 것이다.

저자는 시너지(synergy) 효과, 혹은 윈윈(Win-Win)의 개념을 이야기하면서, 팀워크를 창조해 내는 융화력은 어떻게든 둘의 힘을 대립시키지 않고, 한 군데로 모아서 강력한 시너지 효과를 창출하는 능력이라고 설명한다.

즉, 일방적으로 단체를 위해 개인의 희생을 강요하는 것이 아니라, 팀워크를 이룸으로써 개인도 더 성공하는 길을 찾는 것이다.

여기서 이런 질문이 제기된다.

분명히 팀워크를 이루기만 하면, 훨씬 더 좋은 성과를 내고 모두에게 유익하지만, 우리의 조직이나 공동체에서 팀워크가 이뤄지기 어려운 이유는 무엇일까?

새로운 피드백 문화의 정착을 통한 세븐 미라클의 적용

    어떤 공동체를 변화시키기 위해서는 그 조직에 새로운 문화를 입히는 것이 중요하다. 그런 의미에서 더 좋은 팀워크를 만들기 위해서는 조직 안에 피드백의 문화가 잘 형성되어야 한다.
    수잔 에쉬포드는 『유연함의 힘』에서 기업 자체가 피드백 문화를 조직할 수 있다고 말한다. 직원 교육과 훈련을 강화하면 되는 것이다. 그는 피드백에 관한 흥미로운 연구 결과를 소개한다. 피드백을 얻는 데도 부익부 빈익빈 현상이 뚜렷이 나타난다는 것이다. 일을 잘하는 데 필요한 능력을 모두 갖추었다고 믿는 사람은 더욱 적극적으로 피드백을 구하는 반면, 자신의 능력에 확신이 없는 사람은 피드백을 얻는 일에 훨씬 소극적이다.
    여기서 에쉬포드는 교훈을 얻을 수 있다고 말한다. 관리자가 직원에게 더 많은 기술을 제공하고 능력을 더 믿어 줄수록 직원은 더욱 편안하게 피드백을 얻으려 할 뿐만 아니라 성장 가능성도 더 커진다는 것이다. 이어서 관리자가 직원의 전반적인 역량 수준 증대 외에도 피드백을 주고받는 행위 자체를 훈련할 필요가 있음을 이야기한다.
    비영리 단체 '호프랩'에서 직원 개발, 문화 담당 부사장을 역임한 머치슨은 피드백 교육의 필요성을 깨달았다. 호프랩은 사명 지향적이고 끈끈하며 강력한 조직 문화를 구축한 소규모 비영리 단체다. 따라서 머치슨은 호프랩의 모든 직원이 자유롭게 피드백을 주고받을 것이라고만 생각했다.

그러나 그의 생각은 완전히 빗나갔다. 가족 같은 조직의 일원이라는 유대감이 오히려 피드백을 주고받을 때 불안감과 두려움을 고조시키는 역할을 했다. 에쉬포드가 진단한 것처럼 그들은 서로에게 솔직해지기에 너무 여렸다. 머치슨은 이 문제를 해결할 방법을 고심했다. 결국, 머치슨은 직원들이 서로 솔직하게 대화하는 능력을 끌어올리는 것이 급선무임을 진단하고, 이 목표에 초점을 맞춰 다양한 실험을 계획했다.

먼저는 직원들이 피드백을 주고받은 경험 중, 좋고 나빴던 기억을 여러 사람과 진솔하게 나눌 다양한 기회를 제공했다. 그다음에는 직원들이 피드백과 관련해 견문을 넓힐 수 있도록 외부 강연자를 초청해 비공식적인 공부 모임을 조직했다. 모임의 참석 여부는 직원 각자에게 자율적으로 맡겼고, 책의 저자 수잔 에쉬포드도 그 모임에 초빙되어 유연함의 기술을 강연했다고 한다.

또한, 머치슨은 직원 각자에게 자신의 강점과 성장하려고 하는 영역을 깊이 고려해 학습 계획을 수립하라고 독려했다. 그런데 이러한 프로세스 가운데 단 하나의 조건을 붙였다. 그것은 자신에게 가장 중요한 성장 목표가 무엇인지 확인하기 위해 상사는 물론 여러 사람에게 피드백을 구하는 과정이 계획 내에 반드시 포함되어야 한다는 것이었다.

나아가 자유롭게 피드백이 오가는 조직 문화를 만들기 위해 머치슨은 다음 두 가지에 집중했다.

첫째, 상사와 직속 직원이 참여하는 회의의 생산성을 높이기 위해 노력했다. 또 직원들에게 스킵레벨(Skip Level) 회의 기회도 제공했다. 스킵레벨 회의는 말 그대로 직급을 하나 뛰어넘는 회의로, 두 직급 높은 상사가 직원의 학습을 돕도록 길을 열어 주는 것이다.

둘째, 머치슨은 직원들의 피드백 기술을 더욱 강화하기 위해 외부 강사를 초청해 전 직원 학습 워크숍도 개최했다. 머치슨이 초청한 강사들은 『일의 99%는 피드백이다』의 공동 저자인 하버드대학교 법학대학원의 두 교수 더글라스 스톤과 실라 힌의 동료 연구원이다.

수잔 에쉬포드는 머치슨이 시도했던 피드백 친화적인 조직 문화 구축을 위한 노력을 통해 유익한 아이디어를 얻도록 권한다. 조직의 최고 경영자든 중간 관리자든 간에 부서의 피드백 문화를 만드는 데 힘쓰라고 독려한다. 그러다 보면 당신 부서 피드백 문화가 다른 부문에 영향을 미칠지도 모른다는 것이다. 그리고 일단 피드백 추구를 자연스러운 조직생활의 일부로 만들고 나면, 모든 구성원이 달콤한 열매를 즐기게 된다고 소개한다.

사실 이러한 문화적인 변화가 우리 문화에서는 쉽지 않을 수도 있다. 최근 일어나는 소위 MZ세대와 기성세대 간의 갈등을 보면서 이러한 점을 유추할 수 있다. 하지만, 이러한 시대적 변화를 부정적으로만 볼 것이 아니라 성숙한 피드백의 기회로 삼는 지혜와 유연성이 필요하다. 특히, 성숙한 피드백 문화 정착을 위해 가장 중요한 개념 중 하나는 팀원들과 함께 성장한다는 심리다.

제3장
조직과 기업도 이익 추구보다 중요한 구성원의 성장

리 G. 볼먼, 테런스 E. 딜이 쓴 『위대한 리더의 생각』은 리더는 사람의 중요성에 대해 알아야 함에 관해서 서술하고 있다. 19세기 초, 스코틀랜드인 로버트 오언은 임금을 인상하고 근로 조건을 개선하면서 직물 사업을 크게 성공시켰다. 그는 공장의 아동 노동자들을 데려다가 학교에 입학시켰다. 그런데 오언에게는 사람들을 도우려다가 오히려 해를 입히는 과도한 극단주의자라는 비난이 쏟아졌다.

100년 후인 1914년 헨리 포드는 근로 시간을 하루 평균 8시간으로 줄이고, 육체 노동자들의 일당을 2달러 50센트에서 5달러로 두 배나 인상하겠다고 발표했는데, 비즈니스 사회에서 거센 비난을 받았다. 〈월스트리트 저널〉은 포드가 '경제적인 범죄 혹은 막대한 실수'를 저지르고 있다고 평가했다. 하지만, 이 생각은 완전히 빗나갔다. 오랜 시간이 흐른 후 포드는 일당을 5달러로 인상한 결정이 그의 모든 비용 절감 노력 중 최고라고 회상했다.

또한, '코스트코'의 창업자 짐 시네갈은 코스트코 성공의 중심은 사람들에 대한 뛰어난 대우였다고 주장했다. 〈월스트리트 저널〉의 애널리스트들은 가끔 그가 소비자들에게는 저렴한 가격을 받고 근로자들에게는 너무 많은 주급을 주면서 주주들을 배반하고 있다고 말하곤 했다.

그러나 시네갈은 전혀 동요하지 않고, 냉담하게 "그러거나 말거나"라고 응수했다. 시네갈은 끝까지 자신의 신념을 고수할 수 있었다. 왜냐하면, 코스트코가 애널리스트의 권고를 따르는 경쟁사들보다 훨씬 성공적인 실적과 수익을 기록했기 때문이다.

저자는 개인과 조직의 각각의 필요를 설명한다. 조직은 에너지와 노력, 재능을 가진 사람을 필요로 하고, 개인은 자신의 노력을 보상받을 수 있는 조직을 필요로 한다. 하지만, 개인과 조직이 언제나 잘 맞아 들어가는 것은 아니다. 개인은 제대로 급여를 받지 못하고, 대우도 나쁠 뿐만 아니라 존중받지 못하는 기분을 느낄 수 있다. 조직은 개인이 노력하지도 않고 조직의 목적을 위해 일하지도 않기 때문에 삐거덕거린다.

기본적으로 팀워크의 개선을 위해서는 함께 성장하고 모두가 윈윈하는 문화를 만든다는 인식이 공유되어야 한다. 『유연함의 힘』의 저자 수잔 애쉬포드는 조직 고위층의 말과 행동이 중요하지만, 그들의 언행 자체만으로는 조직 문화가 광범위하게 지속적으로 변화하기 어렵다고 한다. 변화를 위해서는 당신이 원하는 제도, 즉 시스템을 만들어야 한다. 이는 당신이 원하는 새로운 문화를 회사가 지원할 수 있도록 조직 내 어떤 절차나 정책, 규칙 등을 바꾼다는 뜻이다.

사티아 나델라는 이러한 사실을 고려해 조치를 감행했다. 그는 회사를 학습 조직으로 만들겠다는 목표를 달성하기 위해 인사 정책부터 손을 보았다. 메릴랜드대학교 심리학과 명예교수인 벤자민 슈나이더는 조직이 부분적으로나마 발전할 수 있는 조건을 하나 제시했다. 가치관, 사고방식 등 여러 측면에서 기존 구성원들과 다른 사람이 유입되고 전통적인 가치 체계를 지닌 사람들이 떠날 때 조직은 변한다는 것이다.

이처럼 성장 마인드셋이 조직 전반에 퍼지자 인적 자원 유치(Attraction), 선발(Selection), 소멸(Atrition), 즉 ASA(벤자민 슈나이더가 주창한 심리 이론의 하나) 과정이 회사를 새로운 방향으로 이끌기 시작했다. 찰리 마셜 같은 사람들이 마이크로소프트에 합류하기 시작했는데, 이는 마이크로소프트가 공개적으로 지지하기 시작한 새로운 가치에 매력을 느꼈기 때문이었다. 기술과 자사 문화를 토대로 더욱 공평한 세상을 만들겠다는 사명도 그중 하나였다.

수잔 애쉬포드에게 마이크로소프트에 관한 이야기를 들려준 정보원이 있었다. 찰리 마셜은 MBA 학생치고 흥미롭고 특이한 이력의 소유자였다. 어릴 적부터 목사가 꿈이었던 그는 대학에서 신학과 철학을 전공했지만, 얼마 지나지 않아 비즈니스 세계가 자신을 부른다고 생각했다.

대학을 졸업할 즈음 신생 기업 세 곳과 관계를 맺으면서 비즈니스에 관한 지식이 기하급수적으로 늘어났다. 이후 평화봉사단의 일원으로 에콰도르에서 자원봉사 활동을 하다가 다시 교정으로 돌아왔고, 복수 학위 프로그램을 통해 MBA 학위와 지속 가능성(Sustainability)에 관한 이학 석사학위를 함께 취득했다. 그리고 그는 열정적인 학습자였다.

마셜은 수잔 애쉬포드에게 마이크로소프트가 만들고 싶은 세상이 자신이 만들고 싶은 세상이며, 마이크로소프트에서 근무하는 일은 자신에게 학교 교육의 연장선이라고 말했다. 마셜의 발언은 나델라가 주도하는 문화 변화 프로그램이 확실하게 자리 잡아 가고 있다는 명백한 증거였다. 마셜은 마이크로소프트의 새로운 업무 평가 체계에 완전히 매료되었다. 그는 그 체계가 주변 사람들이 자신의 능력과 역량을 신뢰한다는 사실을 보여 주며 관리자에게 질 좋은 피드백을 받도록 보장한다고 생각했다.

나델라의 지도하에 마이크로소프트는 바람직한 문화 변화를 지원하는 조치를 잇달아 도입했다. 예를 들어, 마이크로소프트는 부서 간 협업을 촉진하고 장려하는 여러 활동을 조직했다. 참가자가 임시로 조를 짜서 다양한 문제의 해결책을 연구하고 제안할 환경을 제공하는 일주일짜리 하계 해커톤(hackathon, 해커와 마라톤의 합성어로, 소프트웨어 개발 분야에서 연관 작업군의 사람들이 함께 프로젝트를 작업하는 것)이 대표적이다.

또한, 마이크로소프트는 직원들이 자원봉사 프로젝트에 함께 참가해 타 부서 동료들과 친분을 쌓을 기회도 마련했다.

그뿐만 아니라 협업을 더욱 촉진하기 위해 자사가 개발한 독특한 도구를 활용했다. 비즈니스 협업 플랫폼 '팀스'(Teams)의 주간 보고서는 직원 각자가 근무 시간과 퇴근 후, 이메일에 얼마나 많은 시간을 소비했는지, 누구와 가장 많은 시간을 보냈는지 등 다양한 형태의 인맥 구축 활동에 관한 정보를 알려 준다. 즉, 직원이 어떻게 협업하고 협업하지 않는지를 책임자가 일목요연하게 확인하도록 해 준다.

또한, 마이크로소프트는 직원들에게 풍부한 학습 기회도 제공하기 시작했다. 찰리 마셜은 특별한 학습 프로젝트에 참여할 기회가 아주 많아서 프로젝트들이 중복될 지경이었다며 기뻐했다. 마이크로소프트는 그런 프로젝트를 제공하는 데 그치지 않고 직원들이 학습 기회를 적극적으로 활용하도록 독려했다. 이는 정작 학습 프로그램을 제공하고도 실제로 그런 프로그램에 참여하는 직원들에게 은근히 압박을 가하는 일부 회사들의 행태와는 확연히 달랐다.

그러나 많은 리더는 여전히 구성원들의 성장과 복지보다 조직의 유익을 먼저 구하는 심리에서 벗어나지 못하고 있다. 팀원들의 성장과 행복이 바로 팀과 공동체의 유익과 직결된다는 점을 다시 한번 깊이 생각해 보아야 한다.

김익한 교수는 『거인의 노트』에서 사람들이 여전히 성장할 수 있다고 격려한다. 그는 사람이 변하지 않는다는 말에 동의하지 않는다. 물론, 성격이나 삶의 방향을 바꾸는 큰 변화는 쉽게 일어나지 않지만, 작은 변화는 쉽게 일어날 수 있다고 말한다. 그러면서 작은 것부터 변화를 추천하는데 습관이나 루틴, 깨달음 같은 작은 노력이 선행되지 않으면 큰 변화를 기대하기 어렵다고 덧붙인다.

그러면서 자신의 예를 들었다. 김 교수는 원래 내향적인 사람인데 사회생활을 하며 외향적인 성격으로 바꾸기 위해 부단히 노력했다고 한다. 이 과정에서 종종 상대방을 과도하게 압박하거나 다소 거친 말투로 대했다. 본인이 의식하지 못한 사이에 좋지 않은 습관이 붙은 것이었다. 그러다 어떤 계기로 그 말투로 사람들이 불편해하기도 하고 때로는 상처를 준다는 것을 알았다.

그때부터 매일 조금씩 습관을 바꾸려고 노력했다. 우선 말을 신중하게 내뱉었고, 되도록 의문형을 많이 쓰려고 했다. 대화할 때는 상대를 존중하는 태도로 부드러운 표현을 사용했으며, 강의나 발표를 할 때는 말할 내용을 미리 적어 놓고 계속 점검하기도 했다.

이렇게 지속해서 애쓰며 지낸 6-7년 사이에 김 교수는 완전히 다른 사람이 되었다고 한다. 스스로 생각해도 큰 변화가 일어났고, 사람들과의 관계도 긍정적으로 바뀌었다고 한다. 그는 이렇게 조언한다.

> 나이가 들었다고 성장하기를 멈추지 말라. 나이 들어 공부하려니 눈이 나빠져서, 기억력이나 이해력이 떨어져서, 사는 게 너무 바빠서 새로운 것을 배우기 힘들다고 말하는 것은 핑계에 가깝다.

그러면서 성장을 계획하고 미친 듯이 지속하라고 조언한다. 그는 세 가지를 먼저 기록해야 한다고 말한다.

> **첫째**, 목표가 무엇인가?
> **둘째**, 어떤 일상을 보내는가?
> **셋째**, 어떤 습관을 가지고 있는가?

그리고 성장을 위해 의식적으로 연습하라고 말한다. 김 교수가 추천하는 성장 메커니즘 3단계는 다음과 같다.

- 1단계: 생각과 경험을 기록한다.
- 2단계: 기록을 보고 다시 생각하면서 다른 방식을 시도한다.
- 3단계: 그것을 다시 기록한다.

기록의 문화를 통한 성장은 개인과 팀 그리고 더 나아가 조직에 바로 적용할 수 있다. 이렇듯 공동체 안에 새로운 시도들과 함께 성장해 나가려는 문화를 만들려는 기본적인 자세가 있을 때 공동체 구성원 모두 세븐 미라클에 공감하며 동참하려 할 것이다.

결국, 세븐 미라클을 통해 협업이 온전히 이루어지기 위해서는 이것을 통해 모두가 성장한다는 공감대의 마음이 중요하다. 공식처럼 도입해서 성과가 나오는 것이 아니라, 구성원들 사이에 '우리는 함께 성장하는 팀'이라는 공감대 형성이 더욱 중요하다는 것이다.

그런 의미에서 우리는 사람들을 변화시키는데 가장 탁월한 리더, 예수님의 리더십에서 배울 필요가 있다.

1. 예수처럼 성품과 윤리로 세워가는 조직 문화

우리에게는 이러한 안타까운 질문이 있다.

왜 사람들은 예수님을 환영하면서, 그리스도인들은 좋아하지 않을까?

예수님에게는 희생정신이 있기 때문이다. 그러나 예수의 제자들이라고 하는 그리스도인들에게는 그 희생정신이 빠져 있는 경우가 많다. 사람들이 예수님께 호감을 느끼는 이유는 예수님께 희생의 리더십이라는 독특한 가치가 있기 때문이다. 어떤 조직이든 구성원들은 희생하는 리더십에 열광할 수밖에 없다. 오늘날 한국 교회에 사람들이 실망하는 모습도 결국 희생하려는 자세가 부족해서다.

희생의 리더십은 일반 기업과 조직에도 동일하게 적용된다. 리더십이 강력한 리더일수록 팀원을 향한 희생정신과 솔선수범이 탁월한 사람이라는 것을 우리는 알 수 있다. 그러므로 엄밀히 말해, 예수님께 배우는 리더십은 새로운 리더십이 아니다. 그러나 많은 사람이 심지어 교회도 그 리더십을 잊고 있기에 예수님의 희생의 리더십은 새롭게 재창조된 리더십과 같이 여겨질 수 있다.

오히려 오늘날 포스트모던 사회에서 자기희생의 리더십은 매우 혁신적인 리더십이요, 대안이 된다. 더 이상 희생이 미덕이 아닌 듯 보이는 세상이지만, 여전히 모든 공동체와 조직은 희생하는 사람, 솔선수범하는 리더를 원하고 있기 때문이다. 사실 희생의 리더십은 역설의 리더십이다.

이에 예수께서 제자들에게 이르시되 누구든지 나를 따라오려거든 자기를 부인하고 자기 십자가를 지고 나를 따를 것이니라 누구든지 제 목숨을 구원하고자 하면 잃을 것이요 누구든지 나를 위하여 제 목숨을 잃으면 찾으리라(마 16:24-25).

일반 사람들도 예수님하면 십자가를 떠올린다. 그리고 예수님을 따르는 삶을 제자도(Discipleship)라고 부른다. 이 단어에서 discipline(규율)이 파생되었다는 것을 우리는 잘 알고 있다. 자기 계발 분야에서도 이 단어는 자주 사용되는데, 규율이나 엄격한 단련이 동기 부여보다 개인의 성장에 더 큰 영향을 미친다고 강조될 정도로 중요하게 다뤄진다. 자기를 단련하고 희생하는 습관을 지닌 사람들은 어떠한 환경도 이겨낼 수 있는 강인한 능력을 선물로 받게 된다. 고긴스가 그 대표적 예다.

그런데 예수님의 제자라고 불리는 그리스도인들에게 이 미덕과 중요한 리더십의 원리가 사라져 버린 것이 오늘날 기독교의 비극이다. 역사적으로 보면 편하고 안락한 기독교는 늘 부패하거나 쇠퇴했다.

오늘날 교회에서 환영받지 못하는 단어가 바로 '훈련'이 아닐까?

물론, 훈련을 프로그램으로 사용했던 교회들의 실패로 인해 사람들이 훈련에 대한 인식이 나빠진 면도 있다. 하지만, 안락하고 편안한 신앙생활을 추구하는 사람들에게 훈련이라는 단어는 더 이상 매력이 없어 보인다. 그러나 어떤 조직이나 단체도 자기 통제와 훈련이 수반되지 않으면 성장은 멈추고 쇠퇴하며 종국에는 소멸한다.

희생의 리더십은 위에서 언급된 마태복음 16장 24-25절 말씀처럼 성장과 생명력의 축복을 가져다준다. 놀랍게도 예수님의 열두 제자 중 예수님을 배신한 가룟 유다를 제외한 열한 명은 모두 예수님을 따라 순교함으로써 생을 마감했다.

그들의 죽음은 헛된 것이었을까?

오히려 그 반대다. 역사상 가장 잔악무도한 로마 황제들의 박해로 초대 그리스도인들은 큰 어려움을 겪었다. 그런 정황은 유적지들을 통해 우리에게 증거로 남아 있다. 콜로세움이라는 원형 경기장이 그중 하나다. 초대 그리스도인들은 콜로세움에서 사람들의 조롱거리로 죽어 나갔다.

특히, 많은 사람이 보는 가운데 맹수들의 공격을 당해 죽임을 당했다. 이상한 것은 이렇게 고통스럽고 잔인한 박해에도 오히려 교회는 계속해서 성장했다는 것이다. 죽음 속에서도 희생하며 사랑을 실천한 예수님의 진짜 제자들 때문이었다.

로마의 또 다른 유적지로 카타콤을 들 수 있다. 그리스도인들이 박해를 피해 지하에서 거주했던 장소인데, 제국은 그들의 희생정신을 꺾을 수 없었고, 결국 로마는 박해를 멈추고 기독교를 승인하게 되었다.

이러한 희생의 문화는 또 다른 역사도 만들어 냈다. 신앙의 자유를 찾아 신대륙으로 건너간 청교도가 그 예다. 하나님을 향한 믿음과 희생정신은 새로운 문화를 형성했고 인류의 발전에 지대한 영향을 미쳤다. 그런데 아이러니하게도 로마가 기독교화되고 모두가 신자가 되었을 때 이 희생정신은 약해지고 교회와 종교 지도자들은 부패하기 시작했다. 기독교에서는 이 시기를 암흑기라고 부른다.

일반 회사나 조직에도 이러한 역사는 적용된다. 초창기 신대륙을 찾아 떠난 청교도처럼 개척자 정신으로 희생과 헌신을 통해 회사를 세울 때보다, 후에 로마가 기독교화된 것처럼 외부의 적이 없고 모든 것을 당연하게 얻을 수 있다고 생각하는 분위기가 조직을 지배할 때 그 조직은 무너지기 시작한다.

그렇다면 희생의 리더십은 어떻게 길러야 하는가?

2. 모든 팀원을 목적으로 대하기

『퓨처 셀프』에서 벤저민 하디는 C. S. 루이스를 인용한다.

> 남자나 여자나 신이 될 수 있는 세상에서 산다는 것은 엄숙한 일이다. 당신이 지금 말하고 있는 상대가 아무리 어리석고 재미없는 사람이라 해도, 그가 언젠가는 당신이 몹시 숭배하고 싶은 존재가 될 수도 있다는 사실을 기억하라. 이 세상에 평범한 사람은 없다.

저자는 신과 인간의 관계를 직관적으로 이해할 수 있다고 말하며, 이 글이 신과 인간의 관계를 가장 설득력 있게 보여 준다고 이야기한다. 그는 "이 세상에 평범한 인간은 없다"라는 루이스의 말에 깊이 공감하며, 이런 견해 덕분에 모든 인간을 경외심과 경탄의 눈으로 바라볼 수 있게 되었다고 한다. 내가 나를 어떤 관점으로 보고, 타인을 어떤 관점으로 보느냐는 매우 중요하다. 모든 인간이 목적이 있어서 이 땅에 존재한다고 본다면, 우리는 나 자신과 타인을 조금 더 사랑하고 존중할 수 있게 된다.

사실 서비스 정신은 기독교에서 나왔다. '서비스'(service)는 영어로 '예배하다'라는 뜻이다. 성경은 하나님께만 정성을 다해 예배하는 것이 아니라, 모든 사람을 섬기고 사랑하는 마음으로 하는 것이 진정한 예배라고 이야기한다. 그런 맥락에서 '모든 일을 주께 하듯 하라'(골 3:23)는 말씀이 등장한다. 즉, 모든 사람을 섬기는 일을 예배하듯 하라는 것이다.

또한, 우리는 예배의 기원이 구약의 제사 제도와 연결되어 있다는 것을 인식해야 한다. 즉, 구약에서 소나 양 또는 비둘기를 제물로 가지고 오는 것처럼, 성도들은 자신을 희생하는 마음으로 예배드려야 한다. 그리고 그런 희생하는 정신의 예배는 삶에서도 이웃을 희생하는 마음으로 섬기는 것으로 나타나야 한다는 것이다.

사실, 로마 시대에 팔레스타인에서 120명으로 시작한 작은 종교가 로마를 정복한다는 것은 거의 불가능에 가까웠다. 그러나 삶에서 희생하며 모든 사람을 섬겼던 그들의 참 신앙은 사람들의 마음을 녹였다. 그들의 참된 예배가 사람들에게 변화를 소망하게 만든 것이다.

희생의 리더십은 이토록 큰 영향력을 발휘한다. 희생의 리더십은 주로 섬김, 즉 서비스로 나타난다. 그런데 서비스가 잘 되는 조직이나 기업은 사람들에게 사랑받는다. 어떤 기업의 예를 들면, 제품 가격에서 거품을 빼는 서비스로 큰 성공을 거두었다. 이렇듯 희생과 섬김의 리더십은 실제로 매우 큰 영향력을 발휘하고 변화를 만들어 낸다.

이런 리더십은 인간 한 명 한 명을 하나님의 형상으로 지음 받은 존귀한 존재로 보는 의식 전환에서 시작된다. 즉, 내가 만나는 한 사람 한 사람을 신의 아들·딸로 대하며, 그들의 가치와 존귀함을 인정할 때 서로 섬기고 희생하며 결국 아름다운 문화를 만들어 낼 수 있는 것이다. 우리는 고객과 동역자 모두를 더 이상 도구가 아닌 목적으로 대하는 인식 전환이 필요하다. 그런 변화는 생각보다 큰 파장을 일으킬 것이 분명하다.

그러나 그 기업의 안타까운 점은 다른 회사를 인수·합병하는 가운데 그 회사 직원들을 대하는 태도에서 나타났다.

철저하게 소비자를 섬긴 것처럼 동역자들을 섬기는 모습까지 보여 주었다면 어땠을까?

고객에게만 서비스를 제공하는 것이 아니라 동료에게도 섬김을 해야 한다. 섬김의 리더십은 동료에게도 적용되어야 한다.

오늘날 한국 사회에는 예수님 같은 어른이 필요하다. 모든 조직에서 예수님 같은 어른의 부재가 문제다. 모든 사람을 목적으로 대하는 리더는 모두에게 환영받지만, 그 길은 쉽지 않다. 우리 주변에 이런 어른 찾기가 점점 힘들어지고 있다.

본서를 읽는 당신이 바로 그 어른이 된다면 어떤가?

한국의 교회와 조직, 그리고 기업 모두 단기적 이익이 아닌 서로 연합하여 상생하도록 하는 문화, 시너지를 만드는 문화가 필요하다. 이지성 작가는 제4차 산업 혁명 시대를 내다보면서 AI를 뛰어넘는 인간의 특징으로 창의성과 협업 능력을 꼽았다. 당신이 속한 조직에서 섬기는 리더십을 가진 어른이 된다면, 제4차 산업 혁명 시대에 모두가 찾는 인재가 될 수 있을 것이다.

세븐 미라클은 모든 구성원이 서로를 목적으로 대한다는 큰 전제 위에서 바르게 세워질 수 있다. 우리나라에 본받을 만한 리더십이 전혀 없는 것은 아니다. 우리나라 협업 리더의 예로, 월드 클래스인 두 명의 젊은 스포츠 선수의 리더십을 잠깐 소개하고 싶다.

3. 페이커와 손흥민의 리더십

페이커(이상혁)는 프로게이머로서 '리그 오브 레전드'(League of Legends, 이하 롤)에서 세계적으로 유명한 선수 중 하나다. 그는 높은 실력뿐만 아니라 강력한 리더십으로도 알려져 있다.

그의 리더십의 특징은 다음과 같다.

1) 전략적 플레이어로서의 리더십 (핵심 가치)

페이커는 훌륭한 전략적 시야와 플레이를 통해 팀을 이끌어 나간다. 그의 결정력 있는 플레이는 상황에 따라 팀원들을 조화롭게 이끌 수 있는 리더십의 예다. 롤에서의 경기 중 전략적인 판단력은 그가 리더로서 팀을 이끌어 나가는 데 중요한 역할을 한다.

2) 팀원과의 협업 (목표 수립과 일의 분배, 소통)

페이커는 팀원들과의 협업을 강조하며, 상호 소통과 협력을 통해 팀내 분위기를 유지한다. 그는 실력이 뛰어난 팀원들과 함께할 때, 그들의 각별한 능력을 살려 전략을 짜고 플레이한다.

3) 경기 중 긍정적인 태도(이해 존중, 문제 상황 대처)

롤 경기 중 어떤 상황에서도 긍정적인 태도를 유지하려 노력한다. 패배가 예상되는 상황에서도 팀원들을 격려하고 동기 부여하는 모습은 리더로서의 성숙함을 보여 준다.

4) 비판에 대한 수용성(메타인지)

롤에서는 여러 상황에서 비판을 받을 수 있다. 하지만, 페이커는 비판을 팀의 발전을 위한 기회로 삼고, 팀원들과 함께 문제를 해결하는 방식으로 리더십을 발휘한다. 이는 그가 팀원들과의 관계에서 자신의 역할을 이해하고 있다는 것을 보여 준다.

5) 큰 무대에서의 리더십(변화 준비)

국제 대회와 같은 큰 무대에서도 페이커는 자신의 팀을 이끄는 리더십을 보여 주었다. 중요한 순간에서 팀을 이끄는 능력은 그가 세계적으로 인정받는 선수로서 리더십의 중요한 요소 중 하나다.

페이커의 리더십은 그가 속한 팀을 세계적인 성과로 이끄는 데 큰 역할을 한다. 그의 플레이 스타일과 팀원들과의 협업, 긍정적인 태도는 그가 롤에서 리더로서 얼마나 중요한 위치에 있는지를 잘 보여 준다. 그중 먼저 자기 자신을 돌아보며 준비하는 메타인지 능력이 뛰어난 것을 알 수 있다. 그는 평소에 많은 시간을 독서와 피아노에 보내면서 마인드 컨트롤을 하는 것으로 유명하다.

또한, 축구 스타 손흥민은 그의 리더십과 팀에 대한 기여로 많은 사람에게 영감을 준다. 그의 리더십은 다양한 측면에서 나타난다.

6) 노력과 헌신 (핵심 가치 , 메타인지)

손흥민은 훈련에서부터 경기까지 항상 최선을 다하며 팀에 대한 헌신을 보여 준다. 그의 노력은 팀원들에게 긍정적인 에너지를 전달하며, 팀을 이끌어 나가는 데 큰 역할을 한다. 특히, 손흥민은 골을 득점하거나 어시스트를 기록한 후에 쏟아지는 언론의 칭찬 섞인 인터뷰에서도 늘 다른 선수들을 언급하며 팀 위주의 삶을 몸소 실천하는 것으로 모든 선수의 귀감이 된다.

7) 긍정적인 태도 (이해 존중, 문제 상황 대처)

어떤 상황에서도 손흥민은 긍정적인 태도를 유지한다. 패배나 어려운 순간에도 팀원들을 격려하고, 팀 분위기를 밝고 즐겁게 만들어 나가는 데 주력한다. 이러한 긍정적인 에너지는 팀의 전반적인 분위기에 긍정적인 영향을 미친다. 특히, 손흥민의 이런 포기하지 않는 에너지는 모든 선수에게 전달되어 그가 주장으로 있는 내내 토트넘이 위닝 멘탈리티를 장착하는 데 큰 공헌을 했다.

8) 예측 불가능한 경기력 (목표 수립과 일의 분배)

손흥민은 예측 불가능한 경기력으로 팀을 격려하고 활기를 불어넣는다. 그의 뛰어난 개인 기술과 드리블 능력은 상대 수비수들에게 예측하지 못한 어려움을 준다. 이러한 경기력은 팀에 활력을 불어넣어 리더십의 한 형태로 작용한다. 특히, 그의 양발 능력은 세계 최고 레벨들이 있는 프리미어리그의 정상급 수비수들을 혼란스럽게 만들 정도로 탁월하며, 최근에는 플레이 메이킹 능력까지 극대화되어 축구 도사의 수준에 이르러 팀 전술에 매우 큰 도움이 되고 있다.

9) 팀원과의 소통(소통)

리더십의 핵심은 팀원들과의 효과적인 소통이다. 손흥민은 팀원들과의 소통을 중요하게 생각하며, 필요한 경우 의견을 나누고 협력하는 모습을 보여 준다. 팀 내부의 조화를 유지하고 팀원들 간의 유대감을 강화한다. 특히, 토트넘의 주장으로 있을 때 손흥민은 새로 팀에 들어온 선수들을 잘 챙기기로 유명했다. 먼저 고참 선수가 다가가 신입 선수들과 좋은 관계를 맺는 것은 좋은 팀워크에 매우 중요한 부분으로 작용한다.

10) 큰 순간에서의 리더십(변화 준비)

손흥민은 중요한 순간에서 팀을 이끄는 리더십을 보여 주었다. 결정적인 골이나 중요한 상황에서 팀을 구해내는 능력은 그가 얼마나 신뢰받고 있는지를 보여 준다. 이런 점이 손흥민이 왜 훌륭한 리더인지를 보여 준다. 그는 큰 경기에 강하고 팀을 위해 중요한 순간에 헌신하는 전형적인 리더의 모습을 가지고 있다. 손흥민의 리더십은 그가 속한 팀에 긍정적인 영향을 미치고, 팀 전체의 성과를 향상시키는 데 큰 역할을 한다. 그의 모습은 많은 사람에게 성공과 팀워크에 대한 영감을 준다.

페이커와 손흥민은 우리나라에서도 좋은 팀워크를 이끄는 훌륭한 리더가 나올 수 있다는 가능성을 보여 준 사례다. 이 두 선수의 공통점은 인간에 대한 존중 그리고 희생과 섬김의 리더십으로 모두를 아우르는 자세가 몸에 배어 있다는 것이다. 그뿐만 아니라, 두 사람의 리더십 가운데 우리는 세븐 미라클을 모두 발견할 수 있다. 이런 모습이 초대 교회에서는 흔히 나타났다는 사실이 우리의 관심을 끈다.

4. 성경이 말하는 동역은?

초대 교회에 동역이라는 개념은 있었지만, '갑'과 '을'의 개념은 없었다. 물론, 에베소서 6장 5절 말씀에는 종들이 주인에게 순종해야 한다는 내용이 나오고 있지만 이 내용은 교회의 사역자들 간에 적용되던 이야기는 아니다.

오히려 성경에는 초대 교회의 사도들이 함께 협력하여 교회를 세우고 복음을 전파하는 모습이 자세히 묘사되어 있다. 특히, 사도 바울의 선교 여행을 보면 사역자들이 각자의 선교 분야에서 함께 동역함으로 성과를 나타내는 모습이 등장한다.

> 두세 사람이 내 이름으로 모인 곳에는 나도 그들 중에 있느니라(마 18:20).

이것은 함께 모여 동역함의 중요성을 강조하신 말씀이다.
성경에는 다음과 같은 동역의 원리가 나타난다.

1) 서로 돕는 사랑

예수님은 마가복음 10장 45절에서 이렇게 말씀하셨다.

> 인자가 온 것은 섬김을 받으려 함이 아니라 도리어 섬기려 하고 자기 목숨을 많은 사람의 대속물로 주려 함이니라(막 10:45).

서로 돕는 사랑의 중요성에 대해 말씀하신 것이다. 서로 돕는 사랑은 자신만의 이익보다 다른 사람들의 이익을 추구하며, 그들이 성취하고자 하는 목표를 달성할 수 있도록 돕는 것을 의미한다. 예수님의 십자가의 본을 따라 헌신적으로 돕는 사역은 동역에 가장 중요한 출발점이 된다. 동역의 본질도 복음에서 시작된다.

2) 감사와 기도

빌립보서 1장 3-4절은 이렇게 기록한다.

> 내가 너희를 생각할 때마다 나의 하나님께 감사하며 간구할 때마다 너희 무리를 위하여 기쁨으로 항상 간구함은(빌 1:3-4).

이 말씀을 통해 우리는 감사와 기도가 바울의 동역 사역에 매우 중요한 요소임을 알게 된다. 이러한 감사와 기도는 서로에게 격려와 지지를 보내며, 서로를 돕고 강화시키는 데 큰 역할을 한다. 우리가 잘 아는 것처럼 사도 바울은 모든 서신에서 성도들을 향한 격려와 감사의 마음을 전했으며, 그 중심에는 무엇보다 서로를 향한 기도가 항상 있었다. 동역의 관계가 원활해지기 위해서는 감사와 기도로 섬기는 자세가 필요하다.

3) 서로 다른 역할

> 우리가 한 몸에 많은 지체를 가졌으나 모든 지체가 같은 기능을 가진 것이 아니니 이와 같이 우리 많은 사람이 그리스도 안에서 한 몸이 되어 서로 지체가 되었느니라(롬 12:4-5).

교회는 서로 다른 역할로 서로를 보완하며, 하나의 목적을 위해 협력하는 것이 중요하다. 사역자들이 각자의 장점과 능력을 살려 하나의 목표를 달성하고 서로를 보완해야 한다. 교회 안의 동역은 유기체적으로 이루어져야 한다. 서로 하나로 묶여 영향을 주고받으며 협력을 통해 최고의 시너지를 만드는 것, 이것이 하나님께서 디자인하신 동역의 본래 모습이다.

4) 자비와 인내

> 모든 겸손과 온유로 하고 오래 참음으로 사랑 가운데서 서로 용납하고(엡 4:2).

동역이 잘 이루어지기 위해서는 서로를 용납하며, 자비와 인내를 가지고 협력하는 것이 중요하다. 자비와 인내의 정신은 서로의 약점과 실수를 용서하며, 서로 이해하고, 자기와 다른 의견을 수용하면서 하나의 목표를 향해 협력할 수 있도록 돕는다. 서로의 약함과 실수를 보완하고 지지해 주는 성경적 동역의 원리는 공동체의 구성원들에게 안정감을 주기 때문이다.

오늘날 한국 교회와 회사 그리고 조직들도 이러한 성경의 원리들을 바탕으로 동역한다면 얼마나 좋을까?

이런 성경의 원리들은 세븐 미라클의 기초가 된다. 이 외에도 성경에는 동역에 관한 방대한 양의 이야기가 나온다. 이미 삼위일체 하나님은 존재론적으로 협업과 팀워크를 가장 완전하게 이루시는 분이다. 그러므로 기독교인들이 먼저 탁월한 관계 지향적 리더십으로 세상을 섬기는 것이 옳다.

5. 진정한 동역은 기적을 만든다

세계사에 길이 남을 노예제 폐지 운동은 윌리엄 윌버포스 혼자 한 일이 아니었다. 그와 신념을 함께했던 클래팜공동체(Clapham Sect)의 힘이 컸다. 이들은 세븐 미라클의 원리에 입각해 새로운 협업의 문화를 만들어 냈다.

그들은 노예 해방과 사회 개혁 운동 과정에서 의회 의원들을 뇌물로 매수하거나, 무력이나 비방을 쓰지 않았다. 오히려 인도와 서인도 제도에 관한 풍부한 지식과 법률적 능력, 웅변과 의회 운영 능력 등으로 무장한 도덕적 엘리트 집단이었다. 비록 소수였지만, 이들은 영국 사회 변혁에 지대한 영향을 끼쳤다.

영국의 양심이라고 불리는 윌버포스는 정치가의 신념과 열성이 어떻게 세상과 역사를 바꿀 수 있는지를 보여 주었다. 21세기를 살아가는 우리에게도 클래팜공동체와 같이 역사를 만드는 공동체가 필요하다. 클래팜공동체는 윌버포스와 함께 노예 무역 폐지를 위한 투쟁에서 중요한 역할을 했다. 클래팜공동체는 다양한 분야의 귀족, 국회의원, 목사, 학자 등이 모여 그리스도인들이 사회와 정치의 중심에 설 수 있도록 노력했다. 그들의 활동은 정치 개혁뿐만 아니라 사회의 각 영역으로 확산되었다.

신념에 따른 투표 운동과 자원봉사 활동은 국회 구성원의 변화와 함께 상류층의 문화와 윤리를 변화시켰다. 그들의 노력은 국가적 수준에서 사회악을 배제하는 법률의 제정과 교회의 역할 재정립에 이르기까지 다방면으로 이어졌다. 클래팜공동체는 영국을 예의 바르고 따뜻한 나라로 변화시켰으며, 오늘날 우리의 조직 문화에 영감을 줄 수 있는 모범 사례다. 이러한 기적이 오늘에도 분명히 일어날 수 있다. 그래서 동역의 일곱 가지 시스템의 이름을 세븐 미라클이라고 이름 붙였다.

필자는 가장 큰 기적은 병든 자가 낫거나 신비한 체험을 한 것이 아닌, 한 사람이 변화되는 것이라고 믿는다. 그리고 그 기적을 가장 잘 행하신 분이 예수님이시다. 예수님을 만난 사람마다 그들의 인생 자체가 근본적으로 바뀌었다. 그런데 예수님은 개인만 바꾸신 것이 아니라 공동체와 조직도 변화시키셨다. 가장 공들여 하신 작업이 제자들을 훈련하신 것이었는데, 결국 그 공동체가 초대 교회의 모체가 되고 그 공동체를 통해 지금까지 많은 사람이 미라클, 즉 기적의 역사를 경험하고 있다.

오늘날 각 회사나 교회 등의 조직, 공동체마다 세븐 미라클을 통한 기적이 일어나면 얼마나 좋을까?

영국의 한 국회의원이 불편한 일이 있는 듯 인상을 찌푸린 채 걷고 있었다. 그때 휘파람을 불며 신나게 청소하는 청소부를 만났다. 그는 물었다.

"나는 국회의원인데도 이렇게 짜증이 나는데, 당신은 청소부인데 무엇이 신이 나서 노래를 부르고 있습니까?"

그때 그 청소부가 말했다.

"나는 하나님이 만드신 지구 한 모서리를 정화하고 있습니다."

모든 사람은 자신에게 주어진 일에 최선을 다하며 살아가고 있다. 그러한 노력이 합해지면 세상이 아름다워지는 것이다.

많은 영화나 드라마가 '인간의 미래는 부정적이다'라는 개념을 가지고 '디스토피아'를 그려내지만, 성경은 우리에게 여전히 '유토피아'를 제시한다. 그리고 예수님을 닮은 사람들이 함께 만들어 갈 아름다운 세상을 꿈꾸며 살아가는 것이 이 땅의 사람들의 의무라고 이야기한다.

> 피조물이 고대하는 바는 하나님의 아들들이 나타나는 것이니 피조물이 허무한 데 굴복하는 것은 자기 뜻이 아니요 오직 굴복하게 하시는 이로 말미암음이라 그 바라는 것은 피조물도 썩어짐의 종 노릇 한 데서 해방되어 하나님의 자녀들의 영광의 자유에 이르는 것이니라(롬 8:19-21).

> 그 때에 이리가 어린 양과 함께 살며 표범이 어린 염소와 함께 누우며 송아지와 어린 사자와 살진 짐승이 함께 있어 어린 아이에게 끌리며 암소와 곰이 함께 먹으며 그것들의 새끼가 함께 엎드리며 사자가 소처럼 풀을 먹을 것이며 젖 먹는 아이가 독사의 구멍에서 장난하며 젖 뗀 어린 아이가 독사의 굴에 손을 넣을 것이라 내 거룩한 산 모든 곳에서 해 됨도 없고 상함도 없을 것이니 이는 물이 바다를 덮음 같이 여호와를 아는 지식이 세상에 충만할 것임이니라(사 11:6-9).

이사야의 예언처럼 약육강식의 문화가 아닌 모두가 함께 동역하며 만들어 갈 그 사회가 이 땅에 세워지면 좋겠다. 그것은 로마서의 내용처럼 모든 피조 세계가 원하는 것이 분명하다.

신선묵 박사가 그의 저서 『은혜가 이끈 변화』에서 말했듯, 영적 비저너리는 원대한 비전을 품지만, 동시에 그것을 구체적이고 실현 가능한 목표들로 세분화하여 계획하고 실제로 일을 이루어 나가는 사람이다. 이러한 원대한 꿈을 이루기 위해 당신의 조직에서 세븐 미라클을 하나하나 실천하다 보면 분명히 기적이 일어나게 될 것이다.

　본서를 저술한 이유는 동역을 통해 그런 변화가 우리 삶의 작은 부분에서부터 기적처럼 일어나기를 바라는 마음에서였다. 동역을 통해 한국 사회와 한국 교회 가운데 새로운 역사가 다시 쓰이기를 바란다. 부디 본서를 통해 당신과 당신이 속한 조직이 세븐 미라클의 시스템을 통해 동역을 이루고, 아름다운 리더십으로 새로운 역사를 꼭 써 내려가기를 기원한다.

CLC 추천 도서

❶ 리더십: 리더십 이론의 성경적 적용
최성훈 지음 | 신국판 | 376면

❷ 리더십과 경영
김승년 지음 | 국판 | 230면

❸ 성경적 리더십을 회복하라 (신학박사 논문 시리즈 32)
천 환 지음 | 신국판 양장 | 296면

❹ 팀사역의 원리 (개정증보판)
백성훈 지음 | 사륙변형 | 192면

❺ 목자 리더십 (The Shepherd Leader)
티모시 Z. 위트머 지음 | 임경철 옮김 | 신국판 | 320면

❻ 선교 리더십
최성주, 전석재 지음 | 사륙판 | 188면

❼ 선교적 교회의 리더십
앨런 J. 록스버그, 프레드 로마눅 지음 | 전석재 옮김 | 신국판 | 312면

❽ 범세계적 교회와 선교적 리더십
제임스 E. 프루드만 지음 | 변진석, 김동화 옮김 | 신국판 | 320면

❾ 타문화 사역과 리더십
셔우드 G. 링겐펠터 지음 | 김만태 옮김 | 신국판 | 200면

❿ 전방위 리더십
마이클 퀵 지음 | 이승진 옮김 | 신국판 | 300면